주 제 별

가족법 강의

최현숙 저

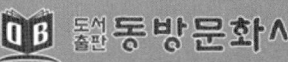
도서출판 동방문화사

머리말

가족법은 누구든지 살면서 반드시 한 번쯤은 직접 겪게 되는 친족과 상속의 문제를 다루고 있기 때문에 자신의 생활에 언제든지 법이론을 적용해 볼 수 있다는 측면에서 매우 매력적인 학문이라고 생각한다.

가족법을 강의하기 시작하면서 어떻게 하면 이 재미있고 유익한 학문을 학생들에게 더욱 잘 전달하고 법리를 그들에게 잘 체화시켜서 필요하면 언제든지 법이론을 직접 활용할 수 있는 능력을 배양할 수 있을까 하는 고민을 참 많이 하였다.

이런 고민들에 대한 해결 방안의 한 가지로 가독성이 높고 이론의 핵심이 잘 정리되어 있으면서 중요한 판례를 빠짐없이 다루고 있는 교재를 만들어서 강의에 활용하여야 하겠다는 마음으로 가족법 강의 교재를 집필하게 되었다.

교재는 주제별로 핵심 이론을 간략하게 기술하는 방식으로 진행하였다. 부연설명은 강의에서 충분히 해결되기 때문에 교재를 통해서는 핵심이론을 한 눈에 파악할 수 있도록 하는데 더욱 초점을 두어 가능하면 간단하고 일목요연하게 정리하였다. 이러한 방식은 가족법을 처음 접하게 되는 초학자에게는 가족법에 쉽게 접근할 수 있도록 해주고 가족법을 공부하는 수험생들에게는 최종정리 교재로 활용하는데 도움이 될 것이라 생각한다.

교재는 2017년 10월 31일에 개정된 '친생부인의 허가 청구'와 '인지의 허가 청구'까지 모두 포함하고 있으며, 최근 각 종 시험에서 다루어지고 있는 판례들도 빠짐없이 기술하였다.

가족법을 처음 접하는 학부생들과 시험을 앞 둔 수험생들에게 작은 도움이 되길 바란다. 그리고 강의를 통해서 만나게 된다면 짧은 시간이겠지만 법학이라는 학문의 즐거움을 나누는 기회가 되기를 소망한다.

2018년 8월 기록적인 더위가 맹위를 떨치던 날에

목차

Chapter 1 가족법 총설 - 가족법 총설

- 가족법의 의의 ··· 3
- 가족법과 민법총칙 ·· 7
- 가족법과 가사소송법 ·· 16

Chapter 2 친족법 - 총설

- 친족의 종류 및 범위 ·· 23
- 친족관계의 변동 ··· 27
- 자의 성과 본 ··· 30

Chapter 3 친족법 - 혼인

- 약혼 ·· 35
- 혼인의 성립 ··· 44
- 혼인의 무효와 취소 ··· 51
- 혼인의 효과 ··· 61
- 혼인의 해소 ··· 71
- 협의이혼 ··· 73
- 재판상 이혼 ··· 81
- 이혼의 효과 ··· 99
- 재산분할 청구권 ··· 108
- 사실혼 ·· 123

Chapter 4 친족법 - 부모와 자

- 친생자 ·· 135
- 부를 정하는 소 ··· 140
- 친생부인의 소 ·· 142
- 친생부인의 허가 청구 ··· 146
- 인지 ·· 149
- 준정 ·· 161
- 친생자관계존부확인의 소 ·· 163
- 인공수정자 ··· 167
- 입양 ·· 170
- 입양의 무효와 취소 ·· 179
- 파양 ·· 185
- 친양자 ··· 190
- 친권 ·· 196

Chapter 5 친족법 - 친족간의 법률관계

- 후견 ·· 225
- 부양 ·· 252

Chapter 6 상속법 - 상속

- 상속제도의 근거 ··· 263
- 상속의 개시 ··· 266
- 상속인과 상속순위 ·· 269

- 대습상속 ··· 273
- 상속결격 ··· 277
- 상속회복청구권 ·· 280
- 상속의 승인과 포기 ·· 292
- 단순승인 ··· 299
- 한정승인 ··· 303
- 상속의 포기 ·· 311
- 상속의 일반효과 ·· 315
- 상속분 ··· 324
- 상속재산의 공동소유 ··· 336
- 상속재산의 분할 ·· 340
- 상속재산의 분리 ·· 349
- 상속인의 부존재 ·· 355

Chapter 7 상속법 - 유언

- 유언 총설 ·· 363
- 유언의 방식 ·· 366
- 유언의 철회 ·· 373
- 유언의 효력 ·· 375
- 유증 ··· 378
- 유언의 집행 ·· 388

Chapter 8 상속법 - 유류분

- 유류분 ··· 397

Chapter 1. 가족법 총설

가족법 총설

가족법의 의의
가족법과 민법총칙
가족법과 가사소송법

가족법의 의의

Ⅰ. 의의

1. 형식적 의의의 가족법이란

- 민법 제4편의 친족과 제5편의 상속을 합쳐서 지칭하는 것이다.

2. 실질적 의의의 가족법이란

- 가족 및 친족 간의 공동생활을 규율하는 법을 지칭한다.

Ⅱ. 가족법의 특질

- 재산법의 특질과 비교하여 가족법의 특질을 알아보기로 한다.

1. 강행법규성

(1) 가족법

- 가족법은 국가나 사회의 기초가 되는 질서를 규율하기 때문에 혼인이나 입양 등의 규정은 법정되어 있다. 따라서 이에 반하는 합의는 무효이다.

(2) 재산법

- 재산법 중 물권법은 강행법규가 많지만, 채권법 중에서도 특히 계약은 사적 자치의 원칙이 지배하고 있기 때문에 임의법규가 대부분이다.

2. 요식성

(1) 공시

- 신분행위(혼인, 이혼 등)는 재산관계에 기초가 되며 당사자나 제3자에게 영향력이 크게 작용하지만 개인의 의사에 따라 신분이 변동하므로 공시할 필요가 있다. 따라서 대부분의 신분행위는 법적 신고를 해야 효력이 발생하는 요식행위이다.

(2) 신고를 해야 하는 신분행위

- 가족관계를 발생·변경·소멸시키는 신분행위인 혼인·입양·협의이혼·협의파양·인지·한정승인·상속포기·유언은 신고를 하여야 한다.

(3) 요식성의 완화

- 사실혼의 경우 혼인의 실체는 있지만 혼인신고의 결여로 공시가 이루어지지 않아 일정한 법률효과를 누리지는 못하지만 법률혼에 준하여 보호하려는 경향을 보이고 있다.

(4) 요식성의 배제

- 동의행위의 경우 신고하지 않더라도 유효하게 법률효과가 발생하는 것을 인정한다. 즉, 요식성을 요하지 않는다.

3. 비합리성

(1) 가족법

- 종래의 습속이나 관습을 법으로 규정하였기 때문에 습속성이 강하며, 이익보다는 감정적인 행위가 많고 비논리적인 과정을 수반한다. 따라서 일정한 경우를 제외하고는 의사능력만 있으면 된다. (예; 자녀출산, 혼인 등)

(2) 재산법

- 합리적 이성으로 철저하게 이익을 중시하는 법률행위를 한다. 따라서 의사능력 외에 행위능력도 필요로 한다.(예; 거래행위 등)

4. 일신전속성

(1) 대리·대위 불가(행사상 일신전속성)

- 가족법상의 법률행위는 행사상 일신전속권이므로 원칙적으로 대리가 불가능하다.
- 신분권은 행사상 일신전속권이므로 대위의 대상이 되지 않는다.(제404조 제1항) (예; 부양청구권, 상속회복청구권, 상속의 승인·포기) 단, 상속재산분할청구권, 유류분반환청구권 등은 대위청구가 가능하다.
- 상속의 포기는 대리는 가능하지만, 대위청구가 불가능하고, 채권자취소권의 대상도 되지 않는다.

(2) 양도·상속 불가(귀속상 일신전속성)

- 가족법상의 권리는 특정한 가족관계를 기초로 하여 발생하기 때문에 가족권만 분리하여 양도하거나 상속하는 것이 불가능하다. 단, 신분관계 파탄으로 인한 위자료 청구권은 당사자 간에 이미 그 배상에 관한 계약이 성립되거나 소를 제기한 후에는 양도 또는 승계가 가능하다.(제806조 제3항)

▌ [신고의 유형]

창설적 신고	사실 발생만으로 법률효과가 발생하지 않고 신고의 수리가 있어야만 신분행위의 법률효과가 발생하게 되는 신고를 의미한다.
	혼인, 협의이혼, 임의인지, 입양, 협의파양
보고적 신고	신고하지 않더라도 사실이 발생하면 일단 법적 효과가 발생하고, 사실을 보고하는 의미만 가진 신고를 보고적 신고라고 한다.
	출생신고, 사망신고, 실종선고와 취소, 후견개시, 후견종료, 강제인지(재판상 인지), 재판상 혼인무효, 혼인취소, 재판상 이혼, 이혼취소, 재판상 입양무효, 입양취소, 재판상 파양, 파양취소, 친권·관리권의 상실

- 생부의 혼인 외의 자에 대한 친생자출생신고 - 창설적 신고(인지신고)와 보고적 신고(출생신고)의 성질을 동시에 갖는다.
- 사실혼관계존재확인의 소에 의한 혼인신고 - 다수설에 따르면 이를 보고적 신고라고 파악하지만 판례[1]는 이를 확인의 소로 인정하여 이를 창설적 신고로 파악한다.
- 가족관계등록창설 허가신청은 가족관계등록이 되어 있지 아니한 사람(이하 '무등록자'라 한다) 자신이 신청하는 것이고, 무등록자가 이미 사망하였다면 가족관계등록창설이 허용되지 않는다. (대결 2011. 3. 28. 2011스25)

---

1) 대판 1973. 1. 16, 72므25

가족법과 민법총칙

I. 가족법의 법원

1. 형식적 의미의 법원

- 민법 제4편 친족, 제5편 상속이 가족법의 형식적 의미의 법원이 된다.

2. 실질적 의미의 법원

- 내용상 친족과 상속에 관련되는 모든 법률 및 관습법은 실질적 의미의 법원이 된다. (예; 가족관계의 등록 등에 관한 법률, 혼인에 관한 특례법, 국적법, 입양촉진 및 절차에 관한 특례법, 가사소송법, 상속세법 등)

II. 가족법과 민법총칙

- 우리 민법은 판덱텐 체계(Pandekten System)로 이루어져 있다. 즉, 민법 전체를 규율하는 총칙편이 재산법(물권·채권)과 가족법(친족·상속)을 아우르고 있다. 그러나 총칙편의 대부분은 재산법을 규정하기 위한 것이 대부분이고 재산법과 가족법은 그 특성에서 많은 차이가 나기 때문에 민법총칙을 가족법에 적용하는 것은 문제가 있다. 따라서 민법총칙의 규정과 가족법과

의 관계를 실질적으로 검토해 보아야 한다.

1. 가족법상의 법률행위에 적용되는 총칙규정

(1) 법원(法源)(제1조)

- 법원에 관한 규정은 가족법에도 적용된다. 따라서 관습법과 조리도 가족법상의 법률행위를 판단하는데 있어서 중요한 기준이 된다.

(2) 신의성실의 원칙(제2조)

- 신의칙에 관한 규정은 가족법에도 적용된다. 따라서 신의칙에 위반하는 친권의 행사는 친권상실의 사유가 된다. 권리남용금지의 원칙도 마찬가지로 가족법에 적용된다.

(3) 주소(제18조 내지 제21조)

- 주소에 관한 규정은 가족법에도 적용된다. 따라서 주소는 상속개시의 장소가 된다.

(4) 부재(제22조 내지 제26조)

- 부재에 관한 규정은 부재자의 재산관리를 위한 규정이므로 가족법에 직접 적용되지 않는다. 그러나 부재자의 재산관리에 관한 규정들은 미성년자의 재산관리를 위한 관리인(제918조)이나, 상속재산의 관리(제994조, 제1023조, 제1047조)에 준용되도록 하고 있어 간접적으로 적용되고 있다.

(5) 실종(제27조 내지 제30조)

- 실종에 관한 규정은 가족법에 적용된다. 실종선고를 받게 되면 사망으로 간주되어 가족법상 혼인이 종료되고 상속이 개시되는 등 법적 지위가 변동되

기 때문이다.
- 동시사망추정에 관한 규정도 가족법에 적용된다.

(6) 물건(제98조 내지 제102조)

- 물건에 관한 규정은 가족법에도 적용된다.
- 부부의 재산관리와 생활비용 부담(제833조), 재산분할청구권(제839조의 2), 친권자에 의한 자의 재산관리(제916조 이하), 후견인에 의한 피후견인의 재산관리(제941조) 등과 상속 내지 유언 등 물건과 관련을 가지는 경우에는 물건에 관한 규정이 적용된다.

(7) 반사회질서의 법률행위(제103조)

- 반사회질서의 법률행위 즉, 선량한 풍속 기타 사회질서에 위반한 사항을 내용으로 하는 법률행위를 무효로 하는 규정은 가족법에도 적용된다.

(8) 무효행위의 전환(제138조)

- 판례[2]는 가족법에도 적용된다고 한다.
- 학설은 대립하고 있다.
- 긍정설 - 법률행위의 형식과 의사가 다르더라도 그 의사에 따른 법률요건을 갖춘 경우에는 전환을 인정함으로써 당사자의 진정한 의사를 존중하여야 한다는 의미로 이해해야 한다고 한다. 가족법상의 법률행위는 소급효가 인

---

[2] 신고된 입양에 관하여 구법에 의하면 무효의 원인이 되는 사유가 있었더라도 민법의 규정에 의하면 그것이 무효의 원인이 되지 아니할 경우에는 입양에 따르는 친자적 공동생활관계가 유지되고 있었다면 입양이 소급하여 효력을 가진 것으로 전환된다(대판(전) 1994. 5. 24, 93므119).
당사자가 양친자 관계를 창설할 의사로 친생자 출생신고를 하고 거기에 입양의 실질적 요건이 모두 구비되어 있다면 그 형식에 다소 잘못이 있더라도 입양의 효력이 발생한다(대판 2001. 6. 9, 2000므1493(전원합의체)).
그러나 친생자 출생신고 당시 입양의 실질적 요건을 갖추지 못하여 입양신고로서의 효력이 생기지 아니하였으나, 그 후에 입양의 실질적 요건을 갖게 되는 것은 아니다(대판 2000. 6. 9, 99므1633, 1640).

정되지 않는 것이 원칙이지만 이 경우 예외적으로 소급효를 인정한다.

(9) 기간(제155조 내지 제161조)

- 기간에 관한 규정은 가족법에 적용된다. 다만 총칙편의 규정에서는 초일을 산입하지 않지만 가족법의 경우에는 초일을 산입하여 계산한다. 즉, 친생추정과 관련한 기간의 계산시에는 초일을 산입하여야 한다.

2. 가족법상의 법률행위에 적용되지 않는 총칙규정

(1) 행위능력

- 가족법에 적용되지 않는 것이 원칙이다.
- 제한능력자에 관한 규정은 재산법상의 제도로서 가족법에 그대로 적용하기에는 문제가 있는데, 이는 가족법상의 법률행위는 의사능력만 있으면 되기 때문이다.

1) 미성년자

- 총칙 규정에 따르면 미성년자는 단독으로 유효한 법률행위를 할 수 없는 것이 원칙이지만, 가족법상 법률행위에서 미성년자는 의사능력이 있다면 단독으로 유효한 신분행위를 할 수 있다. 그러나 개별 규정에 따라 법정대리인의 동의를 필요로 하는 것도 많이 있다.

2) 피한정후견인

- 총칙 규정에 따르면 피한정후견인은 한정후견인의 동의를 받아야 하는 행위의 범위에 대해서는 한정후견인의 동의가 있어야 유효한 법률행위를 할 수 있지만(제13조), 피한정후견인은 가족법상의 법률행위에서는 완전한 능력자이므로 아무런 제한 없이 단독으로 유효한 신분행위를 할 수 있다는 것이 다수설이다. 즉 가족법상의 법률행위에 있어서 피한정후견인은 능력자

이다.

3) 피성년후견인

- 총칙 규정에 따르면 피성년후견인의 법률행위는 취소할 수 있지만(제10조), 가족법상의 법률행위에서는 피성년후견인이라 하더라도 의사능력이 있는 경우 후견인의 동의가 있으면 유효한 법률행위를 할 수 있다.
- 의사능력이 회복된 경우에는 단독으로 유언도 할 수 있다.(제1063조)

4) 태아

- 권리능력에 관한 규정은 가족법에도 적용되기 때문에 태아는 가족법상의 권리능력을 갖지 못한다. 그러나 제858조(포태중인 자의 인지), 제1000조 제3항(상속의 순위), 제1064조(유언과 태아, 상속결격자)의 특례규정을 통해서 태아의 가족법상의 권리능력을 예외적으로 인정하고 있다.

(2) 의사표시

- 의사표시에 관한 규정도 가족법상의 법률행위에는 적용되지 않는다.

1) 진의 아닌 의사표시(제107조)

- 가족법상의 법률행위는 의사표시의 진정성을 중요시하기 때문에 비진의표시의 규정이 적용되지 않는다. 따라서 진의 아닌 의사표시는 가족법상 법률행위에서는 무효이다.
- 상대방이 진의 아님을 알았거나 알 수 있었느냐의 여부와는 상관없이 언제나 무효이고, 선의의 제3자에게도 대항할 수 있다.

2) 통정허위표시(제108조)

- 가족법상의 법률행위는 의사표시의 진정성을 중요시하기 때문에 통정한 허위표시에 관한 규정이 적용되지 않는다. 따라서 통정한 허위표시는 무효이고 선의의 제3자에게도 대항할 수 있다. 그 결과 제3자에게 피해가 발생하더

라도 가족법질서의 구축이 우선하는 것으로 이해되어야 한다. 그러나 상속재산의 분할협의(제1013조)나, 재산상속의 포기(제1041조)에는 예외적으로 적용된다는 것이 다수설이다.

3) 착오(제109조)
- 착오에 관한 총칙 규정은 가족법상의 법률행위에 적용되지 않는다. 따라서 착오에 의한 가족법상의 법률행위는 무효이다. 이 경우 행위자의 중대한 과실 여부는 문제되지 않으며, 착오를 이유로 선의의 제3자에게 대항할 수 있다. 다만 중대한 착오로 인지를 한 때에는 법원의 허가를 얻어 이를 취소할 수 있도록 하여(제861조) 특례를 인정하고 있다.

4) 사기, 강박에 의한 의사표시(제110조)
- 사기, 강박에 의한 의사표시규정은 가족법상의 법률행위에 적용되지 않는 것이 원칙이다. 그러나 사기, 강박에 의한 혼인(제816조 제3호), 이혼(제838조), 입양(제884조 제3호), 인지(제861조)에 대해서는 민법 제110조가 아니라 가족법상 각 취소조항을 근거로 취소가 가능하고, 취소는 재판으로 하여야 한다.
- 친생승인을 취소하고자 하는 경우에는 단순 취소가 가능하다.(제854조)
- 혼인의 취소와 입양의 취소는 소급효가 인정되지 않지만, 이혼의 취소와 인지의 취소는 소급효가 인정된다.
- 재산상속의 승인과 포기, 유증의 승인과 포기에는 총칙편의 취소에 관한 규정이 준용된다(제1024조 제2항). 다만, 총칙규정이 그대로 적용되는 것은 아니다.

(3) 대리(제114조 이하)
- 대리에 관한 규정은 원칙적으로 가족법상의 법률행위에 그 적용이 없다.
- 가족법상의 법률행위는 일신전속권 이므로 임의대리의 여지도 없고, 의사능력만 있으면 유효한 가족법상 법률행위를 할 수 있으므로 법정대리의 여

지도 거의 없다. 그러나 대리가 필요한 경우 특별규정을 두어서 예외적으로 인정하고 있다.
· 판례는 일상가사대리 등에 있어서 표현대리(제126조)의 적용을 인정한다.

1) 재산문제와 관련하여 대리를 하게 하는 경우
· 친권자의 대리권(제920조), 후견인의 대리권(제949조), 제한능력자의 승인·포기(제1020조) 등이 있는데, 실질적으로 재산관리의 차원에서 대리를 인정하는 것이므로 재산법상 대리와 별다른 차이가 없다.

2) 가족법적 필요에서 대리를 하게 하는 경우
· 인지청구의 소(제863조), 13세 미만자의 입양승낙(제869조 제2항), 입양취소청구권자(제886조), 재판상 파양(제906조) 등이 있는데 이는 특히 자의 보호를 위하여 대리를 허용하고 있는 것이다.

(4) 조건과 기한(제147조 내지 제154조)
· 조건과 기한에 관한 규정은 가족법상의 법률행위에 적용되지 않는다. 그러나 유언에는 예외적으로 조건을 부과하는 것이 가능(제1073조 제2항, 제1089조 제2항)하다.

(5) 소멸시효(제162조 내지 제184조)
· 소멸시효에 관한 규정은 가족법상의 법률행위에 적용되지 않는 것이 원칙이다. 그러나 예외적으로 재산상속 내지 유증의 승인·포기(제1024조 제2항, 제1075조 제2항) 등 시효에 의한 소멸을 인정하는 경우가 있다. 또한 부부간의 권리(제180조 제2항) 및 상속재산에 관한 권리(제181조)와 같이 명문으로 시효소멸을 인정하는 경우도 있다. 그 외에는 제척기간의 효과에 의한 것이지 시효로 소멸되는 것은 아니다.

(6) 취소(제140조 내지 제146조)

- 가족법에는 취소에 관한 규정이 개별적으로 인정되어 있기 때문에 총칙상의 규정이 적용될 여지가 없다.
- 취소의 경우 소급효가 없는 것이 원칙이고, 제3자에게는 선의·악의를 불문하고 대항할 수 있다.
- 취소는 보통 3월에서 6월의 제척기간이 규정되어 있다(제823조, 제839조, 제861조, 제904조). 이는 총칙상의 기간보다 단기이다.

✦ 취소로 소급되지 않는 경우	혼인, 입양
✦ 취소로 소급되는 경우	무효행위의 전환, 이혼의 취소, 인지의 취소
✦ 가정법원에 취소를 청구하여야 하는 경우	혼인, 이혼, 입양, 파양, 인지, 유언
✦ 단순 취소가 가능한 경우	친생승인의 취소

(7) 불공정한 법률행위(제104조)

- 불공정한 법률행위 즉, 당사자의 궁박, 경솔 또는 무경험으로 인하여 현저하게 공정을 잃은 법률행위에 관한 규정은 재산법에 관한 조항으로 가족법에 적용되지 않는다. 따라서 불공정한 법률행위라고 하더라도 가족법의 영역에서는 무조건 무효로 되지 않고 적법한 절차를 통해 하자를 주장하여야 한다.

(8) 무효행위의 추인(제139조)

- 무효행위의 추인에 관한 규정은 재산법에 관한 총칙규정이어서 가족법에 관하여는 그대로 적용될 수 없는 것이다. 그러나 판례[3]는 추인한 것과 같은 결과를 인정하고 있다.
- 청구 외 망 갑이, 태어난지 약 3개월된 상태에서 부모를 알 수 없는 기아로

---

[3] 혼인신고가 한쪽 당사자가 모르는 사이에 이루어짐으로서 그것이 무효라 할지라도 그 후 양쪽 당사자가 그 혼인에 만족하고 그대로 부부생활을 계속한 경우에는 그 혼인을 무효로 할 것이 아니다(대판 1965. 12. 28, 65므61).

발견되어 경찰서에서 보호하고 있던 피청구인을 입양의 의사로 경찰서장으로부터 인도받아 자신의 친생자로 출생신고하고 양육하여 왔는데 피청구인이 15세[4]가 된 후 위 망인과 자신 사이에 친생자관계가 없는 등의 사유로 입양이 무효임을 알면서도 위 망인이 사망할 때까지 아무런 이의도 하지 않았다면 적어도 묵시적으로라도 입양을 추인한 것으로 보는 것이 상당하다.(대판 1990. 3. 9, 89므389)

- 혼인, 입양 등의 신분행위에 관하여 민법 제139조 본문을 적용하지 않고 추인에 의하여 소급적 효력을 인정하는 것은 무효인 신분행위 후 그 내용에 맞는 신분관계가 실질적으로 형성되어 쌍방 당사자가 이의 없이 그 신분관계를 계속하여 왔다면, 그 신고가 부적법하다는 이유로 이미 형성되어 있는 신분관계의 효력을 부인하는 것은 당사자의 의사에 반하고 그 이익을 해칠 뿐 아니라 그 실질적 신분관계의 외형과 호적의 기재를 믿은 제3자의 이익도 침해할 우려가 있기 때문에 추인에 의하여 소급적으로 신분행위의 효력을 인정함으로써 신분관계의 형성이라는 신분관계의 본질적 요소를 보호하는 것이 타당하다는 데에 그 근거가 있다고 할 것이므로, 당사자 간에 무효인 신고행위에 상응하는 신분관계가 실질적으로 형성되어 있지도 아니하고 또 앞으로도 그럴 가망이 없는 경우에는 무효의 신분행위에 대한 추인의 의사표시만으로 그 무효행위의 효력을 인정할 수 없다.(대판 1991. 12. 27, 91므30)

---

[4] 2012. 2. 10. 개정으로 양자로 될 자의 연령이 13세로 하향조정 되었다.

가족법과 가사소송법

Ⅰ. 가사소송법

- 민법과 그 특별법은 실체법으로 이를 실현하기 위해서는 일정한 절차가 필요하게 되는데 이러한 절차를 가사절차라 한다.
- 가사절차는 소송절차와 비송사건절차를 통칭하는 것으로 양자를 포섭하는 절차를 가사소송법이라 한다.
- 가사소송사건은 실질적 의미의 가사소송과 형식적 의미의 가사소송으로 나눌 수 있다.
- 실질적 의미의 가사소송이란 가족이나 친족간의 관계에서 발생하는 각종의 사법적 사건에 관한 소송을 의미한다.
- 형식적 의미의 가사소송이란 가사소송법에 가사소송사건으로 규정된 사건들을 의미한다.

Ⅱ. 가사소송사건

- 가사소송사건은 가류, 나류, 다류 사건으로 나누어진다.(가사소송법 제2조 제1항)

1. 가류 가사소송사건

- 신분적 법률관계에 있어서 외형과 실질이 일치하지 않는 것을 정리하기 위한 확인의 소이다.
- 법원이 직권으로 심리한다. 공익적 성격이 강하거나 법원이 후견하지 않으면 부당한 결과가 발생할 수 있기 때문이다.
- 조정의 대상이 되지 않는다. 당사자의 임의처분이 인정되지 않기 때문이다.
- 혼인의 무효, 이혼의 무효, 인지의 무효, 친생자관계존부확인, 입양의 무효, 파양의 무효, 후견인의 순위확인, 양친자관계존부확인

2. 나류 가사소송사건

- 신분관계에 대한 형성의 소이다.
- 조정신청을 하여야 한다. 조정신청을 하지 않으면 직권으로 조정에 회부된다.
- 사실상 혼인관계존부확인, 혼인의 취소, 이혼의 취소, 재판상이혼, 부의 결정, 친생부인, 인지의 취소, 인지에 대한 이의, 인지청구, 입양의 취소, 파양의 취소, 재판상 파양

3. 다류 가사소송사건

- 조정신청을 하여야 하고, 이를 하지 않으면 직권으로 조정에 회부된다.
- 당사자주의를 관철하게 되고 민사소송의 규정이 그대로 적용된다.
- 약혼해제 또는 사실혼관계 부당파기로 인한 손해배상청구 및 원상회복의 청구, 혼인의 무효·취소, 이혼의 무효·취소 또는 이혼을 원인으로 하는 손해배상청구 및 원상회복의 청구, 입양의 무효·취소, 파양의 무효·취소 또는 파양을 원인으로 하는 손해배상청구 및 원상회복의 청구, 민법 제1014조의 규정에 의한 피인지자 등의 상속분에 상당한 가액의 지급청구

III. 가사비송사건

- 가사비송사건이란 가사소송법상 비송사건으로 규정된 사건으로 소송사건과는 달리 법원의 후견감독적 기능에 의하여 직권적으로 심리되고 광범위한 재량에 의한다.
- 가사비송사건에는 라류, 마류 사건이 있다.

1. 라류 가사비송사건

- 조정의 대상이 되지 않는다.
- 비송사건절차법을 충실히 준용하여 재판하게 된다.
- 성년후견개시 심판, 한정후견개시 심판, 부재자 재산의 관리에 관한 처분, 실종의 선고와 그 취소, 친생부인의 허가, 인지의 허가, 성과 본의 창설의 허가, 자의 종전의 성과 본의 계속사용 허가, 민법 제781조 제6항의 규정에 의한 자의 성과 본의 변경허가, 부부재산약정의 변경에 대한 허가, 후견인 또는 생가의 다른 직계존속의 파양협의에 대한 허가, 친권행사방법의 결정, 감화 또는 교정기관에 위탁함에 대한 허가, 재산관리인의 선임 또는 개임과 재산관리에 관한 처분, 특별대리인의 선임, 친권의 상실, 일시 정지, 일부 제한 및 그 실권 회복의 선고 또는 법률행위의 대리권과 재산관리권의 상실 및 그 실권 회복의 선고, 후견인의 선임 또는 해임, 후견인의 사퇴에 대한 허가, 후견사무에 관한 처분, 후견인에 대한 보수의 수여, 후견종료시의 관리계산기간의 연장허가, 승계권 쟁송중의 재산관리에 관한 처분, 상속의 승인 또는 포기를 위한 기간의 연장허가, 상속재산보존을 위한 처분, 상속의 한정승인 또는 포기신고의 수리와 그 취소신고의 수리, 감정인의 선임, 공동상속재산을 위한 관리인의 선임, 상속재산의 분리, 상속재산분리후의 상속재산의 관리에 관한 처분, 관리인의 선임 및 그 공고와 재산관리에 관한 처분, 상속인수색의 공고, 상속재산의 분여, 유언의 검인, 유언의 증서 또는 녹음의 검인, 유언증서의 개봉, 유언집행자의 선임 및 그 임무에 관한 처분,

유언집행자의 승낙 또는 사퇴를 위한 통지의 수리, 유언집행자에 대한 보수의 결정, 유언집행자의 사퇴에 대한 허가, 유언집행자의 해임, 부담 있는 유언의 취소

2. 마류 가사비송사건

- 법원의 재량이나 후견적 감독이 필요한 사건이다.
- 상대방과 다투어야 하는 분쟁의 성격을 가지고 있다.
- 비송사건절차법이 그대로 준용될 수 없다.
- 조정전치주의가 적용된다.
- 부부의 동거·부양·협조 또는 생활비용의 부담에 관한 처분, 재산관리자의 변경 또는 공유물의 분할을 위한 처분, 자의 양육에 관한 처분과 그 변경, 면접교섭권의 제한 또는 배제, 재산분할에 관한 처분, 친권자의 지정과 변경, 친권·법률행위대리권·재산관리권의 상실선고 및 실권회복의 선고, 기여분의 결정, 상속재산의 분할에 관한 처분

Chapter 2. 친족법

총설

친족의 종류 및 범위
친족관계의 변동
자의 성과 본

친족의 종류 및 범위

Ⅰ. 배우자

- 미혼의 남녀는 혼인을 통해서 배우자가 되고, 그들 사이에는 촌수가 발생하지 않는다.
- 배우자는 법률혼을 통해서 발생한 관계만 인정되기 때문에 사실혼 관계의 배우자나 첩은 친족이 아니다. 다만, 사실혼의 배우자가 가사소송법에 의한 확정판결을 받아 혼인신고를 하게 되면 법률상 친족이 될 수 있다.
- 근래에는 사실혼 배우자를 법률혼의 배우자에 준하여 보호하려는 경향이 있다.

Ⅱ. 혈족

1. 자연혈족(제768조)

- 혈연관계가 있는 자를 혈족이라고 하고 친가나 외가를 구별하지 않고 혈연관계만 있으면 모두 혈족이고, 이는 직계와 방계로 나뉜다.

(1) 직계혈족

- 혈연관계가 있는 자 중에서 완전히 수직적인 관계에 있는 자를 직계혈족이

라 하고, 직계혈족에는 직계존속과 직계비속이 있다.
- 직계존속에는 친가와 외가를 모두 포함한다.
- 직계비속에는 혼인 중의 자 뿐만 아니라 혼인 외의 자도 포함한다. 다만, 혼인 외의 자는 모와는 당연히 혈족관계로 인정되지만, 부와의 사이에는 인지한 경우 혈족으로 인정된다.
- 인지를 하게 되면 소급하여 **출생시부터** 혈족관계가 발생한다.

(2) 방계혈족

- 혈연관계가 있는 자 중에서 수평적인 관계와, 수평을 매개로 한 수직적인 관계에 있는 자를 방계혈족이라 한다.
- 자기의 형제자매, 형제자매의 직계비속, 직계존속의 형제자매, 직계존속의 형제자매의 직계비속은 방계혈족이다.

2. 법정혈족(제772조)

(1) 의의

- 실질적인 혈연관계는 없지만, 법률을 통하여 혈연관계가 없는 자 상호간에 자연혈족과 동일한 관계가 있는 것으로 인정한 자를 법정혈족이라 한다. 입양을 통한 양자와 양친의 관계가 그것이다.

(2) 양자

- 양자와 양부모 및 그 혈족, 인척사이의 친계와 촌수는 **입양한 때로부터** 혼인 중의 출생자와 동일한 것으로 인정된다.
- 입양 후 양친이 혼인을 하게 되면 양자와 양친의 배우자는 인척의 관계가 발생할 뿐이고 양친의 배우자가 양자와의 사이에 새로 입양신고를 하여야 법정혈족 관계가 된다.
- 양부모가 이혼하여 양모가 양부의 家를 떠났을 경우, 양모자관계가 소멸하

지 않는다(대판 2001. 5. 24, 2000므1493).
- 1990년 민법의 개정으로 적모서자관계, 계모자관계는 법정혈족관계가 아니라 인척관계에 불과하게 되어 이들 사이에서는 상속이 개시되지 않는다.

Ⅲ. 인척(제769조)

- 인척에는 혈족의 배우자, 배우자의 혈족, 배우자의 혈족의 배우자가 있다.
- 혈족의 배우자의 혈족은 사돈지간으로 인척관계에 포함되지 않는다.
- 인척관계는 혼인에 의하여 발생하고, 혼인의 무효·취소 또는 이혼, 부부일방의 사망 후 생존배우자의 재혼으로 종료한다.

1. 혈족의 배우자

- 자신의 혈족과 혼인한 자는 인척이 된다. 따라서 형제자매의 배우자뿐만 아니라 이모부, 고모부 그리고 적모나 셰노노 인척관계가 된다.

2. 배우자의 혈족

- 자신의 배우자와 혈족관계에 있는 자는 인척이 된다. 따라서 장인, 장모, 시부모 등은 배우자와 혈연관계에 있으므로 인척이 된다.

3. 배우자의 혈족의 배우자

- 배우자의 혈족의 배우자 사이에는 혼인관계가 두 번이나 있는 관계로 인척이 된다. 따라서 배우자의 계모나 적모, 배우자의 형제자매의 처나 부 등도 배우자의 혈족의 배우자이므로 인척이 된다.

Ⅳ. 친족의 범위

1. 친족의 범위

- 8촌 이내의 혈족, 4촌 이내의 인척 그리고 배우자이다.(제777조)

2. 촌수의 계산방법

- 직계혈족간에는 직계친 내의 세수를 계산하여 결정한다.(제770조 제1항)
- 방계혈족간에는 공동시조에서 각자에 이른 세수를 통산하여 결정한다.(제770조 제2항)
- 인척은 배우자의 혈족에 대하여는 배우자의 그 혈족에 대한 촌수에 따르고, 혈족의 배우자에 대해서는 그 혈족에 대한 촌수에 따른다.(제771조)
- 양자와 양부모 및 그 혈족, 인척사이의 친계와 촌수는 입양한 때로부터 혼인 중의 출생자와 동일한 것으로 본다.(제772조 제1항)
- 양자의 배우자, 직계비속과 그 배우자는 양자의 친계를 기준으로 하여 촌수를 정한다.(제772조 제2항)

Ⅴ. 가족의 범위

- 가족이란 한가정의 구성원을 의미하며, 배우자, 직계혈족 및 형제자매는 가족의 범위에 포함된다.(제779조 제1항)또한 직계혈족의 배우자, 배우자의 직계혈족 및 배우자의 형제자매가 생계를 같이 하는 경우에도 가족의 범위에 포함된다.(제779조 제2항)
- 가족의 범위는 민법이 법률효과를 부여하지 않기 때문에 상징적인 의미만 있다.

▍친족관계의 변동

Ⅰ. 친족관계의 발생

1. 배우자관계

- 혼인으로 인하여 발생하게 된다. 사실혼 배우자의 경우 혼인사실확인의 소를 통해서 확정판결을 받고 혼인신고를 하게 되면 배우자 관계가 발생하게 된다.

2. 친자관계

(1) 출생

- 출생으로 인하여 친자관계 즉 혈족관계가 발생하게 된다.

(2) 인지

- 혼외자의 경우 夫의 임의인지나 혼외자의 강제인지로 친자관계가 발생하게 된다. 즉 자와 부 사이의 자연혈족관계가 성립하게 된다.
- 인지는 출생시까지 소급하여 혈족관계가 발생한다.

(3) 일반양자·친양자

- 일반양자와 친양자를 통하여 법정혈족관계가 성립하게 된다.
- 혼인 한 부부가 입양을 하게 되면 양부와 양자 그리고 양모와 양자 사이에 각각의 법정혈족관계가 발생하게 된다. 따라서 미혼의 父가 자녀를 입양한 후 혼인을 하게 되면 父의 배우자와 父의 양자는 인척관계가 발생할 뿐이다.
- 입양은 입양한 때로부터 친자관계가 발생하고, 양자와 양친의 혈족 사이에 자연혈족과 마찬가지의 혈족관계가 발생한다.

3. 인척관계

- 인척관계는 혼인, 인지로 인하여 발생하게 된다.

II. 친족관계의 소멸

1. 배우자관계

- 사망, 혼인의 취소, 이혼으로 배우자의 관계가 소멸한다.

2. 친자관계

- 입양의 취소, 파양, 인지의 취소로 인하여 친자관계가 소멸한다.
- 양부모가 이혼하였다고 하더라도 현행 민법이 부부공동입양제를 취하고 있기 때문에 양부와 양자 그리고 양모와 양자의 관계는 계속해서 유지된다.[5]

---

5) 대법원 2001. 5. 24. 선고 2000므1493 전원합의체 판결

3. 인척관계

- 부부일방사망 후 생존배우자가 재혼하게 되면 인척관계가 소멸하게 된다. 즉 부부일방의 사망으로 혼인관계가 해소되었다고 해서 즉시 인척관계까지 소멸하는 것은 아니고, 夫가 사망하더라도 인척관계는 유지되고 妻가 재혼을 하게 되면 소멸한다.
- 부부가 이혼하거나 혼인이 취소된 경우에는 즉시 인척관계가 소멸된다.
- 부가 혼외의 자를 인지한 후 부와 적모가 이혼을 하게 되면 적모와 인지된 자와의 인척관계는 소멸한다. 또한 친모가 사망하더라도 계부와 자의 인척관계는 소멸하지 않고 계부가 재혼해야 소멸하게 된다.

▎자의 성과 본

- 姓의 변동과 관련하여 혼인의 경우 각자 자기의 성과 본을 그대로 유지하는 부부별성의 원칙 즉, 성불변의 원칙을 따르고 있다.
- 자의 성과 본에 대해서는 민법 제781조에서 규정하고 있는데 친생자와 양자 그리고 친양자를 나누어 자의 성과 본의 변동에 관해서 살펴본다.

Ⅰ. 친생자

1. 원칙

- 혼인 중 친생자는 원칙적으로 부의 성과 본을 따른다.(제781조 제1항)
- 인지된 친생자는 부가 인지한 경우 부의 성을 따를 수 있고, 부모의 협의에 따라 종전의 성과 본을 계속하여 사용할 수도 있다.(제781조 제5항)
- 부모가 협의할 수 없거나 협의가 이루어지지 않는 경우 법원의 허가를 받아 종전의 성과 본을 계속하여 사용할 수 있다.

2. 예외

- 친생자는 부모가 혼인신고시 모의 성과 본을 따르기로 협의하고 등재한 경우에는 모의 성과 본을 사용할 수 있다.(제781조 제1항 단서)

- 부가 외국인인 경우에는 모의 성과 본을 따를 수 있다.(제781조 제2항)
- 부를 알 수 없는 경우에는 모의 성과 본을 따른다.(제781조 제3항)
- 부모를 알 수 없는 자는 법원의 허가를 받아 성과 본을 창설한다. 이후 부 또는 모를 알게 되면, 부 또는 모의 성과 본을 따를 수 있지만, 반드시 변경하여야 하는 것은 아니다.(제781조 제4항)

Ⅱ. 양자

1. 원칙

- 양자의 성과 본에 대해서는 민법에 규정이 없다. 따라서 성불변의 법칙에 따라 양자의 성은 바뀌지 않는다.

2. 예외

- 입양촉진 및 절차에 관한 특례법에 의하여 입양한 자는 양친이 원하는 때에는 양친의 성과 본을 따를 수 있다.
- 양자의 복리를 위하여 양자의 성과 본을 변경할 필요가 있을 때에는 제781조 제6항을 유추적용하여 법원의 허가를 받으면 변경할 수 있다고 본다.

Ⅲ. 친양자

- 친양자는 부부의 혼인 중의 출생자로 간주되기 때문에 양부의 성과 본을 따르게 된다.

IV. 성불변의 원칙의 완화

- 자의 복리를 위하여 자의 성과 본을 변경할 필요가 있을 때에는 부, 모 또는 자의 청구에 의하여 법원의 허가를 받아 이를 변경할 수 있고, 자가 미성년자이고 법정대리인이 청구할 수 없는 경우에는 제777조의 규정에 따른 친족 또는 검사가 청구할 수 있다.(제781조 제6항)
- 이혼한 모가 자를 데리고 재혼한 경우 배우자인 계부의 성을 따르기를 원할 경우 그들은 입양이나 친양자제도와 달리 인척관계에 있지만 자의 성과 본을 변경하여 계부의 성과 본을 따를 수 있다.

※ 개명허가의 기준

- 개명허가 여부를 결정함에 있어서는 이름이 가지는 사회적 의미와 기능, 개명을 허가할 경우 초래될 수 있는 사회적 혼란과 부작용 등 공공적 측면뿐만 아니라, 개명신청인 본인의 주관적 의사와 개명의 필요성, 개명을 통하여 얻을 수 있는 효과와 편의 등 개인적인 측면까지도 함께 충분히 고려되어야 하므로, 개명을 허가할 만한 상당한 이유가 있다고 인정되고, 범죄를 기도 또는 은폐하거나 법령에 따른 각 종 제한을 회피하려는 불순한 의도나 목적이 개입되어 있는 등 개명신청권의 남용으로 볼 수 있는 경우가 아니라면, 원칙적으로 개명을 허가함이 상당하다(대결 2009. 8. 13. 2000스65).

Chapter 3. 친족법

혼 인

약혼
혼인의 무효와 취소
혼인의 효과
혼인의 해소
협의이혼
재판상 이혼
이혼의 효과
재산분할 청구권
사실혼

약혼

Ⅰ. 약혼의 의의

1. 약혼의 의의

- 약혼이란 장래에 혼인을 할 것을 약정하는 계약이다.
- 당사자는 혼인 적령에 달해야 한다.
- 당사자의 실질적인 의사의 합치가 있어야 한다. 따라서 대리는 인정되지 않는다.

2. 약혼과 구별해야 하는 개념

(1) 사실혼

- 혼인의 의사와 혼인생활의 실체는 있으나 혼인신고가 결여된 경우 법률혼으로 인정되지 않아 민법의 적용이 없는 혼인형태를 의미한다.
- 혼인관계의 실체가 있다는 점에서 약혼과는 다르다.

(2) 정혼

- 혼인을 하는 당사자들의 친권자의 의사에 따라 장래에 혼인을 할 것을 약정하는 계약으로 이는 당사자의 의사가 반영되어 있지 않으므로 무효이다. 따

라서 당사자의 동의가 있으면 유효한 약혼이 된다. 당사자의 의사에 의한 것이 아니므로 약혼과 다르다.

(3) 동거

- 혼인의 의사 없이 같이 생활을 하는 것으로, 혼인의 의사가 없다는 점에서 약혼과 다르다.

Ⅱ. 약혼의 성립

1. 실질적 성립 요건

(1) 당사자 간에 약혼의 합의가 있을 것

- 따라서 당사자의 합의가 없는 정혼은 무효이다.

(2) 남녀 만18세의 약혼연령에 이를 것

1) 성년자
- 성년자는 의사능력이 있으면 언제든지 유효한 약혼이 가능하다.(제800조)

2) 미성년자
- 미성년자는 약혼연령에 이르러야 할 뿐만 아니라 부모 또는 미성년후견인의 동의를 얻어야 유효한 약혼이 가능하다.(제801조)
- 약혼연령에 이르지 않은 자의 약혼은 취소사유가 된다.(제816조)
- 부모 중 일방이 동의권을 행사할 수 없는 때에는 타방의 동의를 얻어야 하고, 부모 모두가 동의권을 행사하지 못하면 후견인의 동의 얻어 약혼할 수 있다.(제808조 제1항)

3) 피성년후견인

- 피성년후견인은 부모나 성년후견인의 동의를 받아 약혼할 수 있다.(제802조)
- 부모나 성년후견인의 동의를 얻지 못하고 약혼을 한 경우에는 취소할 수 있다.(제816조)
- 약혼 후에 성년후견개시의 심판을 받으면 약혼해제사유가 된다.(제804조 제2호)

4) 피한정후견인

- 피한정후견인은 자유롭게 약혼할 수 있다.
- 약혼 후에 한정후견개시의 심판을 받으면 약혼해제사유가 된다.(제804조 제2호)

(3) 조건이나 기한이 있는 약혼도 유효

- 조건이나 기한이 있는 약혼도 유효하다. 다만, 조건이나 기한이 사회질서에 반하지 않아야 한다. 따라서 배우자가 있는 자(사실혼의 경우도 포함) 사이의 약혼이나 이중약혼은 무효이다.[6] 그러나 이미 파탄상태에 빠져있는 혼인의 당사자 일방이 이혼절차를 마친 후 혼인하자는 약혼일 경우에는 사회질서를 위반하지 않는 한 예외적으로 효력이 인정될 수도 있다.

(4) 근친자 사이의 약혼은 아니어야 한다.

- 근친관계에 있는 자 사이의 약혼은 불능을 목적으로 하는 신분계약이므로 무효이다.

---

[6] 그러나 불능이라는 견해, 제804조 제4호에 비추어 유효이지만 약혼 해제사유를 구성한다는 견해도 있다.

2. 형식적 성립 요건

- 일정한 형식을 필요로 하지 않는다. 따라서 신고를 하지 않아도 당사자 간에 합의만 있으면 약혼은 성립한다.
- 의식을 거행한다든지, 예물을 교환하는 등의 절차를 밟지 않아도 유효하다.

※ 약혼의 성립에 관한 판례

- 양가 부모들과 함께 상견례를 하고 혼인예식의 일시를 정하여 예식장을 예약한 상태에서 정당한 사유 없이 일방적으로 혼인을 거부한 경우, 장차 혼인을 체결하려는 합의인 약혼이 성립하였다가 일방적인 혼인 거부에 의하여 혼인에 이르지 못한 채 해제된 것으로 보아 약혼해제에 따른 손해배상책임을 인정하고 있다. 즉, 상견례를 하고 혼인예식의 일시를 정하여 예식장을 예약한 상태라면 약혼은 성립되었다고 볼 수 있다.(서울가정법원 2005. 09. 01. 선고 2004드합7422 판결)

III. 약혼의 효과

1. 혼인성립 의무

- 양당사자는 성실하게 교제하고 가까운 장래에 혼인을 할 의무가 있다.
- 일방 당사자가 이러한 의무를 이행하지 않는다고 하더라도 강제이행을 청구할 수는 없다.(제803조)

2. 친족관계

- 약혼은 하였다고 하더라도 친족관계는 발생하지 않는다.

3. 약혼 중의 자

- 약혼 중에 그들 사이에 태어난 子는 혼인 외의 자이다.
- 후에 약혼자가 혼인을 하게 되면 준정(제855조 제2항)에 따라 혼인중의 출생자로 된다.

4. 손해배상청구권

- 약혼의 성립으로 당사자 간에는 약혼으로 인한 권리가 발생하므로 제3자로부터 약혼관계를 침해받게 되면 불법행위가 성립하여 손해배상을 청구할 수 있게 된다.
- 남자와 여자가 장래에 있어서 부부로서 혼인할 것을 약속하고 사실상 부부로서 같이 살림을 하고 있는 경우 이른바 내연관계에 있어서는 남자는 민법상 부권은 없다 할지라도 이 약혼상의 권리는 보유하고 있다 할 것이니 제3자가 약혼중의 여자를 간음하여 남자로 하여금 혼인을 할 수 없게 하였다면 약혼으로 인한 남자의 권리를 침해한 것이라고 할 것이고 이는 불법행위를 구성한다 할 것이다.(대판 1961. 10. 19, 4293민상531)

Ⅳ. 약혼의 해제

- 당사자 일방의 사망으로 약혼은 해제된다.
- 약혼의 목적은 혼인이므로 혼인을 할 수 없는 사유가 발생하면 약혼은 해제된다.
- 민법 제804조에 해당하는 사유가 있으면 해제할 수 있다.
- 그 외에도 일방적으로 약혼을 해제할 수 있다.(혼인의 경우 일방적으로 해제할 수 없음)

1. 법정 해제 사유(제804조)

(1) 약혼 후 자격정지 이상의 형을 선고받은 경우
(2) 약혼 후 성년후견개시나 한정후견개시의 심판을 받은 경우
(3) 성병, 불치의 정신병, 그 밖의 불치의 병질(病疾)이 있는 경우
(4) 약혼 후 다른 사람과 약혼이나 혼인을 한 경우
(5) 약혼 후 다른 사람과 간음(姦淫)한 경우
(6) 약혼 후 1년 이상 생사(生死)가 불명한 경우
(7) 정당한 이유 없이 혼인을 거절하거나 그 시기를 늦추는 경우
(8) 그 밖에 중대한 사유가 있는 경우- 학력과 직업을 속인 경우(대판 1995. 12. 8, 94므1676).
• 임신불능은 혼인예약의 해제사유가 아니다.(대판 1960. 8. 18, 4292민상995)

2. 해제 방법

• 상대방에 대한 의사표시로 한다.(제805조 본문)
  - 의사표시는 상대방에 대하여 일방적으로 의사표시를 하여도 해제가 가능하다. 즉, 상대방의 동의가 필요하지 않고 재판상 행사가 필요하지 않다.
  - 의사표시는 특별한 형식을 필요로 하지 않는다. 따라서 묵시로 하여도 가능하다.
• 약혼 당사자만 해제권을 가지며, 대리할 수 없다. 그러나 의사표시를 할 수 없을 때에는 그 해제의 원인이 있음을 안 때 해제된 것으로 본다.(제805조 단서)
• 결혼식후 아직 결혼신고는 하지 않았으나 사실상 부부로서 생활하던 중 처가 일시의 여분된 감정으로 「나는 못살겠으니 파혼을 하고 친정에 가겠다」는 취지의 말을 한 후 옷보따리를 싸가지고 친정으로 돌아가겠다고 하여서 달리 특별한 사정이 없는 한, 남편과의 혼인예약해제의 의사를 표시한 것이라 볼 수 없다.(대판 1966. 7. 26, 66므10)

3. 해제 효과

(1) 약혼의 해소

- 소급하여 무효로 된다.

(2) 손해배상의 청구

1) 내용

- 민법 제804조의 해제 사유 중 본인에게 책임을 귀속시킬 수 있는 원인을 제공한 경우 - 약혼해제에 과실이 있다고 볼 수 있으므로 상대방은 손해배상을 청구하는 것이 가능하다.
- 약혼 당사자 쌍방에게 과실이 있는 경우 - 일반 과실상계규정을 준용하자는 견해가 있다.
- 약혼당사자 쌍방에게 과실이 없는데 일방이 약혼을 해제한 경우 - 상대방에 대하여 해제의 의사표시를 한 자가 손해배상책임을 지게 된다.
- 약혼해제의 합의가 있는 경우 - 약혼 해제의 합의는 있었으나 손해배상에 대한 합의가 없는 경우 손해배상청구권의 포기로 볼 수는 없다. 따라서 과실 있는 상대방에 대하여 손해배상을 청구할 수 있다.

2) 범위

- 재산상의 손해뿐만 아니라 정신상의 손해에 대해서도 배상을 청구할 수 있다.(제806조 제2항)
- 정신상 손해배상청구권은 양도하거나 승계하지 못한다.(제806조 제3항) 다만, 배상에 관하여 당사자 간에 계약이 성립되거나 소가 제기된 후에는 양도나 승계가 가능하다.(제806조 제3항 단서)

3) 조정전치

- 약혼해제로 인한 손해배상청구사건은 다류 가사소송사건이므로 조정전치

주의의 대상이 된다.

(3) 예물 등의 반환문제

- 약혼예물의 수수는 혼인 불성립을 해제조건으로 하는 증여와 유사한 성질을 가진다는 것이 판례(대판 1994. 12. 27, 94므895)와 학설의 태도이다. 따라서 약혼이 해제되면 해제조건이 성취되어 증여계약이 실효되므로 부당이득의 법리에 따라 상대방에 대하여 교환한 예물의 반환을 청구할 수 있다. 다만, 약혼을 해제하는데 책임이 있는 당사자는 반환을 청구하지 못한다고 하는 것이 통설과 판례(대판 1976. 12. 28, 76므41, 76므42)의 입장이다. 따라서 유책당사자는 반환 의무만 있을 뿐이고 반환을 청구하지는 못한다.
- 양자 모두에게 귀책사유가 있으면 양자에게 반환청구권이 인정되는 것으로 보고, 과실상계의 원리에 의하여 반환의 범위를 결정하여야 한다는 견해가 있다.
- 약혼을 부당히 파기당한 경우에는 파기당한 약혼당사자 뿐만 아니라 그 부모도 손해배상을 청구할 수 있다. 또한 약혼당사자의 부모가 부당파기에 가담한 경우에는 약혼을 부당히 파기한 약혼당사자 뿐만 아니라 부모도 포함하여 약혼해제로 인한 손해배상을 할 의무가 있다.(대판 1961. 10. 19, 4293민상531)
- 예단 - 혼인 시 상대방의 친지 등에게 제공하는 패물인 예단에 관해서는 약혼예물의 반환에 관한 법리가 그대로 적용된다.
- 혼수 - 혼인생활에 대비하여 마련한 가재도구 등의 혼수에 대하여는 혼수를 마련한 자에게 소유권이 인정하여, 약혼이 해제되어 상대방이 이를 점유하고 있더라도 소유권에 기한 반환을 구할 수 있다고 한다.(대판2003.11.14. 2000므1257・1264)
- **혼인무효의 경우** - 혼인의 무효는 소급효가 있으므로 반환하여야 한다.
- **혼인취소의 경우** - 혼인의 취소는 소급효가 없으므로 이론적으로는 반환청구가 인정되지 않는다고 한다.

- 이혼의 경우
  - 혼인이 성립되고 상당기간 지속되었다면 그 혼인이 파탄되더라도 예물반환의무는 발생하지 않는다.(대판 1994. 12. 27, 94므895; 대판 1996. 5. 14, 96다5506)
  - 예물의 수령자 측이 혼인 당초부터 성실히 혼인을 계속할 의사가 없고 그로 인하여 혼인의 파국을 초래하였다고 인정되는 등 특별한 사정이 있는 경우에는 예물을 반환하여야 한다.(대판 1996. 5. 14, 96다5506)

▮ 혼인의 성립

Ⅰ. 혼인의 성립

- 혼인이란 남녀 간에 부부관계의 형성을 목적으로 하는 신분계약이다.
- 혼인이 성립하기 위해서는 실질적 요건과 형식적 요건을 갖추어야 한다.

Ⅱ. 혼인의 실질적 성립 요건

1. 혼인의사의 합치

(1) 의사의 합치

- 혼인을 하고자 하는 당사자 간에는 혼인의사의 합치가 있어야 한다.
- 혼인의 합의가 없는 혼인은 무효이다.(제815조 제1호)
- 합의는 본인이 직접 하여야 하며 대리할 수 없다. 이 때 혼인의 의사에는 혼인관계를 맺고자 하는 실질적 의사와 혼인 신고를 하고자 하는 형식적 의사 양자가 갖추어져야 한다. 따라서 혼인의 의사 없이 혼인 신고의 의사만 있는 법률혼(가장혼인)은 무효이다. 이는 실질적 의사설에 따른 것으로 다수설과 판례(대판 1980. 1. 29, 79므62, 63)의 입장이다. 또한 혼인의 의사는 있으나 혼인 신고의 의사가 없는 법률혼도 무효이다.
- 결혼식을 하고 사실혼관계에 있었으나 일방이 뇌졸중으로 혼수상태에 빠져

있는 사이에 타방이 임의로 혼인신고를 마친 경우, 특별한 사정이 없는 한 위 신고에 의한 혼인은 의사능력이 없는 혼인신고로써 무효이다.(대판 1996. 6. 28, 94므1089)
- 사실혼 관계에 있는 당사자 일방이 혼인 신고를 한 경우, 상대방의 혼인의사가 불분명한 경우에는 혼인의 관행과 신의성실의 원칙에 따라 사실혼관계를 형성시킨 상대방의 행위에 기초하여 그 혼인의사의 존재를 추정할 수 있으므로 이와 반대되는 사정, 즉 혼인의사를 명백히 철회하였다거나 당사자 사이에 사실혼관계를 해소하기로 합의하였다는 등의 사정이 인정되지 아니하는 경우에는 그 혼인을 무효라고 할 수 없다.(대판 2000. 4. 11, 99므1329)

(2) 의사의 존재 시기

- 혼인합의는 혼인신고 할 당시뿐만 아니라 수리시에도 존재하여야 한다. 따라서 혼인 신고서가 수리되기 전에 일방이 혼인의 의사를 철회한 경우에는 타방에 의해 일방적으로 혼인신고가 되어 수리되었다 할지라도 혼인은 무효이다.(대판 1996. 6. 28, 94므1089)

(3) 자유로운 의사결정

- 사기나 강박에 의한 혼인은 당사자의 자유로운 의사결정에 따른 것이 아니므로 혼인취소의 사유가 된다.(제816조 제3호)
- 당사자의 자유로운 의사 결정에 따른다고 하더라도 선량한 풍속이나 기타 사회질서에 반하는 조건이나 기한을 붙일 수 없다.

(4) 제한능력자의 혼인

- 미성년자는 부모의 동의를 얻어 혼인을 할 수 있다. 이 때 부모 중 한쪽이 동의권을 행사할 수 없을 때에는 다른 한쪽의 동의를 받아야 하고, 부모가 모두 동의권을 행사할 수 없을 때에는 미성년후견인의 동의를 받아야 한다.

(제808조 제1항)
- 피성년후견인은 부모나 성년후견인의 동의를 받아 혼인할 수 있다.(제808조 제2항)
- 동의 없이 혼인신고를 한 경우에는 취소할 수 있다.(제816조 제1호)
- 동의 없이 혼인신고가 이루어졌으나 그 당사자가 19세가 된 후 또는 성년후견종료의 심판이 있은 후 3개월이 지나거나 혼인 중에 임신한 경우에는 그 취소를 청구하지 못한다.(제819조)

2. 혼인적령에 이를 것

(1) 혼인적령

- 남녀 모두 만 18세가 되면 혼인 적령에 이른다.(제807조)
- 혼인적령은 사실상의 연령을 의미하는 것이 아니라 가족관계등록 등에 관한 법률상의 혼인적령을 의미한다.
- 혼인 적령에 달하지 않은 자의 혼인신고가 수리되면 당사자 또는 그 법정대리인이 취소할 수 있다.(제817조) 따라서 이러한 혼인신고는 당연히 무효가 되는 것이 아니라 취소될 때까지는 유효하다.

(2) 취소권자

- 혼인적령에 달하지 않은 자의 혼인신고서가 수리되면 취소 전까지는 일단 유효하므로 이들은 성년으로 의제된다. 이러한 경우 법정대리인이 취소권을 행사할 수 있는가가 문제되는데, 본래의 법정대리인도 취소권을 행사할 수 있다고 한다.

3. 근친혼이 아닐 것

(1) 8촌 이내의 혈족

- 8촌 이내의 혈족 간에는 혼인을 하지 못한다.(제809조 제1항)
- 친양자의 입양 전 혈족을 포함한다. 친양자로 입양되면 친족관계는 소멸하지만 실질적인 혈연관계가 소멸하는 것은 아니기 때문이다.
- 혼인신고서가 수리되었다고 하더라도 무효이다.(제815조 제2호)

(2) 6촌 이내의 혈족의 배우자

- 6촌 이내의 혈족의 배우자인 인척이거나 이러한 인척이었던 자 사이에서는 혼인하지 못하고,(제809조 제2항) 취소사유가 된다.(제816조 제1호)

(3) 배우자의 6촌 이내의 혈족

- 배우자의 6촌 이내의 혈족인 인척이거나 이러한 인척이었던 자 사이에서는 혼인하지 못하고,(제809조 제2항) 취소사유가 된다.(제816조 제1호)

(4) 배우자의 4촌 이내의 혈족의 배우자

- 배우자의 4촌 이내의 혈족의 배우자인 인척이거나 이러한 인척이었던 자 사이에서는 혼인하지 못하고,(제809조 제2항) 취소사유가 된다.(제816조 제1호)

(5) 6촌 이내의 양부모계의 혈족이었던 자

- 입양으로 양부모계와 6촌 이내의 혈족관계에 있었던 경우에는 입양관계가 종료된 후에도 혼인할 수 없다.(제809조 제3항)
- 직계혈족관계가 있었던 경우에는 무효이고(제815조 제4호), 그 외에는 취소할 수 있다(제816조 제1호).

(6) 4촌 이내의 양부모계의 인척이었던 자

- 양가의 혈족의 배우자였던 4촌 이내의 인척과는 혼인은 취소사유가 된다.

4. 중혼이 아닐 것

- 일부일처제에 따라 배우자가 있는 자는 다시 혼인하지 못한다.
- 중혼이 된 경우 後婚은 취소사유가 되고, 前婚은 이혼사유가 된다.
- 후혼의 경우 취소의 확정판결이 있기 까지는 유효하므로 재판상 이혼의 청구도 가능하다.(대판 1991. 12. 10, 91므344)

※ **동성혼(同性婚)**

- 同性婚에 대해서 우리나라는 제103조의 문제로 보아 인정하지 않는 것이 일반적이다.
- 구체적으로는 同性의 자 사이의 혼인의 합의는 혼인성립요건이 되는 혼인의사의 합의로 인정되지 않는다.
- 同性의 자 일방이 성전환을 하고 가족관계등록부 성별 정정이 있은 후에는 가능하다는 견해를 보인다.
- 그러나 성전환자가 혼인 중에 있거나 미성년자인 자녀가 있는 경우에는 가족관계등록부에 기재된 성별을 정정하여, 배우자나 미성년자인 자녀의 법적 지위와 그에 대한 사회적 인식에 혼란을 초래하는 것까지 허용할 수는 없으므로, 현재 혼인 중에 있거나 미성년자인 자녀를 둔 성전환자의 성별정정은 허용되지 않는다.(대판(전) 2011. 9. 2. 2009스117)
- 동성부부의 사실혼 부당파기로 인한 위자료 및 재산분할청구는 기각되었다.(인천지판 2004. 7. 23. 2003드합292)

III. 혼인의 형식적 성립 요건

1. 임의 혼인신고

- 혼인은 신고하여야만 성립하게 된다.

- 혼인신고는 혼인의 효력요건이 아니라 성립요건이므로 창설적 신고라고 보는 것이 판례와 다수설의 태도이다.

2. 혼인신고의 절차와 효과

(1) 국내에서 혼인신고

- 혼인은 가족관계의 등록 등에 관한 법률에 정한대로 신고함으로써 혼인이 성립하게 된다. 이 때의 신고는 당사자 쌍방과 성년자인 증인 2인이 연서한 서면으로 하여야 한다.
- 신고서의 제출은 본인이 하거나 우송하여도 되고, 타인에게 위임하는 것도 가능하다.
- 신고인의 생존 중에 우송한 신고서는 그 사망 후라도 시·읍·면의 장은 수리하여야 하고, 신고서가 수리된 때에는 신고인의 사망시에 신고한 것으로 본다.(가족관계의 등록 등에 관한 법률 제41조)
- 사망한 자와의 혼인신고는 인정되지 않지만, 혼인신고특례법에 의하여 특별히 신고할 수 있는 등의 특별한 사유가 있는 경우에는 예외적으로 가능하다.
- 가족관계의 등록 등에 관한 법률에 따르면 구술신고도 가능하다. 구술신고도 혼인신고이므로 본인이 하여야 하고 대리인에 의한 신고는 무효이다.
- 공무원은 혼인신고에 관하여 형식적 심사권만 가지고 신고서를 수리함으로써 완료한다. 따라서 공부에 기재되지 않더라도 수리한 때에 효력은 발생한다.

(2) 외국에서 혼인신고

- 외국에서 거주하는 한국인은 신고서를 국내에서와 같이 작성하여 현지의 소관 관청에 송부하면 된다.
- 또는 외국에 주재하는 우리나라의 대사, 공사 또는 영사에게 신고하는 방법이 있다.
- 또는 거주하는 외국의 법률이 정하는 혼인방식으로 하여도 유효하다.(대판

1991. 12. 10, 91므535)

3. 재판·조정에 의한 혼인신고

- 사실상 혼인관계에 있는 일방은 사실상혼인관계존재확인청구를 통하여 혼인신고를 할 수 있다.
- 사실상혼인관계존재확인청구는 조정전치주의의 대상이므로 우선 조정신청을 하여야 하고, 조정에 의한 합의가 이루어지지 않은 경우 사실상혼인관계존재확인의 소를 청구하는 것이 가능하다.
- 조정이 성립하게 되면 신청자는 조정성립의 날로부터 1월 이내에 조정조서를 첨부하여 혼인신고를 하여야 한다.
- 소를 제기한 자는 재판의 확정일로부터 1개월 이내에 재판서의 등본 및 확정증명서를 첨부하여 혼인신고를 하여야 한다.
- 판결에 의한 혼인신고의 법적 성질에 대하여 창설적 신고라는 것이 판례(대결 1991. 8. 13, 91스6)의 태도이고, 보고적 신고라는 것이 통설의 입장이다.

혼인의 무효와 취소

Ⅰ. 혼인의 무효와 취소

- 혼인의 성립에 하자가 있는 경우 그 혼인은 무효가 되거나 취소할 수 있게 된다. 그러나 혼인의 특성상 혼인한 당사자를 혼인 전의 상태로 되돌릴 수는 없으므로 무효와 취소의 사유를 제한적으로만 법정하고 있다.

Ⅱ. 혼인의 무효

1. 혼인 무효 원인

(1) 당사자 간에 혼인의 합의가 없는 때

- 가장혼인 - 실질적 혼인의사가 없고 혼인신고를 위한 형식적 혼인의사만 있는 것으로 무효원인이 된다.
- 심신상실자 - 심신상실자가 혼인신고 당시에 의사능력을 가지고 있지 않은 경우에는 무효이다.
- 허위기재 - 혼인 신고는 없었으나 가족관계등록부에 혼인된 것으로 기재되어 있을 경우 무효이다.
- 철회 - 당사자의 일방 또는 쌍방이 혼인신고서가 수리되기 전에 혼인 의사를 철회한 경우에는 무효이다.

- **일방적인 혼인신고** - 혼인의 합의 없이 일방적으로 혼인신고가 이루어진 경우 무효이다.(대판 1983. 9. 27. 83므22)
- 중국 국적의 조선족 여자들과 참다운 부부관계를 설정할 의사 없이 단지 그들의 국내 취업을 위한 입국을 가능하게 할 목적으로 형식상 혼인하기로 한 것이라면, 혼인의 계출에 관하여는 의사의 합치가 있었으나 참다운 부부관계의 설정을 바라는 효과의사는 없었다고 인정되므로 우리나라의 법에 의하여 혼인으로서의 실질적 성립요건을 갖추지 못하여 그 효력이 없다.(대판 1996. 11. 22, 96도2049)

(2) 특정한 근친 사이의 혼인

1) 8촌 이내의 혈족간의 혼인

- 당사자 사이에 8촌 이내의 혈족관계가 있거나 있었던 자와의 혼인은 무효이다.(제815조 제2호)
- 친양자의 경우 종전의 혈족도 포함한다.
- 동성동본간의 혼인이라 하더라도 8촌 이내의 혈족이 아닌 한 유효하다.

2) 직계인척간의 혼인

- 당사자 사이에 직계인척관계가 있거나 있었던 자와의 혼인은 무효이다.(제815조 제3호)

3) 양자와 양부모계의 직계혈족간의 혼인

- 양자와 양부모는 법정혈족관계이므로 양자와 양부모계의 8촌 이내의 혈족과의 혼인은 무효이다.(제815조 제2호)
- 양친자관계가 해소된 후 양자와 양부모계와 직계혈족관계가 있었던 자와의 혼인은 무효이다.(제815조 제4호)

2. 혼인 무효 성질

(1) 성질

- 혼인 무효의 법적 성질은 당연무효라고 하는 것이 다수설과 판례의 입장이다.
- 다수설에 따르면 무효확인의 소는 형성의 소가 아닌 확인의 소이다. 따라서 그러한 판결이 없더라도 이해관계인은 다른 소송에서 혼인의 무효를 주장할 수 있다.
- 소수설은 혼인무효사유가 있더라도 일정한 범위의 사람들이 혼인무효확인의 소를 제기하여 혼인무효확인판결이 확정되기 전까지는 일단 유효한 혼인으로 인정하고자 한다. 이 때 혼인무효확인의 소는 그 성질이 형성의 소이다.

(2) 혼인무효확인의 소

- 혼인부효확인의 소는 조정전치주의 적용 대상이 아니므로 조정 없이 판결한다.
- 확인의 이익이 있어야 한다. 혼인이 해소된 후 이혼한 것처럼 가족관계등록부에 기재된 것이 불명예스럽다는 이유로 혼인무효확인의 소를 청구하는 경우 확인의 이익이 없어 각하된다.(대판 1984. 2. 28 82므67)
- 제소권자 - 당사자, 법정대리인, 4촌 이내의 친족이 제기할 수 있다.
- 미성년자의 경우 혼인으로 인하여 성년으로 의제되므로 법정대리인이 무효의 확인을 구하는 소를 제기할 수 있는가 하는 문제가 발생하게 되는데 가사소송법의 취지에 비추어 제소권을 부여한 것으로 보아야 할 것이다.
- 상대방 - 부부일방이 제소하거나 법정대리인이 제소하는 경우 법률상 배우자로 기록되어 있는 자이고, 4촌 이내의 친족이 제소하는 경우에는 부부가 상대방이 되고, 부부의 일방이 사망한 경우에는 그 생존자가 상대방이 된다. 부부 모두가 사망한 경우에는 검사가 상대방이 된다.

3. 혼인 무효 효과

(1) 일반적 효과

- 혼인이 무효로 선언되면 부부관계는 소급하여 소멸하게 된다.
- 부부임을 기초로 한 상속이나 권리변동도 소급하여 무효로 된다.
- 제3자에 대한 일상가사대리책임에서 벗어난다.
- 절대적 무효이므로 선의의 제3자도 보호될 수 없다.
- 당사자에게는 재산분할 청구권이 없다.
- 혼인 무효에 대한 과실 있는 상대방에게 재산상 또는 정신상 손해배상을 청구하는 것이 가능하다.
- 가족관계등록부에 혼인사실이 삭제된다.

(2) 子에 대한 효과

- 자녀는 혼인 외의 자가 된다. 자녀의 출생신고가 이루어진 경우 인지의 효력이 인정된다.(대판 1971. 11. 15, 71다1983)
- 자녀의 양육권의 문제는 부부가 협의해서 정하고 협의가 되지 않는 경우 당사자의 청구나 직권에 의하여 법원이 정한다.(제837조)
- 무효로 된 혼인에서 출생한 자의 친권자결정에 관하여 재판상 이혼의 경우와 마찬가지로 가정법원이 혼인무효의 청구를 인용하는 경우에 직권으로 친권자를 정하여야 한다.(제909조 제5항). 재판상이혼의 효과와 동일하게 본다.

(3) 성년의제

- 혼인으로 인하여 성년으로 의제되었던 자는 혼인의 무효로 다시 미성년자가 된다. 그러나 혼인 취소의 경우 성년으로 계속해서 의제된다.

(4) 무효인 혼인의 추인

- 무효인 혼인을 명시적으로나 묵시적으로 추인하는 것은 가능하다. 이러한 경우 당사자에게는 혼인의 실체를 유지할 의사가 있어야 한다.
- 무효혼의 추인에는 소급효가 인정된다. 즉 민법 제139조의 적용이 배제된다.
- 인정하는 경우 - 협의이혼한 후 배우자 일방이 일방적으로 혼인신고를 하였더라도 그 사실을 알고 혼인생활을 계속한 경우, 상대방에게 혼인할 의사가 있었거나 무효인 혼인을 추인하였다고 인정한다.(대판 1995. 11. 21, 95므731)
- 인정하지 않는 경우 - 일방적인 혼인신고 후 혼인의 실체 없이 몇 차례의 육체관계로 子를 출산하였다 하더라도 무효인 혼인을 추인하였다고 보기 어렵다.(대판 1993. 4. 19, 93므430)

III. 혼인의 취소

1. 혼인 취소 원인

(1) 혼인 적령에 달하지 않은 경우

- 혼인 적령인 만 18세에 달하지 않은 자의 혼인은 취소할 수 있다.(제816조 제1호)
- 당사자와 법정대리인이 취소를 청구할 수 있다.(제817조)
- 그러나 혼인 중 포태한 때에는 명문의 규정은 없으나 취소를 청구할 수 없다고 해석한다.

(2) 동의를 얻지 않은 경우

- 동의가 필요한 혼인에서 동의 없이 혼인신고서가 수리된 경우 일단은 유효

하게 성립하고 취소 사유가 된다.
- 당사자와 법정대리인이 취소를 청구할 수 있다.
- 당사자가 만 19세가 된 후 또는 성년후견종료의 심판이 있은 후 3개월이 지난 때에는 그 취소를 청구하지 못한다.(제819조)
- 혼인 중에 임신한 경우에는 그 취소를 청구하지 못한다.(제819조)
- 친권을 상실한 부모는 혼인동의권이 없다는 것이 다수설이다.
- 친생부모와 양부모 중 양부모의 동의만으로 혼인이 가능하다.
- 부모가 이혼한 경우에도 부와 모는 각각 별개의 동의권이 있다.
- 부모의 의견이 일치하지 않는 경우에도 부모 쌍방의 동의를 얻어야 한다.

(3) 근친혼인 경우

- 6촌 이내의 혈족의 배우자, 배우자의 6촌 이내의 혈족, 배우자의 4촌 이내의 혈족의 배우자와의 혼인은 취소할 수 있다.
- 6촌 이내의 양부모계의 혈족이었던 자와 4촌 이내의 양부모계의 인척이었던 자와의 혼인은 취소할 수 있다.
- 혼인 취소 청구권자는 당사자, 직계존속 또는 4촌 이내의 방계혈족이 그 혼인의 취소를 청구할 수 있다.
- 취소의 상대방은 부부일방이 취소를 청구하는 경우 다른 일방이 상대방이 되고 다른 일방이 사망한 경우 검사가 상대방이 된다. 친족이 취소를 청구하는 경우 부부쌍방이 상대방이 되고 부부일방이 사망한 경우 생존배우자가 상대방이 되고, 쌍방이 사망한 경우에는 검사가 상대방이 된다.
- 혼인 중 포태(胞胎)한 때에는 그 취소를 청구하지 못한다.(제820조)

(4) 중혼인 경우

1) 중혼

- 법률혼을 한 자가 타인과 다시 법률혼을 하는 경우 중혼이 된다.(제810조) 따라서 사실혼 관계에 있는 자가 다른 자와 혼인한 경우에는 중혼이 아니다.

- 이혼승소가 확정되어 타인과 혼인하였는데 재심으로 이혼심판청구가 기각으로 확정되면 중혼이 된다.(대판 1985. 9. 10, 85므35)
- 성명을 변조하여 호적을 이중으로 만들어 혼인신고를 하였으나 실제로 동거한 일이 없다고 하더라도 중혼이 된다.(대판 1991. 12. 10, 91므344)
- 실종선고 후 생존 배우자가 재혼하였으나 실종선고가 취소된 경우 중혼이 되고, 이 때 재혼 당사자 쌍방이나 일방이 악의인 경우에 한한다.

2) 중혼의 효과

- 전혼과 후혼 모두 일단은 유효한 혼인이다. 따라서 중혼 출생자도 혼인 중의 출생자가 된다.
- 중혼자는 양배우자에 대하여 전부 상속권이 있고, 양배우자도 중혼자에 대하여 상속권이 있다.
- 처가 중혼자인 경우에 출생한 자녀는 양배우자의 친생추정을 받게 된다. 이러한 경우 부를 정하는 소를 유추적용하여 부를 정하여야 한다.
- 중혼자가 사망한 후에라도 그 사망에 의하여 중혼으로 인하여 형성된 신분관계가 소멸하는 것은 아니므로 전혼의 배우자는 생존한 중혼의 일방 당사자를 상대로 중혼의 취소를 구할 이익이 있다.(대판 1991.12.10. 91므535)

3) 중혼의 취소

- 중혼의 경우 전혼은 이혼사유가 되고, 후혼은 취소사유가 된다.
- 중혼이 존속하는 이상 취소권은 소멸하지 않는다.
- 취소청구권자는 당사자 및 그 배우자, 직계혈족, 4촌 이내의 방계혈족 또는 검사이다.(제818조)
- 중혼자가 사망한 후에라도 그 사망에 의하여 중혼으로 인하여 형성된 신분관계가 소멸하는 것은 아니므로 전혼의 배우자는 생존한 중혼의 일방 당사자를 상대로 중혼의 취소를 할 수 있다.(대판 1991. 12. 10, 91므535)
- 중혼 성립 후 10여 년 동안 혼인취소청구권을 행사하지 아니하였다 하여 권리가 소멸되었다고 할 수 없으나 그 행사가 권리남용에 해당할 수도 있다.(대판 1993. 8. 24, 92므907)

- 중혼 취소의 확정판결이 없는 한 후혼도 유효한 혼인이므로 재판상 이혼을 청구할 수 있다.(대판 1991. 12. 10, 91므535)

(5) 부부생활을 계속할 수 없는 악질이 있는 경우

- 혼인 당시에 당사자 일방에게 부부생활을 계속할 수 없을 정도의 악질이 있음을 알지 못하고 혼인한 경우 취소할 수 있다.(제816조 제2호)
- 그러나 상대방이 그 사유 있음을 안 날로부터 6월을 경과한 때에는 그 취소를 청구하지 못한다.(제822조)

(6) 사기·강박에 의해 혼인한 경우

- 사기나 강박에 의한 혼인은 취소할 수 있다.(제816조 제3호)
- 사기를 안 날 또는 강박을 면한 날로부터 3월을 경과한 때에는 그 취소를 청구하지 못한다.(제823조)
- 사기나 강박에 대하여 상대방이 선의이거나 무과실이라고 하더라도 혼인을 취소할 수 있다. 즉, 제110조 제2항은 적용되지 않는다.

2. 혼인 취소의 방법과 취소의 소

(1) 취소의 방법

- 조정을 우선 거치고 조정이 되지 않으면 소를 제기할 수 있다.
- 재판상으로만 취소가 가능하다.
- 재판이 확정되면 제소자는 재판의 부본 및 확정증명서를 첨부하여 그 취지를 관할 관청에 신고하여야 한다.

(2) 취소의 소

- 관할 가정법원에 청구하여야 한다.
- 혼인 취소의 소는 그 성질이 형성의 소이므로 다른 소의 전제로 주장하지

못한다. 따라서 다른 소송에서 혼인의 취소를 주장하지 못한다.
- 혼인취소의 판결이 확정되면 당사자는 재판이 확정된 날로부터 1월 이내에 그 취지를 신고하여야 한다.

취소원인	제소권자	상대방
혼인 적령 미달	당사자, 법정대리인	· 부부의 일방이 혼인의 취소청구 소송을 제기하는 경우 - 그 배우자, 배우자가 사망한 때에는 검사 · 제3자가 취소청구소송을 제기하는 경우 - 부부를 상대방으로 하고, 일방이 사망한 경우 생존배우자를 상대방으로 하고, 쌍방이 사망한 경우에는 검사를 상대로 한다.
동의 없는 혼인	당사자, 법정대리인	
근친혼	당사자, 직계존속, 4촌 이내의 방계혈족	
중혼	당사자, 그 배우자, 직계혈족, 4촌 이내의 방계혈족, 검사	
악질이 있는 경우	상대방	
사기, 강박에 의한 혼인	당사자	

3. 혼인취소의 효과

(1) 불소급

- 혼인의 취소의 효력은 기왕에 소급하지 아니한다.(제824조) 따라서 혼인에 의하여 출생한 자는 혼인중의 출생자의 신분을 유지한다.
- 배우자 사이에 재산상속이 있은 후에 취소된 때에도 상속은 유효하다.(대판 1996. 12. 23, 95다48308)
- 혼인으로 성년으로 의제된 자가 만 19세가 되기 전에 취소된 경우에도 계속해서 성년으로 의제된다.

(2) 손해배상과 재산분할

- 혼인을 취소하는데 있어서 과실이 있는 상대방에게 재산상·정신상 손해배상을 청구하는 것이 가능하다.(제825조)

- 혼인이 취소된 경우에는 재산분할을 청구하는 것이 가능하다.
- 재산분할을 청구하기 위해서는 조정절차를 우선 거쳐야 한다.

(3) 자녀에 대한 효과

1) 친권

- 혼인이 취소되면 부모의 협의나 청구가 없더라도 가정법원은 직권으로 친권자를 정할 수 있다.(제909조 제5항)
- 혼인취소 신고시에 친권자 지정에 관한 사항을 신고하여야 한다.

2) 양육권

- 자의 양육자의 결정, 양육 비용의 부담, 면접교섭권의 행사 여부 및 그 교섭에 관한 사항은 당사자의 협의에 의하여 정할 수 있다.(제824조의2)
- 당사자 간에 양육에 관한 협의가 이루어지지 않거나 협의할 수 없는 때에는 가정법원은 당사자의 청구 또는 직권으로 양육에 관한 사항을 결정할 수 있다. 그러나 자의 양육에 관한 사항은 조정사항이므로 조정을 우선 거쳐야 한다.

(4) 친족관계

- 인척관계, 계모자관계, 적모서자관계는 혼인의 취소로 종료한다.

혼인의 효과

Ⅰ. 혼인의 일반적 효력

1. 친족관계의 발생

- 배우자 - 혼인으로 인하여 당사자는 배우자의 친족관계가 발생하게 된다.
- 인척 - 배우자의 4촌 이내의 혈족과 4촌 이내의 혈족의 배우자 사이에 인척관계가 발생하게 된다.
- 계모자와 적모서자는 인척관계이다.

2. 가족관계등록부의 변동

- 혼인으로 인하여 가족관계등록부가 변동된다.

3. 부부의 성(姓)

- 성불변의 원칙에 따라 혼인을 하게 되더라도 본래의 성(姓)을 유지한다.

4. 동거·부양·협조의 의무

(1) 동거의무

- 혼인한 부부는 정상적으로 부부관계를 유지하기 위해서 동거할 의무를 진다.
- 동거한다는 것은 단순히 함께 산다는 의미뿐만 아니라 성적인 것을 포함한다.
- 동거장소는 부부가 협의하여 정하면 되고, 협의가 되지 않는 경우 당사자의 청구로 가정법원이 결정한다.
- 일시적으로 동거하지 않는 경우에 합의가 없더라도 당연히 합의가 예상되면 동거의무에 위반하지 않지만, 무기한의 별거계약은 무효이다.
- 동거의무를 이행하지 않는 경우
  - 상대방은 동거에 관한 심판을 청구할 수 있다.
  - 조정이 우선되어야 하는 조정전치주의의 대상이다.
  - 동거를 명하는 심판을 하는 경우에도 강제집행은 인정되지 않는다.
  - 정당한 이유 없이 동거 의무를 위반하는 경우 악의의 유기에 해당되어 재판상 이혼사유가 된다.
  - 부부의 일방이 정당한 이유 없이 동거를 거부함으로써 자신의 협력의무를 스스로 저버리고 있다면, 상대방의 동거청구가 권리의 남용에 해당하는 등의 특별한 사정이 없는 한, 상대방에 부양료의 지급을 청구할 수 없다. (대판 1976. 6. 22, 75므17, 18; 대판 1991. 12. 10, 91므245)
  - 부부의 일방이 상대방에 대하여 동거에 관한 심판을 청구하여 조정이 성립하였음에도 상대방이 구체적인 조치의 실현을 위하여 서로 협력할 법적 의무의 본질적 부분을 유책하게 위반한 경우, 부부의 일방이 그로 인하여 통상 발생하는 비재산적 손해의 배상을 청구할 수 있다.(대판 2009. 7. 23, 2009다32454)
  - 부부의 일방은 동거의무의 불이행을 들어 그로 인하여 통상 발생하는 비

재산적 손해의 배상을 청구할 수 있으나, 그에 반드시 이혼의 청구가 전제되어야 할 필요는 없다.(대판 2009. 7. 23, 2009다32454)

(2) 부양의무

- 혼인한 부부는 부부공동생활을 유지하는데 필요한 것을 제공할 의무가 있는데 이것이 부양의무이다.
- 부양한다는 것은 경제적인 부양뿐만 아니라, 신체적·정신적 부양의 측면에서 자신의 생활과 같은 수준으로 상대방을 보장하는 것을 의미한다.
- 부부간의 부양의무는 1차적 부양의무이므로 성년자녀의 부모에 대한 부양의무와 같이 경제적 여유가 있을 때만 하는 부양이 아니다.
- 부양의무를 이행하지 않는 경우
  - 과거의 부양료를 청구하는 것이 불가능하다는 것이 판례의 입장이다.
  - 조정을 거쳐 부양의 심판을 청구할 수 있다.
  - 일정한 기간 내에 의무를 이행할 것을 명하는 이행명령을 할 수 있다.
  - 이러한 이행명령에도 불구하고 의무자가 이행하지 않으면 100만 원 이하의 과태료에 처할 수 있고, 과태료의 처분을 받고도 정당한 이유 없이 3기 이상 그 의무를 이행하지 않으면 30일 이내의 기간 동안 감치에 처할 수 있다.
  - 강제집행도 가능하다.
  - 불법행위에 기한 손해배상청구가 가능하다.
  - 악의의 유기로서 이혼사유가 된다.

(3) 협조의무

- 혼인한 부부는 가족생활공동체를 유지하기 위해서 협력하여야 한다.
- 협조의무를 이행하지 않는 경우
  - 조정을 거쳐 이행의 심판을 청구할 수 있다.
  - 일정한 기간 내에 의무를 이행할 것을 명하는 이행명령을 할 수 있다.

- 이러한 이행명령에도 불구하고 의무자가 이행하지 않으면 100만 원 이하의 과태료에 처할 수 있고, 과태료의 처분을 받고도 정당한 이유 없이 3기 이상 그 의무를 이행하지 않으면 30일 이내의 기간 동안 감치에 처할 수 있다.
- 강제집행할 방법은 없다.

5. 정조의 의무

- 정조의 의무에 대해서는 명문의 규정은 없지만 부부간에 정조의 의무를 진다는 것은 중혼금지규정이나 배우자의 부정행위를 재판상 이혼원인으로 규정한 것으로 보아 인정되어야 할 것이다.
- 정조의무를 이행하지 않은 경우
    - 이혼의 원인이 되고, 그 일방은 손해배상책임도 부담한다.(제843조)
    - 부정행위의 상대방도 배우자가 있다는 사실을 알면서도 정을 통한 경우에는 공동불법행위자로서 배상책임을 진다.(제760조)
    - 간통한 부녀 및 상간자가 부녀의 자녀에 대한 관계에서는 불법행위책임을 부담하지는 않는다.(대판 2005. 5. 13, 2004다1899)

6. 성년의제

- 미성년자가 혼인을 하게 되면 혼인의 독립성을 보장하기 위해서 성년으로 의제된다.
- 성년으로 의제된 자는 민법상의 행위능력을 갖게 된다. 따라서 선거법, 청소년기본법, 청소년보호법, 근로기준법, 조세법 등에서는 여전히 미성년자이다.
- 성년으로 의제된 자는 자기의 子에 대해서 친권을 행사할 수 있다.
- 후견인, 유언증인, 유언집행자가 될 수 있고 소송능력도 인정된다.
- 성년으로 의제된 자가 입양 할 수 있는 가에 대해서는 이를 긍정하는 견해와

부정하는 견해가 나뉜다.
- 성년으로 의제된 자가 만 19세에 달하기 전에 혼인관계가 이혼·혼인취소·배우자의 사망으로 해소된 경우에는 성년의제의 효과는 해소되지 않는다는 것이 통설이다.

II. 혼인의 재산적 효력

- 혼인의 재산상 효력에 대해서는 우선 당사자 사이의 합의에 의한 약정을 우선으로 하고, 당사자 사이에 이러한 합의가 없는 경우 법정재산제에 따른다.
- 당사자 간의 합의가 우선되기 위해서는 계약이 체결되고 혼인 신고 전에 등기하여야 한다.

1. 부부재산계약

(1) 성립요건

- 혼인 후 재산적 법률관계를 대상으로 한다.
- 혼인신고 전에 체결된 계약이어야 한다.
- 부부재산계약은 혼인 신고 전에 등기되어야 한다. 그렇지 않으면 부부의 승계인 및 제3자에게 대항할 수 없다.
- 등기신청은 夫가 될 자의 주소지를 관할하는 지방법원, 그 지원 또는 등기소에 신청하여야 하고, 재산계약서 등을 첨부하여야 한다.

(2) 효과

- 혼인 후 재산적 법률관계에 적용된다. 즉 법정재산제는 배제된다.
- 다만 일상가사연대책임은 적용된다.

(3) 계약의 변경

- 계약내용은 혼인신고 후에는 변경할 수 없는 것이 원칙이다. 그러나 정당한 사유가 있고 이러한 사유에 대하여 법원이 허가를 한 경우에는 예외적으로 변경할 수 있다.
- 약정에 의하여 부부의 일방이 다른 일방의 재산을 관리하는 경우에 부적당한 관리로 인하여 그 재산을 위태롭게 한 때에는 다른 일방은 자기가 관리할 것을 법원에 청구할 수 있고, 그 재산이 부부의 공유인 때에는 그 분할을 청구할 수 있다.
- 관리자가 변경되거나 공유재산이 분할된 경우에는 그 등기를 하여야 부부의 승계인 또는 제3자에게 대항할 수 있다.

2. 법정재산제

(1) 부부별산제

1) 고유재산

- 부부의 일방이 혼인 전부터 가진 재산을 고유재산이라 한다.

2) 특유재산

- 부부별산제에 따라 부부의 일방이 혼인 중 자기의 명의로 취득한 재산은 특유재산으로 한다.
- 부부는 그 특유재산을 각자가 관리, 사용, 수익한다.
- 일방의 명의로 된 재산에 부부일방의 협력이 있는 경우
  - 혼인 중에 일방의 명의로 취득한 특유재산으로 추정된다 하더라도 일방 또는 쌍방이 그 재산의 증식에 적극적으로 기여하였다는 것이 증명된 때에는 특유재산의 추정은 번복된다.(대판 1995. 10. 12, 95다25695)
  - 그러나 막연히 재산취득에 상대방이 협력하였다거나 혼인생활에 내조의 공이 있었다는 사유만으로는 부부일방의 특유재산의 추정이 번복되지는

않는다.(대판 1992. 12. 11, 92다21982)

3) 공유재산

· 부부의 누구에게 속한 것인지 분명하지 않은 재산은 부부의 공유로 추정한다.
· 사실혼관계에 있는 부부의 일방이 사실혼 중에 자기 명의로 취득한 재산은 그 명의자의 특유재산으로 추정되나 실질적으로 다른 일방 또는 쌍방이 그 재산의 대가를 부담하여 취득한 것이 증명된 때에는 특유재산의 추정은 번복되어 그 다른 일방의 소유이거나 쌍방의 공유라고 보아야 한다.(대판 1994. 12. 22, 93다52068(본소),52075(반소))

4) 생활비용

· 부부의 공동생활에 필요한 비용은 당사자 사이에 특별한 약정이 없으면 부부가 공동으로 부담한다.(제833조)

(2) 일상가사대리권

· 부부는 일상의 가사에 관하여 서로 대리권이 있다.(제827조)

1) 일상가사의 의의

· 일상가사란 가정생활을 영위하는데 있어서 상시 행하여지는 행위를 의미한다.(대판 1957. 2. 23, 4289민상523)
· '일상의 가사에 관한 법률행위'라 함은 부부의 공동생활에서 필요로 하는 통상의 사무에 관한 법률행위를 말하는 것으로, 그 구체적인 범위는 부부공동체의 사회적 지위나 재산, 수입, 능력 등 현실적 생활상태 뿐만 아니라 그 부부의 생활장소인 지역사회의 관습 등에 의하여 정하여지나, 당해 구체적인 법률행위가 일상의 가사에 관한 법률행위인지 여부를 판단함에 있어서는 그 법률행위를 한 부부공동체의 내부 사정이나 그 행위의 개별적인 목적만을 중시할 것이 아니라 그 법률행위의 객관적인 종류나 성질 등도

충분히 고려하여 판단하여야 할 것이다(대판 2009. 2. 12, 2007다77712)
- 또한 아내와 남편으로서의 동거생활을 유지하기 위하여 각각 필요한 범위 내의 법률행위를 의미한다.(대판 1966. 7. 19, 66다863)
- 주택 및 아파트 구입비용 명목으로 금전을 차용한 것이 부부공동체 유지에 필수적인 주거공간을 마련하기 위한 것이라면 일상가사에 속한다.(대판 1999. 3. 9, 98다46877)
- 그러나 주택 및 아파트의 매매대금이 거액에 이르는 대규모의 주택이나 아파트라면 일상의 가사에 속하지 않는다.(대판 1997. 11. 28, 97다31229)
- 부부간의 가사대리권은 부부가 공동체로서 가정생활상 상시 행하여지는 행위에 한하는 것이라 할 것이므로 처가 자가용차를 구입하기 위하여 타인으로부터 금전을 차용하는 행위는 일상가사에 속하지 않는다.(대판 1985. 3. 26, 84다카1621)
- 처가 별거하여 외국에 체류 중인 부의 재산을 처분한 행위는 부부간의 일상가사에 속하지 않는다.(대판 1993. 9. 28, 93다16369)
- 처가 부담한 금 40,000,000원의 계금채무가 혼인공동체의 통상의 사무에 포함되는 일상의 가사로 인한 채무라기보다 처 자신의 사업상의 필요에 의한 채무이다.(대판 2000. 4. 25, 2000다8267)
- 부인이 교회에의 건축 헌금, 가게의 인수대금, 장남의 교회 및 주택임대차보증금의 보조금, 거액의 대출금에 대한 이자 지급 등의 명목으로 금원을 차용한 행위는 일상가사에 속한다고 볼 수 없다.(대판 1997. 11. 28, 97다31229)
- 일상가사에 속하지 않는 사항에 관하여 배우자를 대리하기 위해서는 별도의 수권행위가 있어야 하는데, 가령 부부의 일방이 의식불명의 상태에 있어 사회통념상 대리관계를 인정할 필요가 있다는 사정만으로 그 배우자가 당연히 채무의 부담행위를 포함한 모든 법률행위에 관하여 대리권을 갖는다고 볼 것은 아니다.(대판 2000. 12. 8, 99다37856)

2) 일상가사대리권의 제한

- 부부의 일방에게 경솔이나 무경험 또는 낭비벽 등의 사유가 있는 경우에

일상가사대리권을 제한할 수 있다.
· 제한을 하는 방법이 정해져 있지는 않고, 제한이 있는 경우 선의의 제3자에게는 대항하지 못한다.(제827조 제2항)

3) 일상가사대리와 제126조의 표현대리

· 부부의 일방이 일상가사의 범위를 넘어 법률행위를 한 경우에, 일상가사대리권 외에 별도의 대리권이 없더라도 일상가사대리권을 기본대리권으로 하여 민법 제126조의 표현대리가 적용될 수 있는가가 문제된다.
· 제126조 직접적용설 - 다수설과 판례(대판 1968. 8. 30, 68다1051; 대판 1970. 10. 30, 70다1812)는 일상가사의 범위를 넘는 부부 일방의 법률행위에 대하여 부가 처에게 대리권을 주었다고 믿을 만한 정당한 사유가 있는 경우에는 표현대리를 적용하여 제3자를 보호하고 있다.
· 제126조 유추적용설 - 일반적·추상적 일상가사의 범위 내에서만 표현대리의 규정이 유추적용되고, 그 밖의 행위에 대하여는 대리권의 수여가 있는 경우에 한하여 표현대리가 적용되는 것이 타당하다는 견해이다.

4) 적용범위

· 사실혼 부부사이에도 일상가사대리권은 인정된다는 것이 판례의 입장이다.(대판 1984. 6. 26, 81다524)
· 내연의 처에게는 일상가사대리권이 인정되지 않는 것이 원칙이다.(대판 1984. 6. 26, 81다524)
· 정당한 이유가 있는 경우 즉, 남편이 장기간 외국 또는 지방에 체류하면서 처에게 살림 일체를 맡긴 경우에 정당한 이유를 긍정하고 있다.(대판 1964. 12. 22, 64다1244)
· 공법상의 대리권이 제126조의 기본대리권으로 될 수 있는가 대하여 학설과 판례(대판 1991. 2. 12, 88다카21647)는 긍정적인 입장을 취하고 있다.

(3) 일상가사채무연대책임

1) 의무

- 부부의 일방이 일상가사에 관하여 제3자와 법률행위를 하고, 이로부터 생기는 채무에 대하여는 부부가 상대방에 대하여 연대책임을 부담한다.(제832조)
- 그러나 이미 제3자에 대하여 다른 일방의 책임이 없음을 명시하였다면 연대책임을 부담하지 않는다.(제832조)

2) 연대책임의 내용

- 통상의 연대채무와는 달리 제3자와의 관계에서 부담부분에 관한 연대채무의 일반규정(제418조 제2항, 제419조, 제421조, 제424조)이 적용되지 않는다. 따라서 부부의 일방은 타방의 채권으로 무제한 상계할 수 있고, 면제의 효과는 전면적으로 발생한다.
- 또한 일방의 채무의 시효로 인한 소멸은 타방의 채무도 소멸시킨다고 해석된다.
- 연대책임은 혼인해소 후에도 소멸하지 않고, 보통의 연대채무로 변경되어 존속한다.

혼인의 해소

I. 혼인의 해소

- 혼인의 해소란 완전하고 유효하게 성립한 혼인이 배우자의 사망이나 이혼으로 종료하는 것을 의미한다. 따라서 혼인이 무효나 취소로 인하여 종료하는 것은 성립에 하자가 있는 것이므로 혼인의 해소와는 구별된다.

II. 사망에 의한 혼인의 해소

1. 사망

- 사망으로 인하여 혼인에 의한 효력이 소멸하게 된다. 따라서 생존 배우자는 동거·부양·협조의 의무와 정조의 의무도 면하게 되고 재혼도 가능하게 된다.
- 부부재산제도의 구속으로부터 자유로워진다.
- 사망으로 인척관계는 소멸하지 않고, 재혼하게 되면 인척관계가 소멸하게 된다.

2. 실종선고

- 실종선고가 되면 사망으로 의제되므로 혼인이 해소된다.
- 혼인이 해소되는 시기는 선고시가 아니라 실종선고 만료시이다.

Ⅲ. 이혼에 의한 혼인의 해소

- 이혼의 종류에는 당사자의 협의에 의한 협의이혼과 재판에 의한 재판상 이혼이 있다.
- 재판상 이혼은 유책주의에 따르고 있으므로 유책배우자가 이혼을 청구하지는 못하는 것이 원칙이다. 그러나 예외적으로 혼인이 파탄된 경우에도 재판상 이혼 청구를 인정한다.

협의이혼

Ⅰ. 의의

- 혼인 관계를 계속해서 유지할 의사가 없는 경우 부부간의 협의에 의하여 혼인을 해소할 수 있는데 이를 협의이혼이라 한다.
- 이혼의 원인은 묻지 않고 이혼의사의 확인신청 후 일정기간이 경과한 후에 협의이혼의사확인을 받고 신고를 하게 되면 이혼이 이루어지게 된다.

Ⅱ. 성립요건

1. 실질적 요건

(1) 이혼의사의 합치가 있을 것

1) 이혼의사

- 이혼을 하기 위한 실질적 요건으로 이혼의사의 합치가 있어야 하는데, 이때의 이혼의사가 혼인관계의 실체를 해소하고자 하는 실질적인 의사를 의미하는지 아니면 실질적인 혼인관계를 해소할 의사는 없더라도 이혼신고를 하고자 하는 형식적 의사를 이혼의사라고 하는지에 대해서는 실질적 의사설과 형식적 의사설로 견해가 나뉘고 있다.
- 다수설은 실질적 의사설에 따라서 혼인관계의 실체를 해소하고자 하는 의사

의 합치가 있어야 이혼이 유효하게 성립한다고 한다. 따라서 가장이혼은 무효이다. 학설도 점차 형식적 의사설에 따르는 경향이 보인다.

- 판례는 협의상 이혼이 가장이혼으로서 무효로 인정되려면 누구나 납득할 만한 특별한 사정이 인정되어야 하고, 그렇지 않으면 이혼당사자 간에 일시적으로나마 법률상 적법한 이혼을 할 의사가 있었다고 보는 것이 이혼신고의 법률상 및 사실상의 중대성에 비추어 상당하다고 하여 형식적 의사설에 따른다.(대판 1997. 1. 24, 95도448)
- 판례는 협의이혼에 있어서 이혼의사는 법률상 부부관계를 해소하려는 의사를 말하므로 일시적으로나마 법률상 부부관계를 해소하려는 당사자간의 합의하에 협의이혼신고가 된 이상 협의이혼에 다른 목적이 있더라도 양자간에 이혼의사가 없다고는 말할 수 없고 따라서 이와 같은 협의이혼은 무효로 되지 아니한다.(대판 1993. 6. 11, 93므171)
- 판례는 이혼 당사자간에 혼인 생활을 실질상 폐기하려는 의사는 없이 단지 강제집행의 회피, 기타 어떤 다른 목적을 위한 방편으로 일시적으로 이혼신고를 하기로 하는 합의가 있었음을 인정할 증거가 없다면 이혼당사자간에 일응 일시나마 법률상 적법한 이혼을 할 의사로서 이혼신고를 한 것으로 인정되고 부부관계는 유효하게 일단 해소되었다고 보아야 한다.(대판 1975. 8. 19, 75도1712)
- 이혼의사의 합의는 신분행위이므로 대리할 수 없다.

2) 이혼의사의 존재시기

- 이혼의사는 이혼신고서 작성 시뿐만 아니라 수리 시에도 존재하여야 한다. 따라서 신고서의 제출 전에 당사자의 일방이나 다른 일방이 수리하는 공무원에 대하여 이혼의사의 철회를 표시하였다면, 그 후에 신고서가 수리되었다고 하더라도 그 이혼은 무효이다.

(2) 의사능력이 있을 것

- 이혼의사의 합치가 유효하기 위해서는 당사자에게 의사능력이 요구된다.

- 피성년후견인은 부모나 성년후견인의 동의를 받아 이혼할 수 있다.(제835조)
- 미성년자는 혼인으로 인하여 성년으로 의제되었으므로 부모 또는 후견인의 동의가 없더라도 유효한 협의이혼을 할 수 있다.

2. 형식적 요건

(1) 이혼의사 확인

- 축출이혼을 방지하기 위한 것으로 쌍방이혼의사에 대한 확인이 필요하다.

1) 확인의 대상

- 협의이혼의사확인절차는 확인당시에 당사자들이 이혼을 할 의사를 가지고 있는가를 밝히는데 그치는 것이고 그들이 의사결정의 정확한 능력을 가졌는지 또는 어떠한 과정을 거쳐 협의이혼 의사를 결정하였는지 하는 점에 관하여서는 심리하지 않는다.(대판 1987. 1. 20, 86므86)

2) 이혼의사 확인 신청

- 이혼의사가 협의되면 당사자는 가정법원에 이혼의사확인신청을 하여야 한다.
- 이혼의사확인신청에 의해 가정법원은 협의상 이혼을 하려는 자에게 이혼에 관한 안내를 하여야 한다.(제836조의2 제1항)
- 또한 필요한 경우 당사자에게 상담에 관하여 전문적인 지식과 경험을 갖춘 전문상담인의 상담을 받을 것을 권고할 수 있다.(제836조의2 제1항)

3) 숙려기간의 경과

- 이혼의사가 협의되고 이혼의사확인신청을 하게 되면 일정한 숙려기간이 지난 후에 이혼의사의 확인을 받을 수 있다.(제836조의2 제2항)
- 양육하여야 할 자가 있는 경우 3월의 숙려기간이 경과하여야 한다. 이 때 포태 중인 자녀도 양육하여야 할 자에 포함된다.

- 양육하여야 할 자가 없는 경우 1월의 숙려기간이 경과하여야 한다.
- 다만 폭력으로 인하여 당사자 일방에게 참을 수 없는 고통이 예상되는 등 이혼을 하여야 할 급박한 사정이 있는 경우에는 숙려기간을 단축하거나 면제할 수 있다.(제836조의2 제3항)

(2) 이혼신고

- 가정법원에서 이혼의사의 확인을 받은 경우 가족관계의 등록 등에 관한 법률에 의하여 당사자 쌍방과 성년자인 증인 2인이 연서한 서면을 가지고 신고하여야 한다.(제836조)
- 가정법원의 이혼의사확인서 등본을 첨부한 경우에는 증인 2인의 연서가 있는 것으로 본다.(가족관계의 등록 등에 관한 법률 제76조)
- 협의이혼의사의 확인은 어디까지나 당사자들의 합의를 근간으로 하는 것이고 법원의 역할은 그들의 의사를 확인하여 증명하여 주는데 그치는 것이며 법원의 확인에 소송법상의 특별한 효력이 주어지는 것도 아니므로 이혼협의의 효력은 민법상의 원칙에 의하여 결정되어야 할 것이고 이혼의사 표시가 사기, 강박에 의하여 이루어졌다면 민법 제838조에 의하여 취소 할 수 있다고 하지 않으면 안 된다.(대판 1987. 1. 20, 86므86)
- 신고하여야만 이혼이 성립하므로 이혼신고는 창설적 신고이다.
- 이혼신고는 가정법원의 확인을 받은 날로부터 3월 이내에 확인서의 등본을 첨부하여 신고하여야 이혼이 유효하게 성립하게 된다.
- 확인 없이 이혼신고가 수리된 경우에 그 이혼은 무효이다.

(3) 자녀가 있는 경우

1) 친권 및 양육권

- 양육하여야 할 자가 있는 경우 당사자는 제837조에 따른 子의 양육과 제909조 제4항에 따른 子의 친권자결정에 관한 협의서 또는 제837조 및 제909조 제4항에 따른 가정법원의 심판정본을 제출하여야 한다.(재836조의2 제4항)

2) 양육비부담 조서 작성

- '양육비부담 조서제도'를 도입하여 가정법원이 협의이혼절차에서 양육비부담에 관한 당사자의 협의내용을 확인한 경우 그에 관한 양육비부담조서를 작성하도록 하고,(제836조의2 제5항) 이 조서에 확정된 심판에 준한 집행력을 인정한다.
- 즉 당사자간의 협의를 기초로 작성된 양육비부담조서는 가사소송법 제41조에 의한 집행력이 부여되기 때문에 이 조서를 집행권원으로 하는 모든 종류의 강제집행이 가능해진다.

Ⅲ. 협의이혼의 무효와 취소

- 협의이혼은 그 성립에 하자가 있는 경우 무효나 취소 사유가 된다.

1. 협의이혼의 무효

(1) 협의이혼의 무효

- 협의이혼의 무효에 대해서는 민법에 그 규정이 없으나 가사소송법 제2조 제1항 가류사건 제2호에 이혼무효의 소를 규정하고 있다.

(2) 협의이혼 무효 사유

- 이혼신고가 수리되었으나 당사자 사이에 이혼의사의 합치가 없는 경우를 가장이혼이라고 하고, 가장이혼의 경우 다수설에 따르면 무효사유가 되고, 판례에 따르면 유효하다.
- 심신상실자가 이혼신고시에 의사능력을 결여한 경우
- 당사자 모르게 이혼신고 한 경우
- 신고서의 제출 전에 당사자의 일방이 다른 일방이나 수리하는 공무원에 대

하여 이혼의사의 철회를 표시한 경우

(3) 협의이혼무효의 소

- 이혼의 무효는 당연무효이다. 따라서 이혼무효의 소의 성질은 확인의 소이고, 일반법칙에 따라서 개개의 소송에서 선결문제로 주장하는 것도 가능하다.

(4) 협의이혼무효의 효과

- 이혼무효판결이 확정되면 처음부터 이혼이 없었던 것이 된다.
- 협의이혼무효청구를 인용하는 확정판결은 제3자에게도 효력이 있다.

2. 협의이혼의 취소

(1) 협의이혼의 취소 사유

- 사기 또는 강박으로 이혼의 협의를 한 경우(제838조)
  - 취소는 사기를 안 날 또는 강박을 면한 날로부터 3월 내에 하여야 한다.(제839조)
  - 선의의 제3자는 보호되지 않으므로 이혼의 취소로 선의의 제3자에게 대항할 수 있다. 즉, 총칙규정이 적용되지 않는다.
  - 제3자에 의한 사기나 강박이 있었고 상대방 배우자가 선의인 경우라도 취소를 청구하는 것이 가능하다. 즉, 총칙규정이 적용되지 않는다.
  - 가정법원의 협의 이혼의사 확인절차를 거쳤더라도 이혼의사표시가 사기, 강박에 의하여 이루어졌다면 이혼은 취소할 수 있으며, 이혼의사확인에 의해 그 의사표시의 하자가 치유되지는 않는다.(대판 1987. 1. 20, 86므86)

(2) 협의이혼취소의 소

- 이혼취소는 **조정사항**이므로 가정법원에 조정을 신청하여야 한다.(가사소송

법 제50조 제1항)
- 조정이 되지 않는 경우 제소신청이 가능하다.
- 이혼취소는 상대방에 대한 의사표시만으로 효력이 발생하지 않고 재판상으로만 취소가 가능하다. 따라서 이혼취소의 소는 형성의 소이다.

(3) 협의이혼취소의 효과

- 이혼취소가 조정이 되거나 이혼취소가 선고된 경우 소급되어 무효가 된다. 혼인의 취소가 소급효가 없는 것과 다르다. 따라서 당사자가 이혼신고 후에 재혼한 때에는 이혼취소로 인해 중혼이 된다.
- 피성년후견인이 부모나 성년후견인의 동의를 얻지 않은 경우의 협의이혼에 대해서는 취소규정이 없으므로 이혼신고가 수리된 이상 이혼은 계속 유효한 것으로 본다.[7] 그러나 피성년후견인이 이혼의 의사표시를 할 때 의사능력이 결여된 경우에는 협의이혼은 무효이다.

IV. 사실상 이혼

1. 의의

- 사실상 이혼이란 혼인관계의 실체는 없으나 법률혼 상태가 계속 유지되는 상태를 의미한다.
- 이는 부부가 이혼에 합의하고 혼인관계의 실체도 없는 상태이므로 유기에 의한 부부관계의 단절과는 구별되어야 한다.
- 또한 부부간의 분쟁을 해결하기 위한 방안으로 별거를 하는 경우는 사실상의 이혼과 다르다.
- 사실상 이혼이 성립하기 위해서 특별한 형식이 요구되지는 않는다.
- 의사능력 있는 당사자의 의사의 합치로 성립된다.

---

[7] 제816조 제1호를 유추하여 취소할 수 있다는 견해도 있다.

2. 효과

- 사실상 이혼 상태가 아무리 오래 지속되었다고 하더라도 이혼신고가 이루어지지 않았다면 법률상 혼인은 계속해서 유지된다.

(1) 적용이 배제되는 규정

- 혼인의 실체관계가 없어지므로 혼인의 효력에 관한 규정 중 부부의 공동생활을 전제로 하는 규정은 적용이 배제되어야 할 것이다.
- 부부간의 동거·부양·협조의 의무 및 정조의 의무는 소멸한다.
- 부부재산제도 소멸한다.
- 일상가사대리권과, 일상가사채무에 대한 연대책임도 소멸한다.
- 그러나 사실상의 이혼상태를 모르는 제3자에게는 대항하지 못한다.

(2) 적용이 유지되는 규정

- 사실상의 이혼은 혼인의 실체관계는 없을 지라도 법률혼은 유지되므로 혼인의 효력에 관한 규정 중 법률혼을 전제로 하는 효력은 유지된다.
  - 재혼은 불가능하고 재혼하더라도 중혼으로 되어 후혼은 취소, 전혼은 이혼사유가 된다.
  - 당사자 일방이 사망하더라도 생존 배우자는 법률혼 관계가 유지되므로 상속권을 갖는다. (대판 1969. 7. 8, 69다427)
  - 사실상의 이혼 후에 그들 사이에서 출생한 자는 혼인 중의 출생자 신분을 갖지만, 친생추정의 문제가 발생할 수 있다.
  - 사실상의 이혼으로 부부가 별거하고 있는 경우 등 동서의 결여로 처가 부의 자를 포태할 수 없는 것이 외관상 명백한 사정이 있는 경우에는 그 추정이 미치지 아니하므로 친생추정이 미치지 아니하여 부는 친생부인의 소에 의하지 않고 친자관계부존재확인소송을 제기할 수 있다.(대판 1983. 7. 12, 82므59 전원합의체)
- 사실상의 이혼상태는 이혼사유가 될 수 있다.

재판상 이혼

Ⅰ. 의의

- 부부간에 민법에서 정하고 있는 사유로 인하여 혼인관계를 계속하기 어려운 경우에 일방 배우자가 타방 배우자에 대하여 가정법원에 이혼을 청구하여 그 재판에 의해 이혼하게 되는 것을 재판상 이혼이라고 한다.
- 이는 당사자 간에 이혼에 관한 협의가 이루어지지 않았다고 볼 수 있다.
- 당사자 간에 이혼에 관한 협의만으로 협의이혼이 가능함에도 불구하고 이혼 판결이 날지 안 날지 모르는 재판청구에 의하기 때문이다.

Ⅱ. 재판상 이혼원인에 관한 입법주의

- 우리 민법은 유책주의를 원칙으로 하고 있으나 근래에는 이혼이 누구에게 책임을 지우는 제도라기보다는 혼인을 해소하는 것으로 인식하여 파탄주의적 성격을 받아들이고 있다.

1. 유책주의

- 유책주의란 혼인관계가 파탄된데 대하여 배우자 일방에게 책임이 있는 경우에만 상대방이 이혼청구를 할 수 있도록 하는 것을 말한다. 따라서 유책배

우자는 이혼청구를 할 수 없다. 이는 유책배우자에 대한 제재의 한 형태이다.
- 이혼원인이 명확하게 규정되어 있어 법적 안정성을 기할 수 있고 이혼의 일방예방적 효과를 거둘 수 있다는 장점이 있다.
- 그러나 행방불명과 같은 당사자 일방의 과실이 없는 경우에는 이혼할 수 없는 문제점이 있다.

2. 파탄주의

- 혼인을 계속할 수 없는 사정이 존재하고 그러한 사정이 당사자 일방에게 책임이 없는 경우라도 당사자의 이혼청구에 의하여 이혼을 인정하는 것을 말한다. 따라서 유책 배우자도 이혼청구를 할 수 있다.
- 유책주의는 이혼의 원인을 몇 가지로 예정하고 있어서 다양한 이혼사유를 포섭하지 못하는 문제점을 보완하기 위한 것이다. 따라서 구체적 타당성을 지닐 수 있다.
- 그러나 유책배우자도 이혼청구를 할 수 있게 되어 축출이혼을 허용하게 되는 비윤리적 결과가 발생할 수 있다.

III. 이혼사유

1. 배우자에게 부정한 행위가 있었을 때

(1) 부정한 행위

- 부정한 행위라 함은 간통에 이르지는 아니하였다고 하더라도 부부의 정조의무에 충실하지 아니한 것으로 인정되는 일체의 부정행위를 포함하는 보다 넓은 개념으로 파악하여야 한다.(대판 1993. 4. 9, 92므938)
- 자유로운 의사에 의해 부정한 행위를 하여야 한다. 따라서 심신상실상태에

- 서 행한 행위나 강간 등은 부정한 행위가 아니다.
- 혼인의 계속 중 발생한 행위이어야 한다.
- 민법 제840조 제1호 소정의 재판상 이혼사유인 배우자에 부정한 행위가 있었을 때라 함은 혼인한 부부간의 일방이 부정한 행위를 한 때를 말하는 것이므로 혼인 전 약혼단계에서 부정한 행위를 한 때에는 위 제1호의 이혼사유에 해당한다고 할 수는 없다.(대판 1991. 9. 13, 91므85,92)

(2) 청구권의 소멸

1) 사전 동의 또는 사후 용서

- 배우자에게 부정한 행위가 있더라도 다른 일방이 사전에 동의하였거나 사후에 용서한 경우에는 이혼을 청구하지 못한다.(제841조) 이 때의 용서는 명시적·묵시적 표시를 모두 포함한다.
- 부부가 가정불화로 인하여 일시 별거하다가 감정의 융화로 다시 동서를 계속하였을 지라도 이로써 부가 그 후에 탐지한 처의 간통을 유서하였다고 인정할 실험상의 법칙은 없는 것이다.(대판 1955. 7. 28, 4288민상214)

2) 기간의 경과

- 부정행위를 안 날로부터 6월, 그 사유 있은 날로부터 2년이 경과하면 이혼청구를 할 수 없다.(제841조)
- 다만 부정행위가 계속되고 있는 경우에는 그 행위가 종료되지 않는 한 이혼청구권은 소멸하지 않는다고 할 것이다.

2. 배우자가 악의로 다른 일방을 유기한 때

(1) 유기

- 정당한 이유 없이 동거·부양·협조의 의무를 이행하지 않는 것을 말한다.

(2) 악의

- 단순히 어떤 사실을 아는 것을 넘어서 윤리적으로도 비난을 받을 만한 심정을 의미한다.

(3) 유기의 기간

- 정해진 기간은 없으나 유기가 지속됨으로 인하여 혼인유지에 지장이 발생할 정도의 기간이 경과하여야 할 것이다.

(4) 판례

1) 악의의 유기를 인정한 사례

- 남편이 정신이상의 증세가 있는 처를 두고 가출하여 비구승이 된 것은 악의의 유기이다.(대판 1990. 11. 9, 90므583, 90므590)
- 축첩행위 자체가 부당하게 동거의무를 불이행한 것으로서 악의의 유기에 해당함에 충분하다.(대판 1998. 4. 10, 96므1434)

2) 악의의 유기를 부정한 사례

- 악의의 유기라 함은 정당한 이유 없이 배우자를 버리고 부부공동생활을 폐지하는 경우를 칭하는 것이므로 별거하고 있는 사실만으로서는 악의로 배우자를 유기하였다고 할 수 없다.(대판 1959. 4. 16, 4291민상571)
- 배우자를 버리고 8년간 자식들의 집으로 전전생활해 왔다 하더라도 배우자를 악의로 유기하였거나 혼인관계를 계속할 수 없을 정도로 파경에 이르렀다고 볼 수 없다.(대판 1986. 8. 19, 86므75)
- 악의의 유기라 함은 정당한 이유없이 배우자를 버리고 부부공동생활을 폐지하는 것을 말하는 바, 가정불화가 심화되어 처 및 자녀들의 냉대가 극심하여지자 가장으로서 이를 피하여 자제케 하고 그 뜻을 꺾기 위하여 일시 집을 나와 별거하고 가정불화가 심히 악화된 기간이래 생활비를 지급하지 아니

한 것뿐이고 달리 부부생활을 폐지하기 위하여 가출한 것이 아니라면 이는 민법 제840조 제2호 소정의 악의의 유기에 해당할 수 없다.(대판 1986. 6. 24, 85므6)

3. 배우자 또는 그 직계존속으로부터 심히 부당한 대우를 받았을 때

(1) 부당한 대우

- 폭행이나 학대 그리고 모욕 등으로 정신적·신체적으로 고통을 받거나 명예를 훼손하는 행위를 의미한다.

(2) 가해자

- 배우자 또는 그 직계존속이다.

(3) 피해자

- 가해자의 상대방인 부부일방이다.

(4) 판례

1) 심히 부당한 대우에 해당하는 경우

- 처가 아기를 낳을 수 없다는 것을 이유로 한 남편의 학대는 심히 부당한 대우에 해당한다.(대판 1990. 11. 27, 90므484)
- 민법 제840조 제3호 소정의 이혼사유인 배우자로부터 심히 부당한 대우를 받았을 때라 함은 혼인관계의 지속을 강요하는 것이 참으로 가혹하다고 여겨질 정도의 폭행이나 학대 또는 모욕을 받았을 경우를 말한다.(대판 2004. 2. 27, 2003므1890)
- 피청구인은 혼인 전에 사귀던 소외인을 못 잊어 청구인을 학대하고, 7년간 청구인에게 아무런 이유 없이 욕설과 폭행을 일삼아 오다가 나중에는 청구

인이 10여 일 동안 병원에 입원할 정도의 폭행을 가한 사실은 민법 제840조 소정의 재판상 이혼사유인 배우자로부터 심히 부당한 대우를 받은 경우에 해당된다.(대판 1983. 10. 25, 82므28)
- 배우자의 결백을 알면서도 간통죄로 고소하고 제3자에게 거짓진술을 부탁한 행위가 재판상 이혼사유에 해당한다.(대판 1990. 2. 13, 88므504,511(반심))
- 피청구인이 청구인과 혼인을 한 이후, 청구인이 지참금을 가지고 오지 아니하였다는 이유로 불만을 품고 계속 구타하여 상처를 입힌 일이 있을 뿐 아니라 청구인의 친가 아버지에게까지 행패를 부린 행위는 배우자 및 그 직계존속을 심히 부당하게 대우한 경우에 해당한다.(대판 1986. 5. 27, 86므14)
- 처가 남편이 직징인으로서의 본분을 다할 수 없게 끔 부당한 대우를 하였다는 이유로 이혼을 인정하였다.(대판 1986. 3. 25, 85므72)

2) 심히 부당한 대우에 해당하지 않는 경우

- 처가 혼인생활 중에 취득한 부동산을 남편 이름으로 등기하거나 남편이 어려운 생활환경 하에서 음주하여 부부싸움을 하게 되고 부부가 다투던 중에 다소 모욕적인 언사나 약간의 폭행을 한 사실이 있다고 하더라도 그것만으로 혼인관계의 지속을 요구함이 심히 가혹한 정도의 것이라고 할 수 없다. (대판 1981. 10 13, 80므9)
- 배우자로부터 심히 부당한 대우를 받았을 때라 함은 혼인관계의 지속을 강요하는 것이 참으로 가혹하다고 여겨질 정도의 폭행이나 학대 또는 모욕을 받았을 경우를 말하고 가정불화의 와중에서 서로 격한 감정에서 오고간 몇 차례의 폭행 및 모욕적인 언사는 그것이 비교적 경미한 것이라면 이는 민법 제840조 제3호 소정의 심히 부당한 대우를 받았을 때에 해당하지 않는다.(대판 1986. 6. 24, 85므6)
- 피청구인이 청구인의 친정에서 청구인을 구타하여 10일간의 치료를 요하는 상해를 입힌 것이 무정자증으로 생식불능이라는 검사결과로 인하여 충격을 받아 약간 신경질적이 된 피청구인을 포용하지 못하고 오히려 피청구인의

성적기능, 경제상태에 대한 불만을 이유로 이혼을 선언하고 친정으로 돌아가버린 청구인을 찾아가 귀가를 종용하였으나 불응하므로 일시격한 감정으로 구타하여 일어난 결과라면 이같은 사유만으로는 민법 제840조 제3호 소정의 배우자로부터 감히 부당한 대우를 받은 경우에 해당한다고 볼 수 없다.(대판 1982. 11. 23, 82므36)

4. 자기의 직계존속이 배우자로부터 심히 부당한 대우를 받았을 때

(1) 가해자

· 배우자이다.

(2) 피해자

· 타방 배우자의 직계존속이다.

(3) 판례

1) 심히 부당한 대우를 받았다고 인정되는 경우

· 피고는 폭행사실이 없음에도 불구하고 원고의 친정실모를 상대하여 폭행죄로 경찰서에 처벌을 요구하는 고소장을 제출한 사실을 인정할 수 있는 바 이는 배우자의 직계존속에 대한 중대한 모욕에 해당하므로 재판상 이혼사유가 된다.(대판 1958. 10. 16, 4290민상828)

2) 심히 부당한 대우를 받았다고 인정되지 않는 경우

· 피청구인이 오랫동안 수모를 당하며 시어머니를 모시고 혼인관계의 원만한 상태의 회복을 위하여 노력해 온데 대하여 청구인이 불륜관계를 계속하며 협의이혼을 강요하며 욕설과 폭행으로 임하고, 청구외 3 역시 피청구인의 다리를 깨물고 치마를 당기는 상태에서 이를 벗어나려고 청구외 3의 머리채를 잡아당긴 피청구인의 소위는 위 시모의 학대와 불법한 폭행을 모면하거

나 분격으로 인하여 한 실경한 행위라 할 것이나 그것이 사회관념상 도저히 용인할 수 없는 정도의 것이라고 할 수 없다 할 것이므로 이를 가지고 배우자의 직계존속에 대한 심히 부당한 대우나 혼인을 계속할 수 없는 중대한 사유가 피청구인의 귀책사유로 비롯되었다고 볼 수 없다 할 것이다.(대판 1986. 2. 11, 85므37)

5. 배우자의 생사가 3년 이상 분명하지 아니한 때

- 배우자의 최후의 소식이 있었던 때로부터 3년 이상 생사가 불분명한 경우에 이혼사유가 된다. 이러한 생사불분명은 사실심 변론종결시에도 계속되어야 한다. 생사불분명의 기준은 이혼소송을 제기한 배우자 본인을 기준으로 한다.
- 3년 이상 생사불명을 이유로 이혼판결이 확정된 경우 그 행방불명자가 생환하더라도 前婚관계가 당연히 부활하는 것은 아니라는 것이 통설이다.

6. 기타 혼인을 계속하기 어려운 중대한 사유가 있을 때

(1) 혼인을 계속하기 어려운 중대한 사유가 있을 때

- 부부간의 애정과 신뢰가 바탕이 되어야 할 혼인의 본질에 상응하는 부부공동생활관계가 회복할 수 없을 정도로 파탄되고, 그 혼인생활의 계속을 강제하는 것이 일방 배우자에게 참을 수 없는 고통이 되는 경우를 말한다.(대판 1999. 2. 12, 97므612)

(2) 요건

- 혼인파탄의 객관적 사실과 참기 어려운 주관적 사정이 모두 필요하므로 주관적 사정만 있다고 해서 위 사유에 해당하는 것은 아니다.

(3) 제840조 제1호 내지 제5호를 제6호의 예시로 볼 수 있는가?

- 민법 제840조의 각 이혼사유는 그 각 사유마다 독립된 이혼청구원인이 되어 각각의 원인은 독립된 소송물을 구성하므로 법원은 원고가 주장한 이혼사유에 관하여서만 심판하여야 한다고 한다.(대판 1963. 1. 31, 62다812)
- 재판상 이혼사유에 관한 민법 제840조는 동조가 규정하고 있는 각 호 사유마다 각 별개의 독립된 이혼사유를 구성하는 것이고, 이혼청구를 구하면서 위 각 호 소정의 수개의 사유를 주장하는 경우 법원은 그 중 어느 하나를 받아들여 청구를 인용할 수 있고 민법 제840조의 각 호의 지위 및 판단순서에 관한 독자적인 견해를 받아들일 수 없다.(대판 2000. 9. 5, 99므1886)

(4) 청구기간

- 혼인 생활을 계속하기 어려운 사유가 있는 것을 안 날로부터 6월, 그 사유 있은 날로부터 2년 이내에 소를 제기하여야 하며, 그 기간이 경과하면 이혼 청구를 하지 못한다.(제842조)
- 그러나 혼인 생활을 계속하기 어려운 상태가 계속되고 있는 동안에는 그 상태의 종료시까지 이혼 소송을 제기할 수 있다.(대판 1996. 11. 8, 96므1243)

(5) 판례

1) 중대한 이혼사유에 해당하는 사례

- 이혼원인인 '혼인을 계속하기 어려운 중대한 사유가 있을 때'라 함은 혼인의 본질에 상응하는 부부공동생활 관계가 회복할 수 없을 정도로 파탄되고, 그 혼인생활의 계속을 강제하는 것이 일방 배우자에게 참을 수 없는 고통이 되는 경우를 말하고, 이를 판단함에 있어서는 혼인계속의사의 유무, 파탄의 원인에 관한 당사자의 책임 유무, 혼인생활의 기간, 자녀의 유무, 당사자의 연령, 이혼 후의 생활보장, 기타 혼인관계의 제반 사정을 두루 고려하여야 한다. (대판 2009. 12. 24. 선고 2009므2130)

- 성교불능(대판 1966. 1. 31, 65므65)
- 종가의 종손인 남편이 처의 임신불능을 이유로 이혼을 주장하여 혼인관계가 파탄된 경우 남편의 이혼심판청구를 기각하고 처의 반심판청구를 인용한 사례(대판 1991. 2. 26. 89므365,367(반심))
- 처가 신앙생활에만 전념하면서 가사와 육아를 소홀히 한 탓에 혼인이 파탄에 이르게 되었다면 그 파탄의 주된 책임은 처에게 있다.(대판 1996. 11. 15, 96므851)
- 가정은 단순히 부부만의 공동체에 지나지 않는 것이 아니고 그 자녀 등 모든 구성원의 공동생활을 보호하는 기능을 가진 것으로서 부부 중 일방이 불치의 정신병에 이환되었고 그 질환이 단순히 애정과 정성으로 간호되거나 예후가 예측될 수 있는 것이 아니고 그 가정의 구성원 전체에게 끊임없는 정신적, 육체적 희생을 요구하는 것이며 경제적 형편에 비추어 많은 재정적 지출을 요하고 그로 인한 다른 가족들의 고통이 언제 끝날지 모르는 상태에까지 이르렀다면, 온 가족이 헤어날 수 없는 고통을 받더라도 타방배우자는 배우자간의 애정에 터 잡은 의무에 따라 한정 없이 참고 살아가라고 강요할 수는 없는 것이고, 혼인관계가 해소되는 경우 불치의 질환에 이환된 일방이 배우자로부터의 원조가 제한되게 됨에 따라 극심한 경제적 고통을 받게 되고 보호를 받을 수 없게 되는 사정이 있더라도 이는 이혼당사자간의 재산분할청구 등 개인간 또는 사회적인 부양의 문제로 어느 정도의 지원을 기대할 수 있을 뿐이다.(대판 1991. 1. 15, 90므446)

2) 중대한 이혼사유에 해당하지 않는 사례

- 남편이 무정자증으로 생식불능이고 성적 기능이 다소 원활하지 못하다는 사실 (대판 1982. 11. 23, 82므36)
- 심인성 음경발기부전증으로 인하여 일시적으로 발기불능 또는 삽입불능의 상태 (대판 1993. 9. 14, 93므621)
- 처가 임신불능이고 처와 별거생활하기로 합의하였으며 처가 별거생활의 자금 및 3개월간의 생활비를 수령하였다는 사실, 처가 가명으로 남편에게 경

고하는 취지의 서신을 발송하고 관계요로에 투서 등을 함으로써 남편이 축첩공무원으로서 권고해직을 당한 사실, 처가 남편의 바바리코트 등을 잡아당겨 찢어지게 한 사실만으로는 처에게 재판상의 이혼사유가 있다고 할 수 없다.(대판 1965. 9. 21, 65므37)
- 상대방 배우자가 부당하게 양자택일을 강요하기 때문에 부득이 신앙생활을 택하여 혼인관계가 파탄에 이른 경우(대판 1981. 7. 14, 81므26)
- 현재 부부의 일방이 정신병적인 증세를 보여 혼인관계를 유지하는데 어려움이 있다고 하더라도 그 증상이 가벼운 정도에 그치는 경우라든가, 회복이 가능한 경우인 때에는 그 상대방 배우자는 사랑과 희생으로 그 병의 치료를 위하여 전력을 다하여야 할 의무가 있는 것이고, 이러한 노력도 하여 보지 않고 정신병 증세로 인하여 혼인관계를 계속하기 어렵다고 주장하여 곧 이혼청구를 할 수는 없다.(대판 1995. 5. 26, 95므90)

IV. 유책배우자의 이혼청구

- 유책배우자가 이혼을 청구할 수 있는가에 대해서는 재판상 이혼원인에 관한 입법주의에 따라 결과가 달라지게 된다.

1. 학설

(1) 부정설

- 유책배우자는 이혼을 청구할 수 없다는 견해는 유책주의에 따른 것으로 혼인생활의 파탄을 초래한 자가 이혼을 청구할 수 있도록 하는 것은 도의 관념에 반할 뿐만 아니라 축출이혼을 암묵적으로 인정하는 결과가 된다.

(2) 긍정설

- 파탄주의에 따르면 유책배우자도 이혼을 청구할 수 있다. 파탄된 혼인을 유

지시키는 것이 오히려 인도적이지 못하다고 판단하기 때문이다.

(3) 제한적 긍정설

- 유책배우자의 이혼청구는 유책주의에 따라 원칙적으로 부정되지만 특별한 사정이 있는 경우에 예외적으로 허용할 것을 주장한다.
- 예외적인 경우란 - 배우자에게도 이혼의사가 있는 경우와 원고의 책임이 피고의 책임보다 크지 않거나 같은 정도의 책임이 있는 때는 이혼청구를 허용하는 것이 타당하다고 한다.

2. 판례 [대법원 2015. 9. 15. 선고 2013므568 전원합의체 판결]

(1) 종래 유책주의의 예외 인정 범위

- 대법원은 "상대배우자도 이혼의 반소를 제기하고 있는 경우 혹은 오로지 오기나 보복적 감정에서 표면적으로는 이혼에 불응하고 있기는 하나 실제에 있어서는 혼인의 계속과는 도저히 양립할 수 없는 행위를 하는 등 그 이혼의 의사가 객관적으로 명백한 경우에는 비록 혼인의 파탄에 관하여 전적인 책임이 있는 배우자의 이혼청구라 할지라도 이를 인용함이 상당하다"고 판시하여 유책배우자의 이혼청구가 예외적으로 허용될 수 있는 길을 열었다(대판1987.4.14. 선고 86므28).

(2) 전원합의체 판결의 내용

1) 다수의견(유책주의)

- 유책배우자라도 재판상 이혼이 불가능할 경우 상대방에게 진솔한 마음과 충분한 보상을 통하여 협의상 이혼(2014년 기준 이혼 중 77.7%가 협의상 이혼)을 할 수 있는 점
- 이혼당사자에게 재산분할청구권과 면접교섭권이 부여되고 여성의 법적 지

위가 개선되었지만 파탄주의 입법례에서 두고 있는 가혹조항이 없고 이혼 후 부양 등 입법적 조치가 부족한 점
- 간통죄가 폐지된 상황에서 중혼에 대한 형사제재가 없는 점
- 우리사회에 여전히 모든 영역에서 양성평등이 실현되었다고 보기에는 아직 미흡하여 유책배우자의 이혼청구로 인하여 극심한 정신적 고통을 받거나 생계유지가 곤란한 경우가 엄연히 존재하는 점 등을 종합해 볼 때 민법 제840조 6호 이혼사유에 관하여 유책배우자의 이혼청구를 원칙적으로 허용하지 아니하는 종래의 대법원판례를 변경하기 어렵다고 판단했다.

2) 유책주의 예외

① 상대방 배우자도 혼인을 계속할 의사가 없어 일방의 의사에 의한 이혼 내지 축출이혼의 염려가 없는 경우

② 나아가 이혼을 청구하는 배우자의 유책성을 상쇄할 정도로 상대방 배우자 및 자녀에 대한 보호와 배려가 이루어진 경우

③ 세월의 경과에 따라 혼인파탄 당시 현저하였던 유책배우자의 유책성과 상대방 배우자가 받은 정신적 고통이 점차 약화되어 쌍방의 책임의 경중을 엄밀히 따지는 것이 더 이상 무의미할 정도가 된 경우

등과 같이 혼인생활의 파탄에 대한 유책성이 그 이혼청구를 배척해야 할 정도로 남아 있지 아니한 특별한 사정이 있는 경우에는 예외적으로 유책배우자의 이혼청구를 허용할 수 있다"고 판시했다.

3) 반대의견

- 부부공동생활관계가 회복할 수 없을 정도로 파탄된 경우에는 원칙적으로 제6호 이혼사유에 해당한다고 할 것이지만,

㉠ 이혼으로 인하여 파탄에 책임 없는 상대방 배우자가 정신적, 사회적, 경제적으로 심히 가혹한 상태에 놓이는 경우

㉡ 부모의 이혼이 자녀의 양육, 교육, 복지를 심각하게 해치는 경우

㉢ 혼인기간 중에 고의로 장기간 부양의무 및 양육의무를 저버린 경우

㉣ 이혼에 대비하여 책임재산을 은닉하는 등 재산분할, 위자료의 이행을 의도적으로 회피하여 상대방 배우자를 곤궁에 빠뜨리는 경우

등과 같이 유책배우자의 이혼청구를 인용한다면 상대방 배우자나 자녀의 이익을 심각하게 해치는 결과를 가져와 정의·공평의 관념에 현저히 반하는 객관적인 사정이 있는 경우에는 헌법이 보장하는 혼인과 가족 제도를 형해화 할 우려가 있으므로, 그와 같은 객관적인 사정이 부존재하는 경우에 한하여 제6호 이혼사유가 있다고 해석하는 것이 혼인을 제도적으로 보장한 헌법 정신에 부합한다"고 보았다.

4) 결론

다수의견은 원칙적으로 유책배우자의 이혼청구를 허용하지 않되, 예외 사유(위 ① 내지 ③)가 있는 경우에는 유책배우자의 이혼청구도 허용되어야 한다는 것이고, 반대의견은 부부공동생활관계가 회복할 수 없을 정도로 파탄된 경우에는 원칙적으로 제6호 이혼사유에 해당하고, 예외 사유(위 ㉠ 내지 ㉣)에 해당하는 경우에는 이혼을 허용하지 말아야 한다는 것이다.

V. 재판상 이혼의 절차

1. 재판상 이혼과 조정전치주의

- 재판상 이혼을 하려는 자는 우선 가정법원에 조정을 신청하여야 한다.
- 전문가와의 상담을 통해 원만한 해결을 하고자 함이다.
- 조정을 하지 않고 소를 제기한 때에는 가정법원은 그 사건을 조정에 회부하여야 한다.
- 다만 공시송달에 의하지 않고서는 당사자 일방 또는 쌍방을 소환할 수 없거나 그 사건이 조정에 회부되더라도 조정이 성립될 수 없다고 인정될 때에는 조정을 거치지 않아도 된다.

2. 조정절차상의 이혼

(1) 조정의 성립

- 조정절차에서 당사자 사이에 합의가 있으면 그 내용을 조서에 기재함으로써 조정이 성립하게 된다.
- 조정이 성립하지 않는 경우 조정담당판사는 조정에 갈음하는 결정을 할 수 있다. 이 경우 당사자가 2주 이내에 이 결정에 대해 이의하지 않으면 이 결정은 확정되고, 재판상화해와 동일한 효력이 발생한다.
- 조정판사의 결정은 이혼하게 하는 것이 아니라, 이혼에 부수하는 자의 친권이나 양육, 재산분할 등의 문제에 대해서만 할 수 있는 것으로 보는 것이 입법취지에 타당하다고 한다.

(2) 조정의 효력

- 조정이 성립되면 재판상 화해와 동일한 효력이 있다. 이혼하기로 합의 된 것이라면 혼인이 해소되고, 이혼하지 않기로 합의 된 것이라면 조정절차는 종료한다.

(3) 조정의 신고

- 조정에 의해 이혼의 합의가 이루어진 경우 조정을 신청한 자는 조정성립의 날로부터 1월 이내에 이혼신고를 하여야 하고, 보고적 신고에 해당한다.
- 형식적으로는 조정절차에 의해서 성립하였으나 내용적으로는 이혼합의에 의한 이혼이므로 조정에 의한 이혼은 전형적인 재판상의 이혼과는 다르다.

3. 재판에 의한 이혼

(1) 재판에 의한 이혼절차의 개시

- 조정을 하지 않기로 하는 결정이 있거나 조정이 성립되지 않은 것으로 종결

되거나 조정에 갈음하는 결정이 이의신청에 의하여 효력을 상실하게 되면 조정신청을 한 때에 소가 제기된 것으로 본다.

(2) 이혼소송의 당사자

· 이혼소송의 당사자는 이혼하고자 하는 부부이다.

1) 미성년자

· 혼인으로 성년으로 의제되므로 단독으로 이혼소송을 제기할 수 있다.

2) 피한정후견인

· 신분법상 행위능력자이므로 단독으로 이혼소송을 제기할 수 있다.

3) 피성년후견인

· 단독으로 소를 제기하지 못하고, 법정대리인을 통하여 소송행위를 하여야 한다.(민사소송법 제55조)
· 의식불명의 식물상태와 같은 의사무능력 상태에 빠져 금치산선고를 받은 자의 배우자에게 부정행위나 악의의 유기 등과 같이 민법 제840조 각 호가 정한 이혼사유가 존재하고 나아가 금치산자의 이혼의사를 객관적으로 추정할 수 있는 경우에는, 민법 제947조, 제949조에 의하여 금치산자의 요양·감호와 그의 재산관리를 기본적 임무로 하는 후견인(민법 제940조에 의하여 배우자에서 변경된 후견인이다)으로서는 의사무능력 상태에 있는 금치산자를 대리하여 그 배우자를 상대로 재판상 이혼을 청구할 수 있다.(대판 2010. 4. 29, 2009므639)

(3) 이혼판결

1) 인용

· 원고의 이혼 청구가 이유 있으면 원고의 청구를 인용하여 이혼판결을 하게

된다. 이혼판결을 할 때에는 미성년자의 친권을 행사할 자에 대해 미리 협의하도록 권고하여야 한다.
- 판결에 의하여 이혼이 성립된 경우 소를 제기한 자는 판결이 확정된 날로부터 1월 이내에 재판의 등본과 확정증명서를 첨부하여 이혼신고를 하여야 한다. 이때의 신고는 보고적 신고이다.

2) 기각

- 원고의 이혼 청구를 심리하였으나 원고의 주장이 사실이 아니거나 주장사실이 이혼원인에 해당하지 않으면 청구를 기각한다.
- 청구를 기각한 확정판결은 당사자 사이에만 기판력이 있고, 동일한 사유로 다시 소를 제기하지 못한다.

(4) 소송의 종료

- 이혼소송의 계속 중 당사자 일방이 사망하면 소송이 종료한다.(대판 1994. 10. 28, 94므246, 94므253)
- 이혼의 확정판결에 대한 재심소소의 계속 중 당사자 일방이 사망하면 재심소송은 종료되지 않고 검사가 수계하여 소송을 진행하게 된다.(대판 1992. 5. 26, 90므1135)
- 혼인관계와 같은 신분관계는 성질상 상속될 수 없는 것이고 그러한 신분관계의 재심당사자의 지위 또한 상속될 성질의 것이 아니므로 이혼소송의 재심소송에서 당사자의 일방이 사망하였더라도 그 재산상속인들이 그 소송절차를 수계하지 못한다.(대판 1992. 5. 26, 90므1135>
- 그러나 이혼심판이 확정된 경우, 그 심판에 재심사유가 있지만 그 재심피청구인이 될 청구인이 사망하였거나 재심소송의 계속중 본래 소송의 청구인이며 재심피청구인이었던 당사자가 사망하였다면 검사로 하여금 그 소송을 수계하도록 함이 합당하다.(대판 1992. 5. 26, 90므1135)
- 신분관계소송에 있어서는 재산상의 분쟁의 경우와는 달리 위법한 신분관계

가 존속함에도 그 상대방이 될 자가 사망하였고 그 법률관계는 상속되지 않아 소송의 상대방이 될 자가 존재하지 않는 경우에는 관련된 다수 이해관계인들의 이익을 위하여 공익의 대표자인 검사를 소송의 상대방으로 하여 소송을 하는 방법으로 이를 바로잡는 방안이 마련되어 있는데 이는 위법한 신분관계가 존재하는 경우에 이를 다툴 구체적 상대방이 없다는 이유로 방치하는 것은 공익에 반하므로 공익의 대표자인 검사를 상대로 하여 소송을 제기하게 하고자 함에 있는 것이다.(대판 1992. 5. 26, 90므1135)

이혼의 효과

I. 일반적 효과

- 이혼의 성립으로 혼인관계는 종료하고 혼인관계를 전제로 하였던 모든 권리와 의무가 소멸한다.
- 배우자관계와 인척관계가 소멸하고 재혼이 가능하게 된다.

II. 子에 대한 효과

1. 자의 지위

- 부모가 이혼하게 되더라도 그들 사이의 혼인 중의 출생자는 그 지위를 계속해서 유지한다. 따라서 이혼 후에 출생하였다고 하더라도 혼인 중에 포태되었다면 혼인 중의 출생자의 지위를 계속해서 유지한다.(제844조 제2항)
- 자녀가 미성년자인 경우 친권과 양육에 관한 사항을 결정하여야 한다.
- 가정법원은 친권과 양육에 관한 사항을 달리 지정할 수 있다.

2. 친권행사자의 결정

- 협의이혼의 경우 부모의 협의로 친권자를 정하여야 하고, 협의할 수 없거나

협의가 이루어지지 아니하는 경우에는 가정법원은 직권으로 또는 당사자의 청구에 따라 친권자를 지정하여야 한다.(제909조 제4항)
- 재판상 이혼의 경우 가정법원이 직권으로 친권자를 정한다.(제909조 제5항)
- 친권자는 반드시 일방만 할 수 있는 것은 아니고 협의에 따라 단독으로 또는 공동으로 친권을 유지할 수 있다.
- 친권자가 정해지지 않았다면 일단 공동친권이 된다.
- 미성년자를 둔 부부가 이혼한 경우 모가 재혼하더라도 친권자가 될 수 있다.

3. 양육에 관한 사항의 결정

(1) 양육에 관한 사항

- 양육에 관한 사항이란 친권을 결정하는 것과는 별개로 양육자를 결정하는 것과 양육비용을 부담하는 것, 그리고 면접교섭권의 행사여부 및 그 방법을 의미한다.(제837조 제1항, 제2항)

(2) 양육자와 양육에 관한 사항

- 양육자와 양육에 관한 사항에 대해서는 부모가 협의하여 정한다.(제837조 제1항)
- 협의가 자(子)의 복리에 반하는 경우에는 가정법원은 보정을 명하거나 직권으로 그 자(子)의 의사(意思)·연령과 부모의 재산상황, 그 밖의 사정을 참작하여 양육에 필요한 사항을 정한다.(제837조 제3항)
- 가정법원은 자(子)의 복리를 위하여 필요하다고 인정하는 경우에는 부·모·자(子) 및 검사의 청구 또는 직권으로 자(子)의 양육에 관한 사항을 변경하거나 다른 적당한 처분을 할 수 있다.(제837조 제5항)
- 민법 제837조 제2항이 정하는 '자의 양육에 관한 사항' 중 일부 항목에 대한 청구만 있는 경우, 가정법원이 직권으로 다른 항목에 대한 심판을 할 수 있다.(대결 2010. 2. 25. 자 2009스113)

- 협의가 안 되거나 협의할 수 없는 경우,
  - 협의이혼시에는 당사자는 가정법원에 청구하여 심판을 받은 후에 이혼의사 확인 시까지 법원에 그 심판정본을 제출하여야 한다.(제836조의2 제4항) 협의서나 심판정본을 제출하지 않은 경우에는 제837조 제4항에 의거하여 가정법원이 직권으로 양육에 관한 사항을 정할 수 있는지에 대해서는 견해가 나뉜다.
  - 재판상이혼시에는 가정법원은 직권으로 또는 당사자의 청구에 따라 이에 관하여 결정한다.(제837조 제4항)

(3) 양육자

- 양육자는 협의에 따라 일방이나 제3자가 양육자가 될 수도 있다. 판례에 따르면 공동으로 양육자가 될 수도 있다.(대판 1991. 7. 23, 90므828·835)
- 양육자가 아닌 부모도 부모의 권리의무에 영향을 받지 않는다.(제837조 제6항)
- 따라서 상속과 부양관계는 유지되고, 자의 혼인에 관한 동의권도 계속해서 유지된다.
- 불법으로 억류된 아이에 대한 인도청구권은 친권자와 양육자가 모두 갖지만 양육자의 인도청구권이 우선된다.

(4) 양육내용

- 양육자는 보호·징계·인도청구권을 갖는다.
- 양육자가 양육비를 당연히 부담하는 것은 아니다. 따라서 양육자인 부모 일방은 양육자가 아닌 부모 일방에 대하여 양육비를 청구할 수 있다.
- 제3자가 양육자인 경우 제3자는 부와 모 양자를 상대로 하여 양육비를 청구할 수 있다.
- 과거의 양육비를 청구할 수 있는지에 대하여 판례는 이를 인정하고 있다.(대결(전) 1994. 5. 13, 92스21)

- 위법한 양육과 양육비 부담 - 청구인과 상대방이 이혼하면서 사건본인의 친권자 및 양육자를 상대방으로 지정하는 내용의 조정이 성립된 경우, 그 조정조항상의 양육방법이 그 후 다른 협정이나 재판에 의하여 변경되지 않는 한 청구인에게 자녀를 양육할 권리가 없고, 그럼에도 불구하고 청구인이 법원으로부터 위 조정조항을 임시로 변경하는 가사소송법 제62조 소정의 사전처분 등을 받지 아니한 채 임의로 자녀를 양육하였다면 이는 상대방에 대한 관계에서는 상대적으로 위법한 양육이라고 할 것이니, 이러한 청구인의 임의적 양육에 관하여 상대방이 청구인에게 양육비를 지급할 의무가 있다고 할 수는 없다. (대결 2006. 4. 17, 자 2005스18)
- 양육비 청구권과 상계 - 이혼한 부부 사이에 자(子)의 양육자인 일방이 상대방에 대하여 가지는 양육비채권을 상대방의 양육자에 대한 위자료 및 재산분할청구권과 상계한다고 주장하는 경우, 가정법원의 심판에 의하여 구체적으로 확정된 양육비채권 중 이미 이행기가 도달한 부분에 한하여 이를 자동채권으로 하는 상계를 허용한다.(대판 2006. 7. 4, 2006므751)
- 양육비 청구권의 소멸시효 - 양육자가 상대방에 대하여 자녀 양육비의 지급을 구할 권리는 당초에는 기본적으로 친족관계를 바탕으로 하여 인정되는 하나의 추상적인 법적 지위이었던 것이 당사자 사이의 협의 또는 당해 양육비의 내용 등을 재량적·형성적으로 정하는 가정법원의 심판에 의하여 구체적인 청구권으로 전환됨으로써 비로소 보다 뚜렷하게 독립한 재산적 권리로서의 성질을 가지게 된다. 이와 같이 당사자의 협의 또는 가정법원의 심판에 의하여 구체적인 지급청구권으로서 성립하기 전에는 과거의 양육비에 관한 권리는 양육자가 그 권리를 행사할 수 있는 재산권에 해당한다고 할 수 없고, 따라서 이에 대하여는 소멸시효가 진행할 여지가 없다고 보아야 한다. (대결 2011. 7. 29, 자 2008스67)
- 친권자와 양육자가 다른 경우 '양육에 관한 사항'에 대한 친권행사는 제한된다.

4. 면접교섭권

(1) 의의

- 자(子)를 직접 양육하지 아니하는 부모의 일방과 자(子)는 상호 면접교섭할 수 있는 권리를 가지게 되는데 이를 면접교섭권이라 한다.(제837조의2 제1항)

(2) 성질

- 부모와 자에게 주어진 고유권, 절대권, 일신전속권으로서 양도가 불가능하다.
- 영속적 권리로서 포기할 수 없고 소멸하지 않는다.
- 권리이지 의무는 아니다.

(3) 면접교섭의 결정방식

- 면접교섭권의 행사 여부 및 그 방법에 대해서는 부모의 협의로 정한다.(제837조 제1항)
- 협의된 내용이 자(子)의 복리에 반하는 경우에는 가정법원은 보정을 명하거나 직권으로 그 자(子)의 의사(意思)·연령과 부모의 재산상황, 그 밖의 사정을 참작하여 양육에 필요한 사항을 정한다.(제837조 제3항)
- 가정법원은 자(子)의 복리를 위하여 필요하다고 인정하는 경우에는 부·모·자(子) 및 검사의 청구 또는 직권으로 자(子)의 양육에 관한 사항을 변경하거나 다른 적당한 처분을 할 수 있다.(제837조 제5항)
- 협의가 안 되거나 협의할 수 없는 경우,
  - **협의이혼시**에는 당사자는 가정법원에 청구하여 심판을 받은 후에 이혼의사 확인 시까지 법원에 그 심판정본을 제출하여야 한다.(제836조의2 제4항)
  - **재판상이혼시**에는 가정법원은 직권으로 또는 당사자의 청구에 따라 이에 관하여 결정한다.(제837조 제4항)

(4) 면접교섭권의 제한

- 자의 복리를 위해 필요한 경우 당사자의 청구나 가정법원의 직권에 의해서 제한하거나 배제할 수 있다.(제837조의2 제2항)
- 그러나 영속권이므로 영구적으로 포기하지는 못한다.
- 교섭권은 양육권을 침해하지 못한다.

(5) 면접교섭권 침해

- 의무를 이행할 것을 명할 수 있다.
- 이행명령을 받고도 정당한 이유 없이 의무를 이행하지 않은 때에는 가정법원은 직권 또는 권리자의 신청에 의하여 결정으로 100만 원 이하의 과태료에 처할 수 있다.
- 양육변경 또는 친권상실의 사유가 된다.

(6) 준용되는 경우

- 재판상 이혼, 혼인의 취소 또는 인지에 의해 부모의 일방이 친권자가 되는 경우, 사실혼의 해소의 경우에 준용되고, 이혼하지 않은 상태에서 부부가 감정악화 등으로 별거하는 경우에도 면접교섭권 행사가 가능하다.

5. 면접교섭청구권

- 자를 직접 양육하지 아니하는 부모 일방의 직계존속이 일정한 경우 손자녀와의 면접교섭을 청구할 수 있는 권리이다.(민법 제837조의2 제2항)
- 면접교섭청구권이 인정되는 사유로는 자를 직접 양육하지 아니하는 그 부모일방이 사망하였거나, 질병, 외국거주 그 밖에 불가피한 사정으로 자를 면접교섭할 수 없는 경우이다.
- 위의 사유를 이유로 면접교섭을 청구하는 경우 가정법원은 자의 의사, 면접교섭권을 청구한 사람과 자의 관계, 청구의 동기 그 밖의 사정을 참작하여

허가여부를 결정하여야 한다.
- 자녀를 직접 양육하지 아니하는 부모 일방이 사망하거나 자녀를 직접 양육하지 아니하는 부모 일방이 중환자실 입원, 군복무, 교도수 수감 등 피치 못할 사정으로 면접교섭권을 행사할 수 없는 경우에는 자녀가 오로지 친가나 외가 중 한쪽 집안과 교류하게 되어 양쪽 집안간의 균형 있는 유대를 상실하는 경우가 많고, 이는 자녀의 심리적 안정과 건전한 성장에도 부정적인 영향을 미치게 될 것인바, 이러한 경우에는 조부모의 면접교섭권을 인정하여 최소한의 교류를 이어나갈 수 있도록 하기 위하여 2017년 6월 3일부터 시행된 제도이다.

Ⅲ. 이혼의 재산상 효과

1. 재산분할청구권

- 이혼으로 당사자에게는 재산분할을 청구할 수 있는 권리가 발생하게 된다.
- 혼인관계의 파탄에 대하여 책임이 있는 배우자에게도 재산분할청구권이 인정된다.(대결 1995. 5. 11, 93스6)

2. 손해배상청구권

- 이혼에 책임이 있는 자에게 손해배상을 청구할 수 있다.
- 이혼에 귀책사유가 있는 제3자가 있는 경우에도 그에게 손해배상청구를 할 수 있다.
- 재판상 이혼인 경우에만 손해배상청구권이 인정되는 것으로 규정하고 있다.(제843조, 제806조) 이는 협의 이혼의 경우 손해배상청구권이 인정될 가능성이 있으나, 통상 이혼의 협의와 재산분할에 대한 합의를 하면서 손해배상에 대한 사항을 참작하는 경우가 많기 때문이라고 한다.
- 예컨대 배우자의 부정행위로 이혼을 한 경우에는 그와 간통을 한 자, 자신에

대해 가혹행위를 한 배우자의 직계존속, 혼인생활에 부당하게 개입하여 간섭함으로써 결국에 이혼을 하게 한 배우자의 친족 등은 이혼에 대해 손해배상책임을 지게 되는 경우가 있다.

Ⅳ. 혼인 파탄의 효과

- 이혼이 성립하기 전이라도 실질적으로 부부공동생활이 파탄되어 회복할 수 없는 정도라면 부부간의 정조의무는 해소되었다고 보는 것이 판례의 태도이다. 따라서 판례는 혼인이 파탄된 상태에서 배우자 일방이 다른 사람과 성적인 행위를 하더라도 불법행위가 성립되지 않고, 혼인의 파탄은 간통에 대한 사전 동의가 있는 것으로 본다.

1. 불법행위의 불성립

- 비록 부부가 아직 이혼하지 아니하였지만 이처럼 실질적으로 부부공동생활이 파탄되어 회복할 수 없을 정도의 상태에 이르렀다면, 제3자가 부부의 일방과 성적인 행위를 하더라도 이를 두고 부부공동생활을 침해하거나 유지를 방해하는 행위라고 할 수 없고 또한 그로 인하여 배우자의 부부공동생활에 관한 권리가 침해되는 손해가 생긴다고 할 수도 없으므로 불법행위가 성립한다고 보기 어렵다. 그리고 이러한 법률관계는 재판상 이혼청구가 계속 중에 있다거나 재판상 이혼이 청구되지 않은 상태라고 하여 달리 볼 것은 아니다.(대판 2014. 11. 20, 2011므2997 전원합의체)

2. 간통에 대한 사전 동의

- 당사자가 더 이상 혼인관계를 지속할 의사가 없고 이혼의사의 명백한 합치가 있는 경우에는 비록 법률적으로는 혼인관계가 존속한다 하더라도 상대

방의 간통에 대한 사전 동의라고 할 수 있는 종용에 관한 의사표시가 그 합의 속에 포함되어 있는 것으로 보아야 하고, 이혼의사의 명백한 합의가 있었는지 여부는 반드시 서면에 의한 합의서가 작성된 경우뿐만 아니라, 당사자의 언행 등 여러 가지 사정으로 보아 혼인당사자 쌍방이 더 이상 혼인관계를 유지할 의사가 없었던 사정이 인정되고, 어느 일방의 이혼요구에 상대방이 진정으로 응낙하는 언행을 보이는 사정이 인정되는 경우에도 그와 같은 의사의 합치가 있었다고 인정할 수 있다.(대판 1997. 2. 25, 95도2819)

▌재산분할 청구권

Ⅰ. 의의

- 이혼을 한 배우자의 일방이 상대방에 대하여 혼인생활 중 조성되거나 증가, 유지된 재산의 분할을 청구할 수 있는 권리를 말한다.
- 법정채권이다.
- 처의 가사노동의 가치를 인정하고 부부가 협력하여 형성한 재산을 부부의 공동재산으로 취급하여 이혼시에 청산하고자 하는 것이다. 이는 혼인이 해소된 후 경제적 능력이 없는 이혼당사자를 보호하여 간접적으로는 이혼의 자유를 보장하기 위한 것이다. 또한 명의신탁된 재산을 회복하는 수단이 되고, 기여분을 상환받는 것이 된다.
- 재산분할 청구권은 이혼소송과 동시에 진행되어도 되고, 별도의 소로 행사되는 것도 가능하다.
- 다만 별도로 이루어지는 경우에는 이혼 후 2년 이내에 소가 제기 되어야 한다.(제839의2 제3항) 이 기간은 제척기간이다.
- 협의 이혼의 경우에도 재산분할 청구권은 별도의 소로 행사하는 것이 가능하다.
- 재산분할청구권은 이혼의 확정으로 재산분할의 효과가 발생하고, 협의 또는 심판에 따라 구체적 내용이 형성되기까지는 범위 및 내용이 불명확·불확정하기 때문에 구체적으로 권리가 발생하였다고 할 수 없으므로 협의 또는 심판에 따라 구체화되지 않은 재산분할청구권을 혼인이 해소되기 전에

미리 포기하는 것은 성질상 허용되지 않는다.(대결 2016.1.25., 2015스451)
- 원고가 본소의 이혼청구에 병합하여 재산분할청구를 제기한 후 피고가 반소로서 이혼청구를 한 경우, 원고가 반대의 의사를 표시하였다는 등의 특별한 사정이 없는 한, 원고의 재산분할청구 중에는 본소의 이혼청구가 받아들여지지 않고 피고의 반소청구에 의하여 이혼이 명하여지는 경우에도 재산을 분할해 달라는 취지의 청구가 포함된 것으로 봄이 상당하다고 할 것이므로(이때 원고의 재산분할청구는 피고의 반소청구에 대한 재반소로서의 실질을 가지게 된다), 이러한 경우 사실심으로서는 원고의 본소 이혼청구를 기각하고 피고의 반소청구를 받아들여 원·피고의 이혼을 명하게 되었다고 하더라도, 마땅히 원고의 재산분할청구에 대한 심리에 들어가 원·피고가 협력하여 이룩한 재산의 액수와 당사자 쌍방이 그 재산의 형성에 기여한 정도 등 일체의 사정을 참작하여 원고에게 재산분할을 할 액수와 방법을 정하여야 한다.(대판 2001. 6. 15, 2001므626,633)

II. 법적 성격

1. 청산설

- 혼인 중에 취득한 재산을 부부가 공동으로 협력하여 형성된 재산으로 인정하여 자신의 공유지분의 분할을 청구하는 것으로 본다. 따라서 부부의 재산형성에 기여한 정도를 참작하여 그 기여도에 따라 분할하여야 한다고 한다.

2. 부양설

- 이혼 후 경제적으로 불안정한 상태에 놓이게 되는 배우자를 자력이 있는 자가 부양하는 것이 도의적이기 때문에 인정한 것이라고 보는 견해이다.
- 이는 재산형성에 대한 기여보다는 장래의 생활비 명목으로 재산을 분할하게 된다.

3. 청산 및 부양설(통설)

- 이혼에 있어서 당사자에게 재산분할청구권을 인정하는 것은 혼인 중 공동의 협력으로 이룩한 재산을 청산하고 이혼 후 자력이 없는 배우자의 부양을 위해 인정된다고 보는 견해이다.
- 판례도 이혼에 있어서 재산분할은 부부가 혼인 중에 가지고 있었던 실질상의 공동재산을 청산하여 분배함과 동시에 이혼 후에 상대방의 생활유지에 이바지하는 데 있다(대판 2001. 5. 8, 2000다58804)고 하여 청산 및 부양설을 따르고 있다.

III. 당사자

1. 청구권자

- 이혼을 하는 부부는 재산분할청구권의 당사자가 된다.
- 유책배우자에게도 재산분할 청구권은 인정된다.(대결 1993. 5. 11, 93스6)
- 사실혼을 해소하는 경우에도 사실혼 중에 공동으로 이룩한 재산이 있다면 배우자는 타방 배우자에 대하여 재산분할을 청구할 수 있다.(대판 1995. 3. 28, 94므1584)
- 사실혼이 배우자 일방의 사망으로 인하여 해소된 경우에는 재산분할청구권을 행사하지 못한다.(대판 1995. 7. 3. 2005두15595)
- 중혼적 사실혼 관계 해소의 경우 법률상 배우자 있는 자는 그 법률혼 관계가 사실상 이혼상태라는 등의 특별한 사정이 없는 한 사실혼 관계에 있는 상대방에게 그와의 사실혼 해소를 이유로 재산분할을 청구함은 허용되지 않는다.(대결 1995. 7. 30, 94스30)
- 혼인 취소의 경우 명문의 규정은 없지만 청구권행사를 인정한다.
- 혼인 무효의 경우 청구권행사를 인정하지 않는다.

2. 상대방

- 이혼을 하는 배우자는 타방 배우자를 상대로 하여 청구한다.

IV. 분할의 대상인 재산

1. 쌍방의 협력으로 이룩한 재산

- 당사자가 쌍방의 협력으로 이룩한 재산은 분할의 대상이 된다.(대판 1995. 10. 12, 95므175)
- 처의 가사노동도 협력으로 인정된다.(대결 1993. 5. 11, 93스1076)

2. 고유재산

- 당사자 일방의 혼인 전의 고유재산은 분할의 대상이 되지 않는다

3. 특유재산

- 혼인 중 일방이 상속받거나 증여 또는 유증 받은 특유재산도 분할의 대상이 되지 않는다.
- 혼인 후 당사자 일방의 명의로 된 특유재산이라고 하더라도 타방 배우자가 적극적으로 그 특유재산의 유지에 협력하여 그 감소를 방지하였거나 그 증식에 협력하였다고 인정되는 경우에는 분할의 대상이 될 수 있다.(대판 1998. 2. 13, 97므1468)
- 부부의 일방이 실질적으로 혼자서 지배하고 있는 주식회사(이른바 '1인 회사')라고 하더라도 그 회사 소유의 재산을 바로 그 개인의 재산으로 평가하여 재산분할의 대상에 포함시킬 수는 없다.(대판 2011. 3. 10, 2010므4699,4705,4712)

4. 개인채무

- 부부 일방이 혼인 중 제3자에게 부담한 채무는 일상가사에 관한 것 이외에는 원칙적으로 개인채무로서 청산대상이 되지 않으나 공동재산의 형성에 수반하여 부담한 채무인 경우에는 청산대상이 된다.(대판 1996. 12. 23, 95므1192)

5. 분할대상 재산이 채무만 있는 경우

- 종래의 판례에 따르면 부부 일방이 청산의 대상이 되는 채무를 부담하고 있어 총 재산가액에서 그 채무액을 공제하면 남는 금액이 없는 경우에는 상대방의 재산분할 청구는 받아들여질 수 없다고 판시하였으나,(대판 1997. 9. 26, 97므933) 최근 이러한 입장을 변경하였다.
- 이혼 당사자 각자가 보유한 적극재산에서 소극재산을 공제하는 등으로 재산상태를 따져 본 결과 재산분할 청구의 상대방이 그에게 귀속되어야 할 몫보다 더 많은 적극재산을 보유하고 있거나 소극재산의 부담이 더 적은 경우에는 적극재산을 분배하거나 소극재산을 분담하도록 하는 재산분할은 어느 것이나 가능하다고 보아야 하고, 후자의 경우라고 하여 당연히 재산분할 청구가 배척되어야 한다고 할 것은 아니다. 그러므로 소극재산의 총액이 적극재산의 총액을 초과하여 재산분할을 한 결과가 결국 채무의 분담을 정하는 것이 되는 경우에도 법원은 채무의 성질, 채권자와의 관계, 물적 담보의 존부 등 일체의 사정을 참작하여 이를 분담하게 하는 것이 적합하다고 인정되면 구체적인 분담의 방법 등을 정하여 재산분할 청구를 받아들일 수 있다 할 것이다. 그것이 부부가 혼인 중 형성한 재산관계를 이혼에 즈음하여 청산하는 것을 본질로 하는 재산분할 제도의 취지에 맞고, 당사자 사이의 실질적 공평에도 부합한다.(대판(전) 2013.06.20. 선고 2010므4071)

6. 제3자 명의의 재산

- 제3자 명의의 재산이라도 그것이 부부 중 일방에 의하여 명의신탁된 재산 또는 부부의 일방이 실질적으로 지배하고 있는 재산으로서 부부 쌍방의 협력에 의하여 형성된 것, 부부 쌍방의 협력에 의하여 형성된 유형·무형의 자원에 기한 것 또는 그 유지를 위하여 상대방의 가사노동 등이 직·간접으로 기여한 것이라면 그와 같은 사정도 참작하여야 한다는 의미에서 재산분할의 대상이 된다.(대판 2009. 11. 12, 2009므2840,2857)

7. 퇴직금·연금

- 종래에는 부부의 일방이 이혼시에 이미 수령한 퇴직금이나 연금, 상여금만 분할의 대상이 된다고 하였으나, 최근 입장을 바꾸어 장래의 수입인 퇴직금에 대해서도 재산분할의 대상이 된다고 한다.
- 국민연금의 경우에도 국민연금법 제64소에 따라 혼인기간 중 적립된 부분에 대한 노령연금의 분할청구가 허용되었다.
- 대법원 전원합의체 판결(대판(전) 2014. 7. 16. 2013므2250)에 따르면 근로자퇴직급여보장법, 공무원연금법, 군인연금법, 사립학교교직원연금법이 각 규정하고 있는 퇴직급여는 사회보장적 급여로서의 성격 외에 임금의 후불적 성격과 성실한 근무에 대한 공로보상적 성격도 지닌다. 그리고 이러한 퇴직급여를 수령하기 위하여는 일정기간 근무할 것이 요구되는바, 그와 같이 근무함에 있어 상대방 배우자의 협력이 기여한 것으로 인정된다면 그 퇴직급여 역시 부부 쌍방의 협력으로 이룩한 재산으로서 재산분할의 대상이 될 수 있다.

퇴직급여채권은 퇴직이라는 급여의 사유가 발생함으로써 현실화되는 것이므로, 이혼 시점에서는 어느 정도의 불확실성이나 변동가능성을 지닐 수밖에 없다. 그러나 그렇다고 하여 퇴직급여채권을 재산분할의 대상에서 제외하고 단지 장래의 수령가능성을 재산분할의 액수와 방법을 정하는 데 필요한 기타 사정으로만 참작하는 것은 부부가 혼인 중 형성한 재산관계를 이혼에 즈음하여 청산·분배하는 것을 본질로 하는 재산분할제도의 취지에 맞지 않고, 당사자 사이의 실질적 공평에도 반하여 부당하다.

위와 같은 재산분할제도의 취지 및 여러 사정들에 비추어 볼 때, 비록 이혼 당시 부부 일방이 아직 재직 중이어서 실제 퇴직급여를 수령하지 않았더라도 이혼소송의 사실심 변론종결 시에 이미 잠재적으로 존재하여 경제적 가치의 현실적 평가가 가능한 재산인 퇴직급여채권은 재산분할의 대상에 포함시킬 수 있으며, 구체적으로는 이혼소송의 사실심 변론종결 시를 기준으로 그 시점에서 퇴직할 경우 수령할 수 있을 것으로 예상되는 퇴직급여 상당액의 채권이 그 대상이 된다고 판시하고 있다.

8. 임대차보증금반환채무

- 혼인 중에 쌍방의 협력에 의하여 이룩한 부부의 실질적인 공동재산은 부동산은 물론 현금 및 예금자산 등도 포함하여 그 명의가 누구에게 있는지 그 관리를 누가 하고 있는지를 불문하고 재산분할의 대상이 되는 것이고, 부부의 일방이 별거 후에 취득한 재산이라도 그것이 별거 전에 쌍방의 협력에 의하여 형성된 유형·무형의 자원에 기한 것이라면 재산분할의 대상이 된다고 할 것이고, 한편 부부 일방이 혼인중 제3자에 대하여 채무를 부담한 경우에 그 채무 중에서 공동재산의 형성에 수반하여 부담하게 된 채무는 청산의 대상이 되는 것인데, 부동산에 대한 임대차보증금반환채무는 특별한 사정이 없는 한 혼인 중 재산의 형성에 수반한 채무로서 청산의 대상이 되는 것이다.(대판 1999. 6. 11, 96므1397)

9. 이혼자 일방의 합유재산

- 합유재산이라는 이유만으로 이를 재산분할의 대상에서 제외할 수는 없고, 다만 부부의 일방이 제3자와 합유하고 있는 재산 또는 그 지분은 이를 임의

로 처분하지 못하므로, 직접 당해 재산의 분할을 명할 수는 없으나 그 지분의 가액을 산정하여 이를 분할의 대상으로 삼거나 다른 재산의 분할에 참작하는 방법으로 재산분할의 대상에 포함하여야 한다.(대판 2009. 11. 12, 2009므2840,2857)

V. 분할의 방법과 기준

・재산분할청구권은 이혼시에 발생한다. 재판상 이혼과 협의이혼을 포함한다.

1. 협의에 의한 분할

・재산분할에 대해서는 당사자가 협의로 정하고 협의가 되지 않는 경우에는 당사자의 청구에 의하여 가정법원에서 정한다.

2. 가정법원에 의한 분할방법과 기준

・가정법원은 재산분할에 대한 청구가 있으면 당사자 쌍방의 협력으로 이룩한 재산의 액수 기타 사정을 참작하여 분할의 액수와 방법을 정한다.
・법원이 합리적인 근거 없이 적극재산과 소극재산을 구별하여 분담비율을 달리 정한다거나, 분할대상 재산들을 개별적으로 구분하여 분할비율을 달리 정함으로써 분할할 적극재산의 가액을 임의로 조정하는 것은 허용될 수 없다.(대판 2002. 9. 4, 2001므718)
・재산분할에 관한 처분은 가사비송사건으로서 그 절차에 관하여 비송사건절차법 제1편의 규정이 준용되어, 민사소송의 경우와는 달리 당사자의 변론에만 의존하는 것이 아니고 법원이 자기의 권능과 책임으로 재판의 기초가 되는 자료를 수집하는 이른바 직권탐지주의에 의하고 있으므로, 법원으로서는 당사자의 주장에 구애되지 아니하고 재산분할의 대상이 무엇인지 직권

- 으로 사실조사를 하여 포함시킬 수 있다.(대판 1997. 12. 26, 96므1076,1083)
- 이혼하는 부부의 자녀들이 이미 모두 성년에 달한 경우, 부(父)가 자녀들에게 부양의무를 진다 하더라도 이는 어디까지나 부(父)와 자녀들 사이의 법률관계일 뿐, 이를 부부의 이혼으로 인하여 이혼 배우자에게 지급할 위자료나 재산분할의 액수를 정하는 데 참작할 사정으로 볼 수는 없다.(대판 2003. 8. 19, 2003므941)
- 재산분할에 관한 판결의 이유에서 부부의 공동채무를 처에게 귀속시킨다고 설시한 경우, 그 판결이 그대로 확정된다고 하더라도 그로써 위 채무 중 남편이 부담하여야 할 부분이 처에게 면책적으로 인수되는 법률적 효력이 발생한다고 볼 근거는 없으므로, 위 채무가 모두 처에게 귀속됨을 전제로 이를 재산분할금에 가산하여 재산분할의 판결을 할 수는 없다.(대판 1999. 11. 26, 99므1596,1602)

Ⅵ. 분할 기준시기 및 지급방법

1. 분할 기준시기

- 재산분할의 산정시기는 원칙적으로 사실심 변론종결 당시 당사자의 재산상태와 그 밖의 사정을 기준으로 하여야 한다.(대결 2000. 5. 2, 2000스13)
- 재산분할재판에서 분할대상인지 여부가 전혀 심리된 바 없는 재산이 재판 확정 후 추가로 발견된 경우에는 이에 대하여 추가로 재산분할청구를 할 수 있다.(대판 2003. 2. 28, 2000므582)

2. 지급방법

- 재산의 전부 또는 일부를 현물로 양도하는 방법, 일정한 금전을 일시불 또는 정기금으로 지급하는 방법, 장래 취득할 봉급·연금 기타 수입의 일정비율에 대한 청구권을 부여하는 방법 등이 있다.

- 당사자 일방의 단독소유인 재산을 쌍방의 공유로 하는 방법에 의한 분할도 가능하다.(대판 1997. 7. 22, 96므318)
- 부부 각자에게 귀속하게 한 재산가액의 비율과 법원이 인정한 그들 각자의 재산분할 비율이 다를 경우에는 그 차액을 금전으로 지급·청산하게 하여야 한다.(대판 2000. 9. 22, 99므906)
- 재산분할제도의 취지에 비추어 허용될 수 없는 경우가 아니라면, 이미 발생한 공무원 퇴직연금수급권도 부동산 등과 마찬가지로 재산분할의 대상에 포함될 수 있다고 봄이 상당하다. 그리고 구체적으로는 연금수급권자인 배우자가 매월 수령할 퇴직연금액 중 일정 비율에 해당하는 금액을 상대방 배우자에게 정기적으로 지급하는 방식의 재산분할도 가능하다.(대판 2014. 7. 16, 2012므2888)

VII. 재산분할청구권의 소멸

1. 제척기간

- 재산분할청구권은 이혼한 날로부터 2년 이내에 행사하지 않으면 소멸한다.
- 이 때 2년이라는 기간은 일반 소멸시효 기간이 아니라 제척기간으로서 그 기간이 도과하였는지 여부는 당사자의 주장에 관계없이 법원이 당연히 조사하여 고려할 사항이다.(대판 1994. 9. 9, 94다17536)

2. 소송중 당사자 일방이 사망하는 경우

- 이혼소송의 계속 중 당사자 일방이 사망하면 소송이 종료하는데, 이혼소송과 병합된 재산분할청구도 이혼의 성립을 전제로 하는 것이므로 이혼소송의 종료와 동시에 종료된다.(대판 1994. 10. 28, 94므246, 94므253)

3. 협의이혼을 조건으로 재산분할협의를 하였으나 재판상 이혼을 한 경우

- 부부가 협의이혼하기로 하고 이혼에 따른 자녀양육, 위자료, 재산분할 등의 조건에 관하여 합의하여 공증까지 한 후 부가 그 합의 내용의 일부를 이행하지 아니하므로 처가 이혼, 위자료 및 재산분할 등을 구하는 소송을 제기하고 위 합의의 해제를 서면으로 통지하였다면 위 재산분할 합의는 적법하게 해제되어 더 이상 존속하지 아니하므로 처는 여전히 재산분할청구권을 가진다.(대판 1993. 12. 28, 93므409)
- 재산분할에 관한 협의는 혼인중 당사자 쌍방의 협력으로 이룩한 재산의 분할에 관하여 이미 이혼을 마친 당사자 또는 아직 이혼하지 않은 당사자 사이에 행하여지는 협의를 가리키는 것인바, 그 중 아직 이혼하지 않은 당사자가 장차 협의상 이혼할 것을 약정하면서 이를 전제로 하여 위 재산분할에 관한 협의를 하는 경우에 있어서는, 특별한 사정이 없는 한, 장차 당사자 사이에 협의상 이혼이 이루어질 것을 조건으로 하여 조건부 의사표시가 행하여지는 것이라 할 것이므로, 그 협의 후 당사자가 약정한대로 협의상 이혼이 이루어진 경우에 한하여 그 협의의 효력이 발생하는 것이지, 어떠한 원인으로든지 협의상 이혼이 이루어지지 아니하고 혼인관계가 존속하게 되거나 당사자 일방이 제기한 이혼청구의 소에 의하여 재판상이혼(화해 또는 조정에 의한 이혼을 포함한다.)이 이루어진 경우에는, 위 협의는 조건의 불성취로 인하여 효력이 발생하지 않는다.(대판 2003. 8. 19, 2001다14061)

Ⅷ. 관련문제

1. 위자료청구권과의 관계

- 재산분할청구권과 위자료청구권은 그 요건과 효과를 달리하는 서로 다른 독립한 권리라고 하는 것이 통설이다. 따라서 재산분할청구와는 별도로 유

책한 배우자에게 손해배상을 청구하는 것도 가능하다.
- 이혼에 있어서 재산분할은 부부가 혼인 중에 가지고 있었던 실질상의 공동 재산을 청산하여 분배함과 동시에 이혼 후에 상대방의 생활유지에 이바지하는 데 있지만, 분할자의 유책행위에 의하여 이혼함으로 인하여 입게 되는 정신적 손해(위자료)를 배상하기 위한 급부로서의 성질까지 포함하여 분할할 수도 있다.(대판 2001. 5. 8, 2000다58804)
- 이혼청구와 위자료청구가 병합되어 소송이 계속 되던 중 일방이 사망한 경우 이혼청구권은 상속인이 수계할 수 없어 종결되더라도 위자료사건은 위자료청구권을 행사할 의사가 외부적 객관적으로 명백하게 되었기 때문에 양도나 상속 등 승계가 가능하다.(대판 1993. 5. 27, 92므143)
- 재산분할청구권은 2년의 제척기간이 걸리는 비송사건인데 비하여 위자료청구권은 3년의 단기소멸시효에 걸리는 소송사건이며, 양자는 모두 조정을 우선하여야 하며, 양자는 모두 가정법원의 전속관할에 속한다.

2. 채권자취소권과의 관계

(1) 일반채권자 보호를 위한 채권자취소권(판례를 통해서 인정)

- 원칙적으로 채권자취소권을 행사할 수 없다.
- 이미 채무초과 상태에 있는 채무자가 이혼을 함에 있어 자신의 배우자에게 재산분할로 일정한 재산을 양도함으로써 결과적으로 일반 채권자에 대한 공동담보를 감소시키는 결과가 발생하더라도 상당한 정도를 벗어나는 과대한 것이라고 인정할 만한 특별한 사정이 없는 한 사해행위로서 채권자에 의한 취소의 대상으로 되는 것은 아니다.(대판 2000. 7. 28, 2000다14101)
- 상당한 정도를 벗어나는 초과부분에 관한 한 적법한 재산분할이라고 할 수 없기 때문에 그 취소의 대상으로 될 수 있다.(대판 2000. 7. 28, 2000다14101)
- 상당한 정도를 벗어나는 과대한 재산분할이라고 볼 만한 특별한 사정이 있다는 점에 관한 입증책임은 채권자에게 있다.(대판 2000. 7. 28, 2000다14101)

(2) 재산분할청구권 보전을 위한 채권자취소권(제839조의3)

- 부부의 일방이 다른 일방의 재산분할청구권 행사를 해함을 알면서도 재산권을 목적으로 하는 법률행위를 한 때에는 다른 일방은 채권자취소권(제406조제1항)을 행사하여 그 취소 및 원상회복을 가정법원에 청구할 수 있다.
- 채권자취소권을 행사하는 당사자는 그 취소원인을 안 날로부터 1년, 법률행위 있은 날로부터 5년 내에 제기하여야 한다.

3. 채권자대위권과의 관계

- 이혼으로 인한 재산분할청구권은 협의 또는 심판에 의하여 그 구체적 내용이 형성되기까지는 그 범위 및 내용이 불명확·불확정하기 때문에 구체적으로 권리가 발생하였다고 할 수 없으므로 이를 보전하기 위해서 채권자대위권을 행사할 수 없다.(대판 1999. 4. 9, 98다58016)

4. 재산분할청구권의 상속

(1) 학설

- 재산분할청구권은 재산적 성질을 지니므로 당사자의 분할청구에 관계없이 당연히 승계된다.
- 재산분할청구권의 요소 가운데 부양적 요소에 해당하는 부분은 상속되지 않는다.

(2) 판례

- 상속여부를 다룬 명시적 판시는 없다.
- 이혼소송과 재산분할청구가 병합된 사건의 계속 중에 당사자 일방이 사망하면 이혼청구권과 더불어 재산분할청구도 이를 유지할 실익이 상실되어 소송이 종료한다.(대판 1994. 10. 28, 94므253)

- 이혼 후 재산분할청구소송 과정에서 일방당사자가 사망한 경우에 그 상속인들에 의한 수계를 허용함이 상당하다고 하였다.(대결 2009. 2. 9. 2008스105) 따라서 이혼한 배우자가 2년간 재산분할청구권을 행사하지 않은 경우에 상속의 여지가 없다.

5. 가집행청구 여부

- 민법상의 재산분할청구권은 이혼을 한 당사자의 일방이 다른 일방에 대하여 재산분할을 청구할 수 있는 권리로서 이혼이 성립한 때에 그 법적 효과로서 비로소 발생하는 것이므로, 당사자가 이혼이 성립하기 전에 이혼소송과 병합하여 재산분할의 청구를 하고, 법원이 이혼과 동시에 재산분할을 명하는 판결을 하는 경우에도 이혼판결은 확정되지 아니한 상태이므로, 그 시점에서 가집행을 허용할 수는 없다.(대판 1998. 11. 13, 98므1193)
- 민법 제839조의2에 따른 재산분할 청구사건은 마류 가사비송사건으로서 즉시항고의 대상에 해당하기는 하지만, 재산분할은 부부가 혼인 중에 취득한 실질적인 공동재산을 청산 분배하는 것을 주된 목적으로 하고, 법원이 당사자 쌍방의 협력으로 이룩한 재산의 액수 기타 사정을 참작하여 분할의 액수와 방법을 정하는 것이므로, 재산분할로 금전의 지급을 명하는 경우에도 판결 또는 심판이 확정되기 전에는 금전지급의무의 이행기가 도래하지 아니할 뿐만 아니라 금전채권의 발생조차 확정되지 아니한 상태에 있다고 할 것이어서, 재산분할의 방법으로 금전의 지급을 명한 부분은 가집행선고의 대상이 될 수 없다. 그리고 이는 이혼이 먼저 성립한 후에 재산분할로 금전의 지급을 명하는 경우라고 하더라도 마찬가지이다.(대판 2014. 9. 4, 2012므1656)

6. 재산분할에 대한 증여세 부과의 위헌 여부

- 협의이혼시 부부 사이에 재산분할 및 위자료의 명목으로 부동산 소유권이 이전된 경우, 증여세 과세대상에 해당하지 않는다.(대판 1997. 11. 28, 96누

4725)
- 실질적 공유재산을 청산받는 혼인 당사자에게 증여세를 부과하는 것은 합리적 이유 없이 불리하게 차별하는 것이므로 조세평등주의에 위배된다.(헌재결 1997. 10. 30. 96헌바14)

7. 이행지체책임

- 이혼으로 인한 재산분할청구권은 이혼을 한 당사자의 일방이 다른 일방에 대하여 재산분할을 청구할 수 있는 권리로서 이혼이 성립한 때에 그 법적 효과로서 비로소 발생하는 것일 뿐만 아니라, 협의 또는 심판에 의하여 그 구체적 내용이 형성되기까지는 그 범위 및 내용이 불명확·불확정하기 때문에 구체적으로 권리가 발생하였다고 할 수 없으므로, 당사자가 이혼이 성립하기 전에 이혼소송과 병합하여 재산분할의 청구를 하고 법원이 이혼과 동시에 재산분할로서 금전의 지급을 명하는 판결을 하는 경우 그 금전지급채무에 관하여는 그 판결이 확정된 다음날부터 이행지체책임을 지게 되고, 따라서 소송촉진등에관한특례법 제3조 제1항 단서에 의하여 같은 조항 본문에 정한 이율이 적용되지 아니한다.(대판 2001. 9. 25, 2001므725,732)

사실혼

Ⅰ. 의의

- 사실혼이란 당사자 사이에 혼인의 의사가 있고 객관적으로 사회관념상으로 가족질서적인 면에서 부부공동생활을 인정할 만한 혼인생활의 실체가 있으나 혼인신고를 하지 않아 법률혼이 되지 못하는 혼인을 의미한다.(대판 2006. 3. 24, 2005두15595)
- 실질적 혼인생활에 따른 법률효과는 인정되지만 혼인신고를 전제로 하는 법률효과는 발생하지 않는다.
- 혼인생활의 실질이 있다는 면에서 약혼과 다르고, 혼인의사의 합치가 있다는 면에서 그렇지 않은 동거와 다르다.
- 혼인예약으로 이해하기 보다는 준혼인관계로 이해하는 것이 통설과 판례의 태도이다.(대판 1997. 11. 11, 97다34273)

Ⅱ. 성립요건

1. 주관적 성립요건

- 당사자 사이에 사실상의 혼인의사가 존재하여야 한다.
- 이때의 혼인의사란 장차 부부가 되겠다는 실질적 합의이다.

- 혼인의사는 추정할 수 있으므로 이와 반대되는 사정, 즉 혼인의사를 명백히 철회하였다거나 당사자 사이에 사실혼관계를 해소하기로 합의하였다는 등의 사정이 인정되지 아니하는 경우에는 그 혼인을 무효라고 할 수 없다.(대판 2000. 4. 11, 99므1329)
- 관례에 따라 결혼식을 하고 부부로서 상당기간 동거하며 그 사이에 자녀까지 출산하여 혼인의 실제는 갖추었으나 혼인신고만이 되어있지 않은 관계에서 당사자 일방의 부재중 혼인신고가 이루어졌다고 하더라도 특별한 사정이 있는 경우를 제외하고는 그 신고에 의하여 이루어진 혼인을 당연히 무효라고 할 수는 없다.(대판 1980. 4. 22, 79므77)
- 사실혼관계가 해소된 상태에서 혼인신고가 일방적으로 이루어졌다면 이는 당사자 간에 혼인의 합의가 없는 경우에 해당하여 무효라고 보아야 한다.(대판 1989. 1. 24, 88므795)

2. 객관적 성립요건

- 당사자 사이에 혼인생활의 실체가 있어야 한다.
- 혼인생활의 실체란 사회통념상 부부공동생활이라고 인정할 만한 것이어야 한다.
- 청구인과 피청구인 사이에 있었던 간헐적 정교관계만으로는 그들 사이에 자식이 태어났다 하더라도 서로 혼인의사의 합치가 있었거나 혼인생활의 실체가 존재한다고 보여지지 아니하여 사실상 혼인관계가 성립되었다고 볼 수 없다.(대판 1986. 3. 11, 85므89)

3. 혼인성립의 하자와 사실혼

(1) 혼인부적령자의 사실혼 - 법률에 의하여 보호를 받을 수 있다.
(2) 동의를 얻지 못한 사실혼 - 법률에 의하여 보호받을 수 있다.
(3) 중혼적 사실혼 - 법률에 의한 보호를 받지 못한다.(대결 1995. 7. 3, 94스30;

대판 1995. 9. 26, 94므1638)
(4) 근친간의 사실혼 - 법률에 의한 보호를 받지 못한다.

Ⅲ. 사실혼의 효과

1. 일반적 효과

- 부부는 서로에게 동거·부양·협조의 의무 및 정조의 의무가 있다. 따라서 제3자가 불법적으로 사실혼관계를 침해한 경우에는 타방 당사자는 위자료를 청구할 수 있다.
- 夫의 생명을 해한 자에 대해서는 배우자뿐만 아니라 미인지된 자도 위자료를 청구할 수 있다.(대판 1975. 12. 23, 75다413)

2. 자녀에 대한 효과

- 사실혼 관계에서 출생한 子는 혼인 외의 출생자이고, 父의 인지가 없는 한 원칙적으로 모가 친권을 행사한다.
- 혼인 외의 출생자는 준정으로 혼인 중의 출생자가 될 수 있다.

3. 재산적 효과

- 부부간의 일상가사대리권이 인정된다.(대판 1980. 12. 23, 94므1584)
- 일상가사비용에 대한 연대책임을 진다.
- 부부공동생활비용의 부담에 관하여는 당사자 간에 특별한 약정이 없으면 부부가 공동으로 부담한다.(제833조)
- 고유재산과 특유재산은 각자가 이를 관리·사용·수익하도록 한다.
- 누구에게 속한 것인지 불분명한 재산은 공유로 추정한다.
- 부부재산계약도 체결할 수 있으나 등기하지 못하므로 제3자에 대한 대항력

이 없다고 한다.

4. 인정되지 않는 효과

- 사실혼 상태에 있는 자가 다른 사람과 혼인을 하더라도 중혼이 성립하지 않는다.
- 배우자의 친족들과 인척관계가 발생하지 않는다.
- 미성년자가 사실혼을 하더라도 성년의제되지 않는다.

5. 상속권이 발생하지 않지만 개별법에서 사실혼이 보호되는 경우

- 국민연금법, 공무원연금법, 군인연금법, 사립학교교원연금법, 선원법, 산업재해보상보험법 등에서는 사실혼 배우자를 법률상 배우자와 동일하게 보호하고 있다.
- 주택임대차보호법 제9조 제1항에 따르면 임차인이 상속인 없이 사망한 경우에는 그 주택에서 가정공동생활을 하던 사실상의 혼인 관계에 있는 자가 임차인의 권리와 의무를 승계하도록 하고 있다.

Ⅳ. 사실혼의 해소

1. 해소의 원인

- 사실혼은 혼인관계의 실체만 존재하였으므로 실체가 없어지면 사실혼 관계는 해소된다.
- 사실혼은 당사자 사이의 혼인해소의 합의만 있으면 언제든지 종료된다.
- 일방당사자의 사망으로 사실혼 관계는 해소된다.
- 일방당사자의 해소의 의사표시로 사실혼 관계는 해소된다.

2. 해소의 효과

(1) 일반적 효과

- 일방당사자의 사망으로 사실혼 관계가 해소된 경우라도 상속권은 발생하지 않지만 상속인이 없는 경우 특별연고자로서 상속재산을 분여받을 수 있다.

(2) 재산상 효과

- 공유재산에 대해서는 당사자의 합의로 청산할 수 있고, 합의한 내용을 이행하지 않는 경우 그 이행을 청구할 수 있다.

1) 재산분할청구권

- 부부재산에 관한 청산의 의미를 갖는 재산분할에 관한 법률 규정은 부부의 생활공동체라는 실질에 비추어 인정되는 것으로서 사실혼관계에도 이를 준용 또는 유추적용할 수 있기 때문에, 사실혼관계에 있었던 당사자들이 생전에 사실혼관계를 해소한 경우 재산분할청구권을 인정할 수 있다.(대판 2006. 3. 24, 2005두15595)
- 합의가 이루어지지 않거나 합의를 할 수 없는 경우, 일방적으로 혼인을 해소하는 경우에도 재산분할청구권을 행사할 수 있다.(대판 1995. 3. 10, 94므1379)
- 법률상 혼인관계가 일방 당사자의 사망으로 인하여 종료된 경우에도 생존 배우자에게 재산분할청구권이 인정되지 아니하고 단지 상속에 관한 법률 규정에 따라서 망인의 재산에 대한 상속권만이 인정된다는 점 등에 비추어 보면, 사실혼관계가 일방 당사자의 사망으로 인하여 종료된 경우에는 그 상대방에게 재산분할청구권이 인정된다고 할 수 없다.(대판 2006. 3. 24, 2005두15595)

2) 손해배상청구권

- 정당한 이유 없이 일방당사자가 사실혼을 해소한 경우에는 상대방은 이에 대하여 채무불이행으로 인한 손해배상 및 불법행위로 인한 손해배상을 청구할 수 있다.
- 사실혼부당파기로 인한 손해배상에는 재산적 손해와 정신적 손해가 포함되고 그 재산적 손해에는 사실혼관계의 성립유지와 인과관계 있는 모든 손해가 포함된다.(대판 1989. 2. 14, 88므146)
- 부첩관계의 파기와 위자료 청구 - 부첩관계가 파기되어 미혼인 원고가 어린아이의 어머니로서 앞으로 결혼하기 어려운 처지에 이르렀다고 하더라도 부첩관계의 파기를 이유로 하여, 상대방에게 위자료를 청구할 수 없다.(대판 1966. 9. 20, 66므14)
- 성기능 불완전과 위자료 청구 - 남편이 성기능이 불완전함에도 불구하고 이를 숨긴채 그 처와 형식상 혼례식을 거행하고 젊은 부부로서 약 6개월간에 걸쳐 신혼생활을 하는 동안 한 번도 성교관계가 없었다면 정상적인 혼인생활을 원하는 처로서는 정신상의 고통을 받았음이 사리상 당연하다.(대판 1966. 1. 31, 65므65)

(3) 자에 대한 효과

- 자의 양육에 관하여 학설은 이혼한 경우 자녀의 양육에 관한 규정(제837조)를 준용하자고 하고 있지만, 판례는 이를 부정한다.
- 현행법상은 이혼당사자의 신청이 있는 경우 혼인의 무효 또는 취소판결시 그 당사자의 신청이 있는 경우 이외에는 자의 양육자 지정이나 양육에 관한 사항을 정하여 달라는 신청을 할 수 있는 법률상 근거가 없으므로 사실혼관계나 일시적 정교관계로 출생한 자의 생모는 그 자의 생부를 상대로 그와 같은 청구를 할 수 없다.(대판 1979. 5. 8, 79므3)

Ⅴ. 사실상 혼인관계 존부 확인청구

- 사실상 혼인 관계가 존재함에도 불구하고 혼인신고를 하지 않은 채 부부생활을 하고 있거나, 혼인신고를 할 수 없는 부부들을 보호하기 위한 것이다.
- 또는 사실상 혼인관계가 존재하지 아니한다는 것을 확인하기 위한 청구도 가능하다.

1. 조정전치

- 사실상 혼인관계 존부 확인에 관한 청구는 조정을 우선하여야 한다. 따라서 조정이 이루어지지 않는 경우 소를 제기할 수 있다.

2. 소의 법적 성질

(1) 사실상혼인관계 부존재확인청구

- 확인의 소

(2) 사실상혼인관계 존재확인청구

1) 확인소송설(통설·판례)

- 혼인의 법률상 요건인 당사자의 혼인의사에 관한 합의의 존부를 확인하는 것을 내용으로 하는 소로 본다.
- 혼인신고를 창설적 신고로 보아 혼인신고시에 혼인이 성립한다고 본다.

2) 형성소송설

- 법률혼의 요건으로서의 사실상혼인관계의 존재를 확인하여 법률혼의 창설을 목적으로 하는 형성청구라고 한다.
- 혼인신고를 보고적 신고로 본다. 재판에 의해서 혼인은 창설되었다고 본다.

(3) 혼인의사존부의 기준시

- 혼인의사의 존부는 사실혼의 성립 당시를 기준으로 하여야 한다는 것이 통설이다.

(4) 과거의 사실혼존재확인청구

- 일방의 사망과 확인의 이익 유무 - 사실혼 배우자의 일방이 사망한 경우 생존하는 당사자가 혼인신고를 하기 위한 목적으로서는 사망자와의 과거의 사실혼관계 존재확인을 구할 소의 이익이 있다고는 할 수 없고, 이러한 과거의 사실혼관계가 생존하는 당사자와 사망자와 제3자 사이의 현재적 또는 잠재적 분쟁의 전제가 되어 있어 그 존부확인청구가 이들 수많은 분쟁을 일거에 해결하는 유효적절한 수단일 수 있는 경우에는 확인의 이익이 인정될 수 있는 것이지만, 그러한 유효적절한 수단이라고 할 수 없는 경우에는 확인의 이익이 부정되어야 한다.(대판 1995. 11. 14, 95므694)
- 일방의 사망과 확인의 이익 유무 - 사실혼관계에 있던 당사자 일방이 사망하였더라도, 현재적 또는 잠재적 법적 분쟁을 일거에 해결하는 유효적절한 수단이 될 수 있는 한, 그 사실혼관계존부확인청구에는 확인의 이익이 인정되고, 이러한 경우 친생자관계존부확인청구에 관한 민법 제865조와 인지청구에 관한 민법 제863조의 규정을 유추적용하여 생존 당사자는 그 사망을 안 날로부터 2년 내에 검사를 상대로 과거의 사실혼관계에 대한 존부확인청구를 할 수 있다고 보아야 한다.(대판 1995. 3. 28, 94므1447)
- 사망자와 사실혼관계존재확인의 심판이 있는 경우 혼인신고의 수리 가부 - 우리 법상 사망자 간이나 생존한 자와 사망한 자 사이의 혼인은 인정되지 아니하므로 사망자와의 사실혼관계존재확인의 심판이 있다 하더라도, 이미 당사자의 일방이 사망한 경우에는 혼인신고특례법이 정하는 예외적인 경우와 같이 그 혼인신고의 효력을 소급하는 특별한 규정이 없는 한 이미 그 당사자 간에는 법률상의 혼인이 불가능하므로 이러한 혼인신고는 받아들여질 수 없다.(대결 1991. 8. 13, 91스6)

- 당사자 모두 사망한 경우 확인이익의 유무 - 혼인신고 없이 혼례식만을 거행한 당사자에 대하여 민법 부칙 제2조에 따라 현행 법률혼으로서의 효력이 인정된다고 하더라도 위 혼인당사자가 모두 사망한 이상 그 혼인관계는 소멸하여 버렸고 현행법상 부부쌍방이 모두 사망한 경우 제3자가 그 혼인신고를 할 수 있는 방법이 없으므로 위 사망한 당사자의 혼인신고를 하기 위하여 그들 사이에 과거의 혼인사실의 존재확인을 구함은 확인의 이익이 없어 부적법하다.(대판 1988. 4. 12, 87므104)

Chapter 4. 친족법

부모와 자

친생자 ▮
부를 정하는 소 ▮
친생부인의 소 ▮
친생부인의 허가 청구 ▮
인지 ▮
준정 ▮
친생자관계존부확인의 소 ▮
인공수정자 ▮
입양 ▮
입양의 무효와 취소 ▮
파양 ▮
친양자 ▮
친권 ▮

친생자

Ⅰ. 혼인 중의 자

1. 의의

1) 의의

- 출생에 의해 이루어진 부모와 자의 관계를 친생자라 하고 친생자 관계 중에서 혼인 관계에 있는 부부 사이에서 출생한 자를 혼인 중의 자라고 한다.
- 부부 간에 성적교섭에 의하여 혼인성립 후에 출생한 자이어야 한다.

2) 종류

- 혼인 중의 자는 생래 혼인 중의 자와 준정에 의한 혼인 중의 자로 나뉜다.
- 생래 혼인 중의 자는 다시 친생추정을 받는 혼인 중의 출생자와 친생추정을 받지 않는 혼인 중의 출생자로 나뉜다.

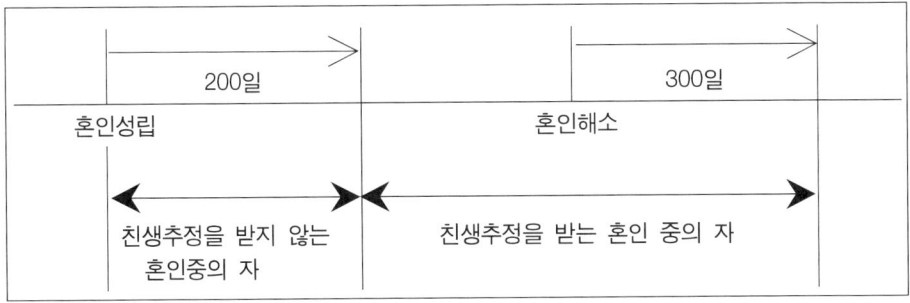

2. 친생추정의 요건

- 친생주정이란 아내가 혼인 중에 임신한 자녀는 남편의 자녀로 추정되는데 이를 친생추정이라 한다.

(1) 부와 처 간에 혼인 관계가 있을 것

- 혼인관계란 법률혼을 의미한다.

(2) 혼인 중에 임신되었을 것

- 임신의 추정 - 혼인이 성립한 날로부터 200일 후 또는 혼인 관계가 종료된 날로부터 300일 이내에 출생한 자는 혼인 중에 임신한 것으로 추정된다.
- 혼인이 성립한 날 - 혼인신고시가 원칙이지만 사실혼 관계가 성립한 날을 포함한다고 인정하는 것이 다수설과 판례의 태도이다.
- 판례 - 혼인신고를 하지 아니한 채 내연관계로서 동거생활 중 처가 포태된 자의 출생일자가 그 부모의 혼인신고일 뒤에 있고 그 사이의 기간이 200일이 못된다 하여도 이러한 자는 출생과 동시에 당연히 그 부모의 적출자로서의 신분을 취득한다.(대판 1963. 6. 13, 63다228)
- 기간의 계산 - 초일을 산입하여 당일부터 계산한다.

3. 친생추정의 효과

- 친생추정을 받는 자는 **친생부인의 소**를 통해서만 추정을 번복할 수 있다.
- 친생부인의 소는 그 청구권자가 부와 모에게만 한정되기 때문에 타인이 친생성을 부인할 수 없다. 따라서 제3자는 친생부인의 소에 의한 확정판결에 의하여 그 친생관계의 추정이 깨어지기 전에는 타인의 자를 인지할 수 없다.(대판 1987. 10. 13, 86므129)
- 그러나 혼인관계종료의 날로부터 300일 이내에 출생한 자라고 하더라도 아직 혼인중의 자녀로 출생신고가 되어 있지 않은 경우에는 자녀의 어머니

또는 어머니의 전남편의 청구에 따라 친생부인 허가 청구를 통해서 친생을 부인할 수도 있다.(제854조의2)

4. 친생추정의 제한

- 혼인 성립 후 200일 이내 출생 - 혼인 중에 출생한 자라고 하더라도 혼인 성립 후 200일 이내에 태어난 자는 혼인 중의 자의 신분은 유지하지만 친생추정을 받지는 못한다.
- 동서의 결여 - 혼인 성립 후 200일 이후에 태어난 자라고 하더라도 부부간의 동서의 결여가 있는 상태에서 포태하여 출산한 자는 친생추정을 받지 못한다.(통설·판례)
- 동서결여에 대한 판단은 외관설에 따른다.
- 장기간의 해외 출장 - 부부의 한쪽이 장기간에 걸쳐 해외에 나가 있거나 사실상의 이혼으로 부부가 별거하고 있는 경우 등 동서의 결여로 처가 부의 자를 포태할 수 없는 것이 외관상 명백한 사정이 있는 경우에는 그 추정이 미치지 아니하여 부는 친생부인의 소에 의하지 않고 친자관계부존재확인소송을 제기할 수 있다.(대판 1983. 7. 12, 82므59 전원합의체)
- 夫의 생식불능 - 부부가 동거를 하고 있는 이상 그 부가 생식불능이라고 하더라도 그 추정은 유지된다.(서울고법 1991. 7. 23, 91르483)

5. 친생추정 제한의 효과

- 친생자관계부존재확인의 소 - 이해관계인은 누구나 친생자관계부존재확인의 소를 제기하는 것이 가능하다.
- 子의 인지청구의 소 - 민법 제844조의 친생추정을 받는 자는 친생부인의 소에 의하여 그 친생추정을 깨뜨리지 않고서는 다른 사람을 상대로 인지청구를 할 수 없으나, 가족관계등록부상의 부모의 혼인중의 자로 등재되어 있는 자라 하더라도 그의 생부모가 가족관계등록부상의 부모와 다른 사실이 객관적으로

명백한 경우에는 그 친생추정이 미치지 아니하므로, 그와 같은 경우에는 곧바로 생부모를 상대로 인지청구를 할 수 있다.(대판 2000. 1. 28, 99므1817)
- 父의 인지 - 진실의 父는 친생자관계부존재확인을 청구하여 확인되면 인지가 가능하다.

II. 혼인 외의 자

1. 혼외자의 의의

- 법률상 혼인관계가 없는 남녀 사이에서 출생한 자를 혼외자라 한다.
- 사실혼 관계, 무효혼 관계, 사통관계, 부첩관계 등에서 출생한 자
- 혼인 중에 출생한 자가 친생부인 또는 친생자관계부존재 확인의 소에 의하여 부의 친생자가 아님이 확인 된 자

2. 혼외자의 부모

- 혼외자는 출생을 통해서 보통 모가 누구인지 명확하게 된다.
- 혼외자는 인지를 통해서 父를 찾을 수 있다.
- 인지 - 혼외의 자에 대하여 부가 그 자를 자신의 친생자로 인정하는 것을 인지라고 한다.

3. 인지를 받은 혼외자

- 혼인 외의 출생자가 인지된 경우 자는 부모의 협의에 따라 종전의 성과 본을 계속 사용할 수 있다.(제781조 제5항)
- 다만, 부모가 협의할 수 없거나 협의가 이루어지지 아니한 경우에는 자는 법원의 허가를 받아 종전의 성과 본을 계속 사용할 수 있다.(제781조 제5항)

4. 인지를 받지 못한 혼외자

- 인지를 받지 못한 혼외자는 모의 친권에 복종한다.
- 모의 성과 본을 따른다.
- 모와의 관계에서만 친족관계가 발생한다.
- 모도 알 수 없는 자는 법원의 허가를 얻어 성과 본을 창설한다.

부를 정하는 소

Ⅰ. 의의

- 부를 정하는 소란 혼인의 해소 후 300일 이내 그리고 재혼의 성립 후 200일 이후에 출생한 자가 있는 경우 전혼의 夫와 후혼의 夫 모두에게서 친생추정을 받게 된다. 이러한 경우 충돌을 해결하기 위해 법원에 의하여 父를 결정하는 절차이다.
- 중혼으로 인하여 중혼성립일로부터 200일 후에 자가 출생하게 되는 경우에도 규정은 없지만 부를 정하는 소를 제기할 수 있다는 견해가 있다.[8]

Ⅱ. 당사자

청구권자	상대방
자	모, 모의 배우자 및 모의 전배우자 공동피고
모	배우자, 전배우자 공동피고
모의 배우자	모, 그 전배우자 공동피고
모의 전배우자	모, 그 배우자 공동피고

---

8) 법원실무제요, 가사, 674면.

- 소를 제기하는 구가 미성년인 경우에는 특별대리인을 선임하여야 한다.
- 고유필수적 공동소송이므로 전원을 상대로 소를 제기하여야 한다.
- 상대방으로 될 자 중 일부가 사망한 때에는 생존자를 상대방으로 하며, 생존자가 없으면 검사를 상대방으로 하여 소를 제기할 수 있다.

Ⅲ. 절차

- **조정전치** - 부를 정하는 소는 나류 사건으로 조정이 전치되어야 한다. 따라서 당사자가 조정을 신청하지 않으면 직권으로 조정에 회부된다.
- **확정판결** - 조정에 의하여 부를 정하였다고 하더라도 이는 당사자가 임의로 처분할 수 없는 사항이므로 합의하였다고 하더라도 효력은 발생하지 않고 확정판결이 있어야 효력이 발생한다.

Ⅳ. 효력

- 부를 결정하는 재판이 확정되면 제3자에게도 효력이 있다.
- 재판에 의하여 부로 결정된 자는 친생부인의 소를 제기할 수 없다.

친생부인의 소

Ⅰ. 의의

- 혼인 중의 출생자 중에서 친생추정을 받는 자에 대하여 친생을 부인하고자 하는 경우 친생부인의 소에 의해야 한다.

Ⅱ. 당사자

1. 부인권자

- **夫 또는 妻** - 친생을 부인할 수 있는 자는 夫와 妻 뿐이다.(제846조) 이 경우 처는 자의 생모를 의미하고 법률상 부와 재혼한 처는 포함되지 않는다.(대판 204.12.11, 2013므4591)
- **子** - 친생부인권이 없다.
- **제3자** - 자의 복리, 가정의 평화, 부부사생활 보호를 위해서 이해관계 있는 제3자에게 친생부인권을 허용하지 않는다.
- **후견인** - 남편이나 아내가 피성년후견인인 경우에는 그의 성년후견인이 성년후견감독인의 동의를 받아 친생부인의 소를 제기할 수 있다. 성년후견감독인이 없거나 동의할 수 없을 때에는 가정법원에 그 동의를 갈음하는 허가를 청구할 수 있다.(제848조 제1항)

- **피성년후견인** - 성년후견인이 친생부인의 소를 제기하지 아니하는 경우에는 피성년후견인은 성년후견종료의 심판이 있는 날부터 2년 내에 친생부인의 소를 제기할 수 있다.(제848조 제2항)
- **유언집행자** - 夫 또는 妻가 유언으로 부인의 의사를 표시한 경우에는 유언집행자가 부인의 소를 제기하여야 한다.(제850조)
- **夫 또는 妻의 직계존속이나 직계비속** - 夫가 子의 출생 전에 사망하거나 夫 또는 妻가 친생부인의 사유가 있음을 안날로부터 2년 이내에 사망한 경우에는 夫 또는 처의 직계존속이나 직계비속이 그 사망을 안 날로부터 2년 이내에 친생부인의 소를 제기할 수 있다.(제851조)

2. 상대방

- 부부 중 일방 또는 자가 상대방이 된다.(제847조)
- **검사** - 상대방이 될 자가 모두 사망한 때 그 사망을 안 날로부터 2년 내에 검사를 상대로 하여 소를 제기할 수 있다.
- **子의 母** - 자가 사망한 경우라도 자의 직계비속이 있는 때에는 그 모를 상대로 그 모가 없으면 검사를 상대로 소를 제기할 수 있다.(제849조)
- **성년후견인** - 피고인이 될 자가 피성년후견인인 경우에는 성년후견인이 소송을 수행하게 된다.

Ⅲ. 소의 제기기간

- **제척기간** - 그 사유가 있음을 안 날로부터 2년 내에 소를 제기할 수 있다.
- **상대방으로 되어야 할 자가 모두 사망한 경우** - 그 사망을 안날로부터 2년 내에 검사를 상대로 친생부인의 소를 제기할 수 있다.
- **성년후견인이 소를 제기하지 않은 경우** - 피성년후견인은 성년후견종료의 심판이 있는 날부터 2년 내에 친생부인의 소를 제기할 수 있다.

- 부가 자의 출생 전에 사망하거나 부 또는 처가 그 사유가 있음을 안날로부터 2년 이내에 사망한 경우 부 또는 처의 직계존속이나 직계비속이 그 사망을 안 날로부터 2년 이내에 친생부인의 소를 제기할 수 있다.

IV. 부인권의 소멸

- 승인 - 자의 출생 후에 친생자임을 승인하게 되면 친생부인권은 소멸한다.
- 부가 자의 출생신고를 하였다고 하더라도 친생자에 대한 승인은 아니다.
- 처가 승인하였다고 하더라도 부는 부인권을 행사할 수 있다.
- 묵시적 승인도 가능하다
- 사기나 강박에 의하여 친생자로 승인하였다면 취소 가능하다.

V. 부인판결의 절차 및 효력

1. 절차

- 조정전치 - 나류 사건으로 조정이 전치되어야 한다.
- 확정판결 - 조정이 성립되었다고 하더라도 친생부인의 효력이 발생하는 것은 아니고 가정법원의 확정판결이 있어야 한다. 이는 본인이 임의로 처분할 수 없는 사항에 관한 것이기 때문이다.(대판 1968. 2. 27, 67므34 제1부)
- 원고는 친생자로 추정받는 자와 부 사이에 친자관계가 없음을 주장·입증하여야 한다.

2. 효력

- 부자관계 소멸 - 친생부인판결이 확정되면 부자관계는 소멸한다.
- 인척관계 성립 - 부부가 아직 혼인 중이라면 자는 혼인 외의 출생자가 되어

夫와 子 사이에는 인척관계가 성립하게 된다.
- 인지 - 진정한 父가 인지할 수 있다.
- 확정의 효과 - 제3자에게 주장할 수 있다.

▌친생부인의 허가 청구

Ⅰ. 의의

- 친생부인의 허가청구란 혼인관계가 종료된 날부터 300일 이내에 출생한 자녀 중에서 아직 혼인중의 자녀로 출생신고가 되지 않은 자녀에 대하여 어머니 또는 어머니의 전 남편이 가정법원에 친생부인의 허가를 받아 전 남편의 자녀가 아님을 증명하여 자녀를 출생신고하기 위한 가사비송사건 절차이다.
- 민법 제844조제2항 중 혼인관계종료의 날부터 300일 이내에 출생한 자는 혼인중에 포태(胞胎)한 것으로 추정하는 부분에 대한 헌법재판소의 헌법불합치결정(2013헌마623, 2015. 4. 30. 결정)의 취지를 반영하여 혼인관계가 종료된 날부터 300일 이내에 출생한 자녀에 대하여 어머니와 어머니의 전(前)남편은 친생부인의 허가 청구를 할 수 있도록 하여 친생부인(親生否認)의 소(訴)보다 간이한 방법으로 친생추정을 배제할 수 있도록 하려는데 의의가 있다.

Ⅱ. 친생부인 허가 청구와 허가 절차

1. 청구권자

- 혼인관계가 종료된 날부터 300일 이내에 출생한 자녀의 모와 모의 전남편은

친생부인의 허가를 청구할 수 있다. 청구권 행사의 기간 제한은 없다.
- 혼인관계가 종료된 날부터 300일 이내에 출생한 자녀는 민법 제844조 제3항에 따라 친생추정을 받기 때문에 친생을 부인하기 위해서는 가정법원에 엄격한 소송절차인 친생부인의 소를 제기하여야 하였던 것을 친생부인 허가 절차에 따라서 간이하게 친생을 부인할 수 있게 되었다.

2. 친생부인 허가 청구의 대상

- 혼인관계가 종료된 날부터 300일 이내에 출생하였으나 아직 혼인 중의 출생자로 출생신고가 이루어지지 않은 자녀가 그 대상이 된다.
- 혼인관계가 종료된 날부터 300일 이내에 출생한 자녀는 친생추정의 조항(제844조 제3항)에 따라 친생추정을 받는 것이 원칙이다.
- 그러나 위 친생추정을 받는 기간에 태어난 자라고 하더라도 아직 혼인 중의 출생자로 출생신고가 이루어지지 않았다면 친생부인의 소가 아닌 친생부인의 허가 청구절차에 의해서 친생은 부인된다.(제854조의2 제1항) 따라서 위 친생추정을 받는 기간에 태어난 자가 혼인 중의 출생자로 신고된 경우에는 친생부인의 소에 의해서만 친자관계를 해소할 수 있게 된다.

3. 가정법원의 허가

- 친생부인의 허가 청구가 있는 경우에 가정법원은 가사비송사건 절차를 통해서 허가 여부를 결정하게 된다.(제854조의2 제2항)
- 가정법원이 심판을 할 때에는 혈액체취에 의한 혈액형 검사, 유전인자의 검사 등 과학적 방법에 따른 검사결과 또는 장기간의 별거 등 그 밖의 사정을 고려하여 허가 여부를 정하도록 하고 있다.(제854조의2 제2항)

Ⅱ. 친생부인 허가의 효과

- 친생부인의 허가청구에 따라 가정법원의 허가를 받은 경우에는 친생추정의 효력이 배제된다.(제854조의2 제2항)
- 어머니 또는 전 남편이 가정법원에 '친생부인의 허가 청구'를 통해 전 남편의 자녀가 아님을 증명하여 자녀를 출생신고할 수 있다.
- 생부는 어머니와 혼인한 경우 생부와 어머니를 부모로 하여 출생신고 할 수 있고, 자녀가 부 없이 출생신고 된 경우 생부는 인지신고를 할 수 있다.

인 지

Ⅰ. 의의

- 혼인 외의 출생자를 그 부 또는 모가 자신의 子임을 인정하는 행위를 인지라고 한다.
- 혼인 외의 자와 부와의 친생자관계는 부의 인지에 의하여서만 발생한다.(대판 1984. 9. 25, 84므73)
- 혼인 외의 출생자와 생모 간에는 그 생모의 인지나 출생신고를 기다리지 않고 자의 출생으로 당연히 법률상의 친족관계가 생긴다고 해석하는 것이 타당하다.(대판 1967. 10. 4, 67다1791)

Ⅱ. 임의인지

1. 의의

- 임의인지란 혼인외의 자를 그 부 또는 모가 스스로 자기의 자라고 인지하는 것을 말한다.

2. 인지권자

- 생부나 생모가 인지할 수 있다.
- 인지는 신분행위이므로 의사능력이 있으면 단독으로 할 수 있다.
- 미성년자 · 피한정후견인 - 단독으로 인지 가능하다.
- 피성년후견인 - 아버지가 피성년후견인인 경우에는 성년후견인의 동의를 받아 인지할 수 있다.(제856조)

3. 피인지자

- 혼인 외의 출생자이다.
- 사망한 혼외자 - 피인지자가 사망한 경우에도 그에게 직계비속이 있는 경우에는 인지를 할 수 있다.(제857조)
- 태아도 피인지자가 될 수 있다.(제858조)
- 미성년자이든 성년자이든 피인지자가 될 수 있다.
- 친생추정을 받는 자 - 친생부인의 소를 통해서 친생부인이 확정된 경우에 한하여 인지될 수 있다.
- 친생추정을 받지 않지만 타인의 친생자로 신고되어 있는 자 - 친생자관계부존재확인의 소를 통해서 친자관계가 소멸한 후에 한하여 인지될 수 있다.

4. 인지의 방식

(1) 신고에 의한 인지

- 인지를 하는 통상적인 방법은 인지신고를 하는 것이다.
- 창설적 신고 - 인지신고를 하여야 효력이 발생하므로 창설적 신고이다.
- 혼외자에 대한 출생신고는 인지로서 효력을 갖는다.
- 혼인신고가 위법하여 무효인 경우에도 무효인 혼인중 출생한 자를 그 호적에 출생신고하여 등재한 이상 그 자에 대한 인지의 효력이 있다.(대판 1971.

11. 15, 71다1983)
- 혼인외의 자와 부와의 친생자관계는 부의 인지에 의하여서만 발생하는 것이므로 생모가 출생신고를 하여 호적에 부의 자로 등재되어 있다하더라도 친생자관계는 생기지 않는 것이다.(대판 1984. 9. 25, 84므73)

(2) 유언에 의한 인지

- 유언으로 인지를 한 경우 유언집행자는 취임 후 1월 이내에 인지에 관한 유언서 등본 또는 유언녹음을 기재한 서면을 첨부하여 신고하여야 한다.
- 보고적 신고 - 유언자가 사망한 때 인지의 효력이 발생하므로 보고적 신고이다.

5. 인지무효의 소

(1) 의의

- 임의인지가 있었으나 친자관계가 존재하지 않거나 인지자의 의사에 반하여 행하여지는 등 중대한 하자로 인하여 인지가 된 경우 민법에는 규정이 없으나, 가사소송법(제26조 제1항, 제28조)상의 인지무효의 소를 통해서 이러한 외관을 제거하여 법질서를 바로잡기 위하여 제기하는 소이다.
- 강제인지가 행하여진 경우에는 인지무효의 소를 제기할 수 없다.

(2) 성질

- 확인소송 - 친생자가 아닌 자에 대하여 한 인지신고는 당연무효이며 인지는 무효를 확정하기 위한 판결 기타의 절차에 의하지 아니하고도, 또 누구에 의하여도 그 무효를 주장할 수 있는 것이다(대판 1992. 10. 23, 92다29399)라고 하여 소송의 성질을 확인소송으로 본다.

(3) 당사자

청구권자	상대방
인지자 (법정대리인 포함)	피인지자
피인지자	인지자
제3자 (자의 4촌 이내의 친족, 인지한 것으로 되어 있는 부 또는 모)	인지자와 피인지자

- 상대방으로 될 자가 사망한 경우 검사를 상대방으로 한다.

(4) 제소사유

- 인지자와 피인지자 사이에 친자관계가 없는 경우
- 인지신고가 인지자의 의사에 의하지 않은 경우
- 인지자가 피성년후견인임에도 불구하고 법정대리인의 동의 없이 인지한 경우

(5) 판결의 효과

- 조정사항은 아니다.
- 제3자효 - 인지가 무효로 확정되면 제3자에게도 효력이 있게 된다.
- 소급효 - 인지가 무효로 확정되면 소급하여 인지의 효력이 소멸한다.

6. 인지의 취소

- 원칙 - 인지자는 원칙적으로 인지를 취소하지 못한다.
- 취소원인 - 사기·강박 또는 중대한 착오로 인하여 인지를 한 때에는 취소할 수 있다.
- 소제기 기간 - 사기나 착오를 안 날 또는 강박을 면한 날로부터 6월내에 가정법원에 그 소를 청구할 수 있다.
- 형성의소 - 법원의 허가를 얻어야 취소가 가능하므로 형성의 소이다.(제861조)

- 청구권자 - 인지취소의 소는 **인지자**만이 제기할 수 있다.
- 상대방 - 그 상대방은 **피인지자**이다. 피인지자가 사망한 경우에는 **검사**를 상대로 한다.
- 나류 사건이므로 조정을 거쳐야 한다.

7. 인지에 대한 이의의 소

- 제소기간 - 자(피인지자) 기타 이해관계 있는 제3자는 인지의 신고있음을 안 날로부터 1년 이내에 인지에 대한 이의의 소를 제기할 수 있다.(제862조)
- 청구권자 - 자 기타 이해관계인만 제기할 수 있고 인지자 본인은 제기할 수 없다.
- 상대방 - 부 또는 모를 상대방으로 한다. 부 또는 모가 사망한 경우 그 사망을 안 날로부터 2년 이내에 검사를 상대로 이의의 소를 제기할 수 있다.
- 나류 사건이므로 **조정**을 거쳐야 한다.
- 인지 무효의 소와 인지 이의의 소는 제기권자는 다르지만, 인지의 **무효**를 주장한다는 점에서는 본질적으로 같다.

III. 강제인지

1. 의의

- 강제인지란 혼외자와 그 직계비속 또는 법정대리인이 부 또는 모를 상대로 하여 인지청구의 소를 제기하여 가정법원의 판결을 얻어 인지되는 것을 의미한다.(제863조)
- 부가 임의로 인지하지 않는 경우 재판으로 인지를 강제하는 것이다.

2. 인지청구의 소의 법적성질

- 부에 대한 소송은 형성의 소이다.
- 모에 대한 소송은 확인의 소이다.
- 기아와 같은 특수한 경우를 제외하고는 혼인의 생모자 관계는 분만하였다는 사실로써 명백한 것이며 생부의 혼인외의 출생자에 대한 인지가 형성적인 것에 대하여 생모의 혼인외의 출생자에 대한 인지는 확인적인 것인 점을 고려하면 혼인외의 출생자와 생모간에는 그 생모의 인지나 출생신고를 기다리지 아니하고 자의출생으로 당연히 법률상의 친족관계가 생긴다.(대판 1967. 10. 4, 67다1791)

3. 당사자

(1) 청구권자

- 자와 직계비속 또는 법정대리인은 본소를 제기할 수 있다.
- 가족관계등록부상 타인들 사이의 친생자로 허위등재되어 있다 하더라도 그 자는 실부모를 상대로 인지청구의 소를 제기할 수 있으며, 그 인지를 구하기 전에 먼저 가족관계등록부상 부모로 기재되어 있는 사람을 상대로 친자관계부존재 확인의 소를 제기하여야 하는 것이 아니다.(대판 1981. 12. 22, 80므103)
- 민법 제844조의 친생추정을 받는 자는 친생부인의 소에 의하여 그 친생추정을 깨뜨리지 않고서는 다른 사람을 상대로 인지청구를 할 수 없으나, 가족관계등록부상의 부모의 혼인중의 자로 등재되어 있는 자라 하더라도 그의 생부모가 가족관계등록부상의 부모와 다른 사실이 객관적으로 명백한 경우에는 그 친생추정이 미치지 아니하므로, 그와 같은 경우에는 곧바로 생부모를 상대로 인지청구를 할 수 있다.(대판 2000. 1. 28, 99므1817)

(2) 상대방

- 부 또는 모 - 부 또는 모가 상대방이 된다.
- 검사 - 부 또는 모가 사망한 경우에는 검사가 상대방이 된다.
- 부가 사망한 경우에는 그 사망을 안 날로부터 1년 이내에 검사를 상대로 인지청구의 소를 제기하여야 하고, 생모가 혼인외 출생자를 상대로 혼인외 출생자와 사망한 부 사이의 친생자관계존재확인의 구하는 소는 허용될 수 없다.(대판 1997. 2. 14, 96므738)
- 신분상의 법률행위는 본인의 의사결정을 존중하여 대리를 허용하지 않으나 인지청구의 소송에 있어서 상대방이 의사무능력자이기 때문에 법정대리인이 대리하지 않는 한 소송을 할 수 없는 경우에는 **법정대리인의 대리를 인정하여야 할 것**이며, 이 같은 경우에 법정대리인이 없거나 대리권을 행할 수 없는 때에는 당사자는 민사소송법 제58조의 규정에 의해 특별대리인을 신청할 수 있다 할 것이다.(대결 1984. 5. 30, 자 84스12)
- 죽은 아버지를 상대로 인지청구를 할 경우에는 검사를 상대로 하여 그 소를 제기하여아 하고, 생모를 상대로 하여 제기하여서는 안 된다.(대판 1965. 7. 6, 65므27·28)

4. 제소기간

- 부 또는 모가 생존하는 경우 언제든지 가능하다. 즉 제척기간이 없다.
- 부 또는 모가 사망한 경우 이를 안 날로부터 2년 이내에 한하여 소를 제기할 수 있다.(제864조) 이 때 제소기간의 기산점이 '사망을 안 날'은 사망이라는 객관적 사실을 아는 것을 의미하고, 사망자와 친생자관계에 있다는 사실까지 알아야 하는 것은 아니라고 해석함이 타당하다는 것이 판례의 태도이다. (대판 2015.2.12., 2014므4871)

5. 심리절차

- 조정전치 - 가정법원에 조정을 우선 신청하여야 한다.
- 조정이 성립되면 재판상화해와 동일한 효력이 발생하므로 1월 이내에 조정을 신청한 자가 그 조정조서를 첨부하여 인지신고를 하여야 한다.
- 이 때의 인지신고는 보고적 신고이다.

6. 인지청구의 포기

- 인지청구권을 포기할 수 없으며, 포기하였다고 하더라도 그 포기는 무효이다.(대판 1999. 10. 8, 98므1698)
- 인지청구권은 본인의 일신 전속적인 신분관계상의 권리로서 포기할 수 없고 포기하였다 하더라도 그 효력이 발생할 수 없는 것이므로 비록 인지청구권을 포기하기로 하는 화해가 재판상 이루어지고 그것이 화해조항에 표시되었다 할지라도 동 화해는 그 효력이 없다.(대판 1987. 1. 20, 85므70)

Ⅳ. 인지의 허가 청구

1. 의의

- 혼인관계가 종료된 날부터 300일 이내에 출생한 자녀에 대해서 생부는 가정법원에 인지의 허가 청구를 통해 자신의 자녀임을 증명하여 자녀의 출생신고를 직접 할 수 있는 제도이다.
- 혼인관계가 종료된 날부터 300일 이내에 출생한 자녀는 친생추정을 받게 되어,(제844조 제3항) 친생부인의 소를 통해서 친생이 부인된 후에야 비로소 생부가 인지를 할 수 있었다. 하지만 위 기간에 태어난 자녀가 아직 혼인 중의 출생자로 출생신고 되지 않는 경우에는 친생부인의 소가 아니라 생부가 가정법원의 허가를 받아 친생추정을 배제할 수 있다.(제855조의2) 이로써

생부는 간이한 방법으로 자신의 자녀에 대하여 출생신고를 할 수 있게 되었다는데 의의가 있다.

2. 인지의 허가 청구

- 생부는 인지의 허가를 청구할 수 있고, 청구의 시기에는 제한이 없다.
- 생부는 친생부인의 소를 제기할 수 있는 청구권자의 범위에 포함되지 않았기 때문에 친생부인권자의 청구에 의해서 친생추정이 배제되지 않는 한 자신의 자녀에 대해서 인지할 수 없었던 한계를 극복하게 되었다는 것에 의의가 있다.

3. 인지 허가 대상이 되는 자녀

- 혼인관계가 종료된 날부터 300일 이내에 출생하였으나 아직 혼인 중의 출생자로 출생신고가 이루어지지 않은 자녀가 그 대상이 된다.
- 혼인관계가 종료된 날부터 300일 이내에 출생한 자녀는 친생추정의 조항(제844조 제3항)에 따라 친생추정을 받는 것이 원칙이다.
- 그러나 위 친생추정을 받는 기간에 태어난 자라고 하더라도 아직 혼인 중의 출생자로 출생신고가 이루어지지 않았다면 친생부인의 소를 통해서 친자관계가 해소되지 않는 경우라고 하더라도 생부는 인지허가를 받을 수 있다.(제855조의2)
- 따라서 위 친생추정을 받는 기간에 태어난 자가 혼인 중의 출생자로 신고된 경우에는 친생부인의 소에 의해서 친자관계가 해소된 후에 비로소 생부는 인지를 할 수 있게 된다.

4. 가정법원의 허가

- 인지의 허가 청구가 있는 경우에 가정법원은 혈액채취에 의한 혈액형의 검

사, 유전인자의 검사 등과학적 방법에 따른 검사결과 또는 자기간의 별거 등 그 밖의 사정을 고려하여 허가 여부를 정하면 된다.(제855조의2 제2항)
- 가정법원의 인지의 허가는 가시비송사건 절차에 따른다.

5. 인지의 허가의 효력

- 인지의 허가로 인하여 친생이 부인되는 것은 아니기 때문에, 인지의 허가 청구에 따라 인지 허가를 받은 생부가 가족관계의 등록 등에 관한 법률 제57조 제1항에 따라 출생신고를 한 경우에는 친생추정의 효력이 배제되고,(제855조의2 제3항) 그 신고는 인지의 효력을 갖게 된다.(가족관계의 등록 등에 관한 법률 제57조 제1항)

V. 인지의 효과

1. 소급효

- 임의인지 - 인지신고가 수리되거나 유언자의 사망으로 子의 출생시에 소급하여 효력이 발생한다.
- 강제인지 - 인지판결이 확정된 때, 그 子의 출생시에 소급하여 효력이 발생한다.
- 소급효로 인하여 제3자가 이미 취득한 권리를 해하지 못한다.

2. 친권자

- 인지로 인하여 법률상 친자관계가 발생한다. 그러나 혼인 중의 출생자가 되는 것은 아니다.
- 임의인지 - 인지되면 부모의 협의로 친권자를 정하여야 한다. 다만, 부모의 협의가 자(子)의 복리에 반하는 경우에는 가정법원은 보정을 명하거나 직권

으로 친권자를 정한다. 협의가 이루어지지 않거나 협의를 할 수 없는 경우에는 당사자는 가정법원에 그 지정을 청구하여야 한다.(제909조 제4항)
- 강제인지 - 가정법원이 인지청구의 소에 대해 재판하는 경우에는 직권으로 친권자를 정한다.(제909조 제5항)

3. 부양

- 인지된 자에 대해서 부는 출생한 때로부터 부양의무를 진다.
- 부양료는 그 부모의 자력에 따라서 분담한다.
- 생모는 생부가 자녀 출생 후 인지하기까지 체당한 부양료에 대하여 부당이득반환을 청구할 수 있다.
- 부모의 자녀양육의무는 특별한 사정이 없는 한 자녀의 출생과 동시에 발생하는 것이므로 과거의 양육비에 대하여도 상대방이 분담함이 상당하다고 인정되는 경우에는 그 비용의 상환을 청구할 수 있다.(대결 1994. 5. 13, 자 92스21 전원합의체)
- 제3자인 원고가 피고의 혼인외 출생자를 양육 및 교육하면서 그 비용을 지출하였다고 하여도 피고가 동 혼인외 출생자를 인지하거나 부모의 결혼으로 그 혼인중의 출생자로 간주되지 않는 한 실부인 피고는 동 혼인외 출생자를 부양할 법률상 의무는 없으므로 피고가 원고의 위 행위로 인하여 부당이득을 하였다거나 원고가 피고의 사무를 관리하였다고 볼 수 없다.(대판 1981. 5. 26, 80다2515)

4. 상속

- 인지된 자는 출생시에 소급하여 상속권을 갖는다.
- 혼인 외의 출생자가 부의 사망 후에 인지의 소에 의하여 친생자로 인지받은 경우 피인지자보다 후순위 상속인인 피상속인의 직계존속 또는 형제자매 등은 피인지자의 출현과 함께 자신이 취득한 상속권을 소급하여 잃게 되는

것으로 보아야 하고, 그것이 민법 제860조 단서의 규정에 따라 인지의 소급효 제한에 의하여 보호받게 되는 제3자의 기득권에 포함된다고는 볼 수 없다.(대판 1993. 3. 12, 92다48512)
- 상속개시 후의 인지 또는 재판의 확정에 의하여 공동상속인이 된 사람이 민법 제1014조에 따라 그 상속분에 상당한 가액의 지급을 소송으로 청구하는 경우 상속재산의 가액은 사실심 변론종결 당시의 시가를 기준으로 산정하여야 한다.(대판 2002. 11. 26, 2002므1398)

5. 성과 본

- 혼인외의 출생자가 인지된 경우 자는 부모의 협의에 따라 종전의 성과 본을 계속 사용할 수 있다.
- 다만, 부모가 협의할 수 없거나 협의가 이루어지지 아니한 경우에는 자는 법원의 허가를 받아 종전의 성과 본을 계속 사용할 수 있다.(제781조 제5항)

6. 양육내용

- 자가 인지된 경우에 자의 양육과 면접교섭에 대해서는 제837조와 제837조의2를 준용한다.(제864조의2)

준정

Ⅰ. 의의

- 준정이란 법률상 혼인관계가 없는 부모 사이에서 출생한 자가 그 부모의 혼인을 원인으로 하여 혼인 중의 출생자의 신분을 취득하는 것을 의미한다. (제855조 제2항)

Ⅱ. 종류

1. 혼인에 의한 준정

- 혼인 전에 출생하여 부의 인지를 받고 있던 자는 부모의 혼인으로 준정이 된다.

2. 혼인 중의 준정

- 혼인 전에 출생한 자가 부의 인지를 받기 전에 부모가 혼인한 때, 부의 인지에 의하여 준정이 된다.

3. 혼인해소 후의 준정

- 혼인 외의 출생자가 부모의 혼인 중에 인지되지 않고 있다가 혼인이 해소된 후에 비로소 인지를 받았다고 하더라도 생부의 인지 신고시에 준정이 된다.

4. 사망한 자의 준정

- 피인지자가 사망한 경우에도 혼인에 의한 준정, 혼인 중의 준정, 혼인해소 후의 준정이 인정된다.

III. 효과

- 혼인 외의 출생자는 준정으로 인하여 부모가 혼인한 때로부터 혼인 중 출생자의 신분을 취득한다.
- 준정에 의한 혼인 중의 자는 친생추정을 받지 못한다.
- 소급효가 인정되지 않는다.

친생자관계존부확인의 소

Ⅰ. 의의

- 친생자관계존부확인의 소란 특정인 사이의 법률상 친생자관계존부의 확인을 구하는 소를 의미한다.
- **보충적 지위** - 부를 정하는 소, 친생부인의 소, 인지에 대한 이의의 소 및 인지청구의 소(형성의 소)를 통하여 친생자관계를 결정할 수 없는 경우에 보충적으로 제기할 수 있는 소이다.(제865조)
- **확인의 소** - 사실관계가 소송의 목적이 될 수 없다. 즉, 부와 자 사이에 사실상의 친생자관계가 존재하는 것을 근거로 가족관계등록부 기재 내지 가족관계등록부 정정을 구하는 것은 이 소로 할 수 없다. 그러한 것은 부를 정하는 소 내지 인지청구의 소 등에 의하여 목적을 달성할 수 있다.

Ⅱ. 요건

1. 허위의 출생신고를 한 경우

- 혼인외의 자를 인지신고 대신에 출생신고한 경우 친생자관계존부확인의 소를 제기할 수 있다.
- 부가 혼인외의 자에 대하여 친생자 출생신고를 한 때에는 그 신고는 인지의

효력이 있는 것으로 규정되어 있으나, 그 신고가 인지신고가 아니라 출생신고인 이상 그와 같은 신고로 인한 친자관계의 외관을 배제하고자 하는 때에도 인지에 관련된 소송이 아니라 친생자관계부존재확인의 소를 제기하여야 한다.(대판 1993. 7. 27, 91므306)

2. 친생추정을 받지 않는 혼인 중의 자의 경우

- 친생추정을 받지 않는 혼인 중의 자, 즉 혼인 성립 후 200일 이내에 출생한 자와 친자관계를 부인하기 위해서는 친생자관계존부확인의 소를 제기하여야 한다.

3. 부부가 사실상 동거하지 않는 상태에서 자가 포태된 경우

- 부부의 혼인 중 포태된 자로 되어 있어 친생추정을 받는다고 하더라도 부부가 사실상 동거하지 않는 상태에서 자가 포태되었다면 친생추정을 받지 않으므로 친생자관계존부확인의 소를 제기하여 친자관계를 부정할 수 있다. (대판 1983. 7. 12, 82므59)

4. 다른 사람의 친자로 등기되어 있는 경우

- 친부모가 아닌 타인의 친자로 가족관계등록부에 기재되어 있는 경우에는 친부모가 친생자관계존부확인청구를 통하여 자와의 사이에 친자관계가 존재함을 주장할 수 있다.

5. 허위의 친생자출생신고가 입양의 효력을 갖는 경우

- 양친 부부 중 일방이 사망한 후 생존하는 다른 일방이 사망한 일방과 양자 사이의 양친자관계의 해소를 위한 재판상 파양에 갈음하는 친생자관계부존재확인의 소는 허용되지 않는다.(대판(전) 2001. 5. 24, 2000므1493)

· 참고

- 입양신고에 갈음하는 친생자출생신고에 입양의 효력이 인정되더라도 그 후 당사자 간에 친생자관계부존재확인의 확정판결이 있으면 그 확정일 이후부터는 양친자관계의 존재를 주장할 수 없다.(대판 1993. 2. 23. 92다51969)

- 허위의 친생자출생신고가 인지의 효력을 갖는 경우 인지에 관한 소가 아니라 친생자관계부존재확인의 소를 통해서 해소한다.

Ⅲ. 당사자

1. 청구권자

- 부를 정하는 소, 친생부인의 소, 인지에 대한 이의의 소, 인지청구의 소의 규정에 의하여 소를 제기할 수 있는 자이어야 한다.
- 민법 제777조 소정의 친족은 특단의 사정이 없는 한, 그와 같은 신분관계를 가졌다는 사실만으로써 당연히 친자관계존부 확인의 소를 제기할 소송상의 이익이 있다.(대판 1981. 10. 13, 80므60)
- 청구권자는 법이 정한 범주에 속하는 사람 중에서 확인의 이익이 인정되는 자이어야 한다.
- 확인의 이익이란 이 소에 의하여 친자관계를 즉시 확정하는 것이 자신의 신분관계에 대한 위험 내지 불안을 제거하는 필요 적절한 것이어야 한다는 것이다.

2. 상대방

- 부모가 이 소를 제기한 경우 - 그 자가 상대방이 된다.
- 자가 이 소를 제기한 경우 - 생존 중인 부모가 상대방이 된다.
- 이해관계인 제3자가 이 소를 제기한 경우 - 부모 및 자 모두를 상대방으로 한다.

- 상대방으로 될 자 중 일방이 사망한 경우에는 생존자를 상대방으로 하고, 모두 사망한 경우에는 검사를 상대방으로 한다.

IV. 제척기간

- 확인의 이익이 인정되는 한 언제든지 소제기가 가능하다.
- 원칙적으로 제척기간은 없으나 당사자 일방이 사망한 때에는 사망을 안 때로부터 2년 내에 검사를 상대로 소를 제기할 수 있다.

V. 판결의 효력

- 조정대상이 아니므로 조정이나 재판상 화해가 성립되더라도 효력이 있을 수 없다.(대판 1999. 10. 8, 98므1698)
- 판결이 확정되면 그 내용에 따라 친자관계의 존부가 결정된다.
- 확정된 판결은 제3자에게도 그 효력이 미친다.
- 친생부인의 소로써 다루어야 할 것을 친생자관계부존재확인의 소로서 다투어, 이것이 인정된 경우에도 당연무효라고 할 수는 없는 것이어서, 친생자로서의 추정의 효력은 사라져 버린다.(대판 1992. 7. 24, 91므566)
- 생부의 인지 없이 생모에 의해 임의로 생부의 친생자로 출생신고 되었다는 것을 이유로 한 인지무효확인의 확정심판은 생부 스스로 子를 그의 친생자로 인정하여 출생신고를 한 바 없는데도 생모에 의해 그러한 행위를 한 것처럼 호적상 기재가 되어 있으니 그 출생신고에 의한 임의 인지가 무효임을 확인한다는 것이 심판대상임이 명백하고, 따라서 그 기판력 역시 생부의 출생신고에 의한 임의 인지가 무효라는 점에 한하여 발생할 뿐이며, 나아가 생부와 子 사이에 친생자관계가 존재하는지의 여부에 대해서까지 그 확정심판의 효력이 미치는 것은 아니므로, 그 확정심판의 효력은 子와 생부 사이에 친생자관계가 존재함을 전제로 하여 재판상 인지를 구하는 청구에는 미치지 아니한다.(대판 1999.10.08, 98므1698)

인공수정자

Ⅰ. 의의

- 남녀 간의 성적 결합이 아닌 인위적인 방법을 통해서 수정되는 것을 인공수정이라고 한다.
- 인공수정을 통해서 출생한 자를 인공수정자라 한다.

Ⅱ. 종류

- AIH (Artificial Insemination by Husband)
  - 처가 남편의 정액을 이용해서 수정하는 경우
- AID (Artificial Insemination by Donor)
  - 처가 제3자의 정액으로 수정하는 경우
  - 독신여성이 제3자의 정액으로 수정하는 경우
- CAI (Combined Artificial Insemination)
  - 남편과 제3자의 정액을 혼합하여 수정하는 경우
  - AIH와 동일하게 취급

Ⅲ. 인공수정자의 법적 지위

1. AIH와 CAI에 의한 인공수정자의 법적지위

· 법적 지위가 문제되지 않는다.

2. AID에 의한 인공수정자의 법적 지위

(1) 남편의 동의가 있었던 경우

· 혼인 중의 출생자로 된다.
· 동의가 있었으므로 친생부인의 소를 제기하지 못한다.

(2) 남편의 동의가 없었던 경우

· 1설 - 인공수정자는 친생추정을 받고 夫는 친생부인의 소를 통해서만 친자관계를 해소할 수 있다.
· 2설 - 친생추정을 받지 않으므로 친생자관계존부확인의 소를 통해서 친자관계를 확인할 수 있다.

(3) 독신 여성이 출산한 경우

· 혼인 외의 자가 된다.

Ⅳ. 인공수정자와 정자제공자와의 관계

· 인공수정자와 정자제공자간에는 자연혈연관계가 존재한다.
· 그렇다고 하더라도 임의인지나 강제인지가 허용되지는 않는다.(다수설)

V. 체외수정자

- 체외수정자란 정자와 난자를 체외에서 수정시켜 아내의 자궁에 착상하는 방법으로 출산된 자를 의미한다.
- 배우자간의 체외수정은 인공수정의 경우와 동일하기 때문에 법률상의 문제가 없다.

VI. 대리모출생자

- 대리모출생자란 타인의 체외수정란을 제3자인 여성의 자궁에 착상시켜 출생한 자를 의미한다.
- 대리모출생을 위해서 타인의 수정란을 자신의 자궁에 착상하여 출산한 것을 내용으로 하는 계약을 대리모계약이라고 하고 선량한 풍속 기타 사회질서에 반하므로 무효라고 할 것이다.
- 법률상 처가 있는 남자가 다른 여자와 사이에 아들을 낳아주면 경제적 대가를 지급할 것을 약정한 이른바 씨받이 계약은 공서양속에 반하는 법률행위로서 무효이다.(대구지법 1991.9.17. 선고 91가합8269 제6민사부판결)
- 대리모출생자는 출산주의에 따라 대리모의 子가 된다. 따라서 의뢰부부는 계약에 따른 子의 인도청구를 할 수 없고, 청구가 있더라도 대리모는 子의 인도의무를 부담하지 않는다.

입 양

Ⅰ. 양자의 의의

- 입양을 통해서 양부모와의 사이에 혈족으로 인정되는 관계가 발생한 자를 양자라고 한다.
- 친생자와 같은 지위를 가진다.

Ⅱ. 성립요건

- 입양이 성립하기 위해서는 입양을 하려는 양친과 양자가 되려는 자 사이의 가족법상의 계약에 의하여 성립한다.

1. 실질적 성립요건

(1) 양친

1) 입양의 의사가 있어야 한다.(제883조)
- 입양의 의사란 실질적으로 양친자관계를 발생시키려는 의사를 의미한다.
- 입양신고가 고소사건으로 인한 처벌 등을 모면하게 할 목적으로 가족관계 등록부상 형식적으로만 입양한 것처럼 가장하기로 하여 이루어진 것일 뿐

당사자 사이에 실제로 양친자로서의 신분적 생활관계를 형성한다는 의사의 합치는 없었던 것이라면, 이는 당사자 간에 입양의 합의가 없는 때에 해당하여 무효라고 보아야 할 것이다.(대판 1995. 9. 29, 94므1553)
- 입양의사에는 조건과 기한을 붙이지 못한다.
- 입양의사는 입양신고서 작성시 뿐만 아니라 수리시에도 계속 존재하여야 한다.
- 사기나 강박에 의한 입양의 의사표시는 취소할 수 있다.

2) 성년자이어야 한다.

- 혼인여부와는 상관없으므로 미혼이더라도 양친이 될 수 있다.(제866조)
- 성년으로 의제된 자가 양친이 될 수 있는가에 대해서는 견해가 나뉘고 있다.
- 피성년후견인은 의사능력이 회복되어 있을 때 성년후견인의 동의를 얻어 양친이 될 수 있다.(제873조 제1항)
- 배우자있는 자는 - 부부가 공동으로 입양 하여야 한다.(제974조 제1항) 배우자 동의 없이 출생신고를 하거나 부부공동명의의 입양신고를 한 경우에는 그 배우자는 취소를 청구할 수 있다.(대판 1998. 5. 26. 97므25)

(2) 양자

1) 입양의 의사가 있어야 한다.(제883조)

2) 양친의 존속이거나 양친보다 연장자이어서는 안 된다.(제877조)

- 따라서 동갑은 관계없다.

3) 의사능력이 있어야 한다.

- 13세 이상 미성년자는
  - 의사표시 - 의사능력은 인정되지만 아직 미성년자이므로 법정대리인의 동의를 받아 스스로 입양을 승낙할 수 있도록 하고 있다.(제869조 제1항)
  - 법정대리인의 동의 또는 승낙 거부 - 가정법원은 법정대리인이 정당한 이유

없이 동의 또는 승낙을 거부하는 경우에는 그 동의나 승낙 없이 입양의 허가를 할 수 있다.(제869조 제3항 제1호) 이 경우 가정법원은 법정대리인을 심문하여야 한다.(제869조 제4항) 다만, 법정대리인이 친권자인 경우에는 제870조 제2항의 사유가 있어야 한다.

- 법정대리인의 소재를 알 수 없는 등의 사유로 인하여 동의 또는 승낙을 받을 수 없는 경우에는 그 동의나 승낙 없이도 가정법원은 입양의 허가를 할 수 있다.(제869조 제3항 제2호)
- 부모의 동의 불요- 부모가 혼인 중인 때에는 예외적인 사정이 없는 한 법정대리인(친권자)으로서 위의 동의를 하게 되므로, 이와 별도로 부모로서의 동의가 요구되지는 않는다.(제870조 제1항 제1호)
- 부모의 동의 필요- 부모가 이혼하여 부모의 일방이 친권자가 아닌 경우 법정대리인의 동의 외에 친권자가 아닌 일방 부모의 동의를 얻어야 한다.(제870조) 이는 부모가 알지 못하는 사이에 입양이 이루어져 부모의 권리가 부당하게 침해될 수 있기 때문이다.
- 부모의 동의 불요 - 부모가 친권상실의 선고를 받거나, 부모의 소재를 알 수 없는 등의 사유로 동의를 받을 수 없는 경우(제870조 제1항 제2호 제3호)에는 동의를 필요로 하지 않는다.(제870조 제3항)[9]
- 부모의 동의 거부 - 부모가 3년 이상 자녀에 대한 부양의무를 이행하지 않았거나, 부모가 자녀를 학대 또는 유기하거나 그 밖에 자녀의 복리를 현저히 해친 경우에는 부모가 동의를 거부하더라도 입양의 허가를 할 수 있다. 이 경우 가정법원은 부모를 심문하여야 한다.(제870조 제2항)
- 부모의 동의 철회 - 동의는 입양의 허가가 있기 전까지 철회할 수 있다.(제869조 제5항)

・13세 미만의 자는
  - 의사표시 - 의사능력이 없는 것으로 보아 법정대리인(친권자 또는 미성년

---

[9] 장기간 위탁가정에서 성장하여 위탁부모와의 사이에서 사실상의 친자관계가 형성된 위탁아동이나 아동보호시설에서 양육되고 있으면서 입양의 기회가 있는데도 부모의 입양동의가 없어서 입양되지 못하는 아동들이 입양될 수 있는 길을 마련하기 위해서 입법되었다. 법무부, 제3기 가족법개정 특별분과위원회 회의록, 2011, 489면.

후견인)이 대리하여 입양의 의사표시를 하도록 하고 있는데,(제869조 제2항) 이를 대낙입양이라 한다.
- 법정대리인의 동의 또는 승낙 거부 - 가정법원은 법정대리인이 정당한 이유 없이 동의 또는 승낙을 거부하는 경우에는 그 동의나 승낙 없이 입양의 허가를 할 수 있다.(제869조 제3항 제1호) 이 경우 가정법원은 법정대리인을 심문하여야 한다.(제869조 제4항) 다만, 법정대리인이 친권자인 경우에는 제870조 제2항의 사유가 있어야 한다.
- 법정대리인의 소재를 알 수 없는 등의 사유로 인하여 동의 또는 승낙을 받을 수 없는 경우에는 그 동의나 승낙 없이도 가정법원은 입양의 허가를 할 수 있다.(제869조 제3항 제2호)
- 부모의 동의 필요 - 부모가 공동친권자인 경우에는 부모가 공동으로 승낙하여야 한다. 그러나 이혼 등으로 인하여 부모 중 일방이 친권자인 경우에는 친권이 없는 일방의 부모의 동의를 얻어야 한다.(제870조 제1항)
- 부모의 동의 불요 - 부모가 친권자로서 승낙한 경우, 부모가 친권상실의 선고를 빋은 경우, 부모의 소새를 알 수 없는 등의 사유로 농의를 받을 수 없는 경우에는 동의를 요구하지 아니한다.(제870조 제1항 제2호 제3호)
- 부모의 동의 거부 - 부모가 3년 이상 자녀에 대한 부양의무를 이행하지 않았거나, 부모가 자녀를 학대 또는 유기하거나 그 밖에 자녀의 복리를 현저히 해친 경우에는 부모가 동의를 거부하더라도 입양의 허가를 할 수 있다. 이 경우 가정법원은 부모를 심문하여야 한다.(제870조 제2항)
- 승낙은 입양의 허가가 있기 전까지 철회할 수 있다.(제869조 제5항)
· 성년자는
- 의사표시 · 부모의 동의 - 본인이 입양의 의사표시를 하고, 부모의 동의를 얻어야 한다.(제871조 제1항 본문)
- 부모의 동의 불요 - 부모의 소재를 알 수 없는 등의 사유로 동의를 받을 수 없는 경우에는 동의를 필요로 하지 않는다.(제871조 제1항 단서)
- 부모의 동의를 갈음하는 심판 - 부모가 정당한 이유 없이 동의를 거부하는 경우[10]에 양부모가 될 사람이나 양자가 될 사람의 청구에 따라 부모의

동의를 갈음하는 심판을 할 수 있다. 이 경우 가정법원은 부모를 심문하여야 한다.(제871조 제2항)[11]

- 피성년후견인
  - 의사표시 - 의사능력이 회복되어 있을 때 자신이 입양의 의사표시를 한다.
  - 성년후견인의 동의 - 피성년후견인은 성년후견인의 동의를 받아 입양을 할 수 있고 양자가 될 수 있다.(제873조 제1항)
  - 피성년후견인이 입양을 하는 경우 양자는 미성년, 성년을 구분하지 않는다.
  - 성년후견인 동의·부모의 동의 불요 - 가정법원은 성년후견인이 정당한 이유 없이 동의를 거부하거나 피성년후견인의 부모가 정당한 이유 없이 동의를 거부하는 경우에 그 동의가 없어도 입양을 허가할 수 있다. 이 경우 가정법원은 성년후견인 또는 부모를 심문하여야 한다.(제873조 제3항)
- 배우자있는 자 - 그 배우자의 동의를 얻어야 한다.(제874조 제2항)

양자	승낙과 동의
13세 미만	법정대리인(부모 또는 미성년후견인) 대체 승낙 + 부모동의 + 가정법원의 허가
13세 이상 성년미만	본인 승낙(법정대리인 동의) + 부모동의 + 가정법원의 허가
성년자	본인 승낙 + 부모동의(없으면 스스로 결정)
피성년후견인	본인 승낙(의사능력 회복시) + 성년후견인의 동의 + 부모동의 + 가정법원의 허가
배우자있는 자	본인 승낙 + 타방 배우자의 동의

---

10) 정당한 이유 없는 부모의 동의거부는 권리남용에 해당하므로(예컨대, 자녀가 미성년자인 동안에 양육의무를 이행하지 않은 경우 등), 이런 때에는 부모의 동의에 갈음하는 법원의 심판을 통하여 부모의 동의 없이 입양이 성립하도록 할 필요가 있다. 법무부, 앞의 책, 490면.

11) 성년자 입양의 경우에는 가정법원의 허가를 요하지 않으므로, 가정법원이 부모의 동의 없이 곧바로 입양을 허가하는 것은 불가능하기 때문에 청구가 있는 경우 가정법원이 부모의 동의를 갈음하는 심판을 하여 부모의 동의를 대체하려는 것이다. 법무부, 앞의 책, 490면.

(3) 가정법원의 허가

- 미성년자를 입양하려는 사람은 반드시 가정법원의 허가를 받아야 한다.(제867조 제1항)
- 성년이 양자가 되는 경우에는 가정법원의 허가를 필요로 하지 않는다.
- 피성년후견인이 입양을 하거나 양자가 되는 경우에는 가정법원의 허가를 받아야 한다.(제873조 제2항)
- 가정법원은 미성년자의 입양이 다른 성립 요건을 갖추었다고 하더라도 양자가 될 미성년자의 복리를 위하여 그 양육 상황, 입양의 동기, 양부모의 양육능력, 그 밖의 사정을 고려하여 입양을 허가하지 않을 수 있다.(제867조 제2항) 이는 가장입양으로 인한 폐해를 사전에 예방하기 위해서이다.

1) 미성년자 입양시 법정대리인의 승낙 또는 동의 면제 요건

- 일정한 경우 가정법원은 법정대리인의 승낙이나 동의권자의 동의 없이도 입양의 허가를 할 수 있다.(제869조 제3항)
  - 법정대리인이 정당한 이유 없이 동의 또는 승낙을 거부하는 경우(제869조 제3항 제1호 본문) 이 경우 가정법원은 법정대리인을 심문하여야 한다.(제869조 제4항)
  - 법정대리인이 친권자인 경우에는 3년 이상 자녀에 대한 부양의무를 이행하지 아니한 경우나 자녀를 학대 또는 유기하거나 그 밖에 자녀의 복리를 현저히 해친 경우(제869조 제3항 제1호 단서)
  - 법정대리인의 소재를 알 수 없는 등의 사유로 동의 또는 승낙을 받을 수 없는 경우(제869조 제3항 제2호)

2) 미성년자 입양시 부모의 동의 면제 요건

- 일정한 경우 가정법원은 부모가 동의를 거부하더라도 입양의 허가를 할 수 있다.(제870조 제1항, 제2항)
  - 부모가 법정대리인으로서 양자의 의사표시를 승낙하거나 동의한 경우(제

870조 제1항 제1호)
- 부모가 친권상실의 선고를 받은 경우(제870조 제1항 제2호)
- 부모의 소재를 알 수 없는 등의 사유로 동의를 받을 수 없는 경우(제870조 제1항 제3호)
- 부모가 3년 이상 자녀에 대한 부양의무를 이행하지 아니하였음에도 불구하고 동의를 거부하는 경우(제870조 제2항 제1호) 이 경우 가정법원은 부모를 심문하여야 한다.(제870조 제2항)
- 부모가 자녀를 학대 또는 유기하거나 그 밖에 자녀의 복리를 현저히 해침에도 불구하고 동의를 거부하는 경우(제870조 제2항 제2호) 이 경우 가정법원은 부모를 심문하여야 한다.(제870조 제2항)

3) 피성년후견인의 입양시 법정대리인 또는 부모의 동의 면제 요건

· 성년후견인이 정당한 이유 없이 제873조 제1항에 따른 동의를 거부하거나 피성년후견인의 부모가 정당한 이유 없이 제871조 제1항에 따른 동의를 거부하는 경우에는 그 동의가 없어도 입양을 허가할 수 있다.(제873조 제3항)

2. 형식적 성립요건

· 입양신고 - 입양은 가족관계의 등록 등에 관한 법률이 정한 대로 신고하여야 한다. 이 신고는 창설적 신고이다.
· 신고서 수리 - 입양신고가 실질적 요건(제866조, 제867조, 제869조부터 제871조까지, 제873조, 제874조, 제877조)을 갖추고 기타 법령에 위반함이 없을 때에는 이를 수리하여야 한다.(제881조)
· 외국에서 입양 신고 - 외국에 주재하는 대사, 공사 또는 영사에게 신고할 수 있다.

3. 허위의 출생신고에 의한 입양의 성립

- 당사자 사이에 양친자 관계를 창설하려는 명백한 의사가 있고 기타 입양의 성립요건이 모두 구비된 경우에는 요식성을 갖춘 입양신고 대신 친생자 출생신고가 있다 하더라도 입양의 효력이 있다.(대판 1977. 7. 26, 77다492 전원합의체판결)

- 친생자 출생신고 당시 입양의 실질적 요건을 갖추지 못하여 입양신고로서의 효력이 생기지 아니하였더라도 그 후에 입양의 실질적 요건을 갖추게 된 경우에는 무효인 친생자 출생신고는 소급적으로 입양신고로서의 효력을 갖게 된다.(대판 2000. 6. 9, 99므1633,1640)

- 친생자로 출생신고를 한 것이 입양신고로서의 기능을 발휘하여 입양의 효력이 발생하였다면 파양에 의하여 양친자관계를 해소할 필요가 있는 등의 특별한 사정이 없는 한, 호적의 기재를 말소하여 법률상 친자관계의 존재를 부정하게 되는 친생자관계부존재확인의 소는 확인의 이익이 없는 것으로서 부적법하다. 따라서 「각하」하여야 한다.(대판 1994. 5. 24, 93므119 전원합의체)

- 허위의 친생자출생신고에 의한 입양이 유효한 경우에도 자는 생부를 상대로 인지청구를 할 수 있다는 것이 판례의 태도이다.(대판 2000. 1. 28, 99므1817)

- 친생자가 아닌 자와 부자관계를 맺기 위하여 입양신고를 하지 아니하고 이에 갈음하여 친생자로서 출생신고를 한 경우 그 신고에 의하여 그들 사이에 친생자관계가 발생하지는 아니한다 하더라도 법률상 친자관계의 존재를 공시하는 입양신고의 기능은 발휘한다고 보아야 할 것이므로 이러한 친자관계를 말소시키기 위하여는 그들 사이에 파양의 원인이 있음을 주장하여 호적을 입양으로 정정한 뒤 파양의 기재를 하여야 하고 호적부의 기재가 허위라는 이유를 들어 곧바로 친생자관계부존재확인의 소를 제기할 수는 없다. (광주지법 목포지원 1989. 6. 2, 88드3307 가사부심판)

III. 입양의 효과

1. 법정혈족관계 발생

- 양자는 입양된 때로부터 양부모의 친생자와 같은 지위를 취득하게 된다.(제882조의 2 제1항)
- 법정혈족으로서 친자관계가 발생하며 서로 부양·상속관계가 생긴다.
- 양자가 미성년자인 경우 친생부모의 친권을 벗어나 양친의 친권에 복종하게 된다.
- 양부모가 모두 사망하였으나 양자가 미성년자일 경우 후견이 개시되는 것이 아니라 친생부모 일방 또는 쌍방을 친권자로 지정할 것을 청구할 수 있게 된다.(제909조의2 제2항)
- 양자와 친생부모 사이의 부양·상속관계는 유지된다.
- 양자와 양부모 및 그 혈족과 인척 사이의 친계와 촌수는 입양한 때로부터 친생자와 동일한 것으로 본다.
- 양자의 배우자·직계비속과 그 배우자는 양자의 친계를 기준으로 촌수를 정하게 된다.

2. 異姓養子의 姓

- 명문규정은 없으나 이성양자의 경우에 입양에 의해 양자의 성이 변경되지 않는다는 것이 원칙이다. 다만, 양자의 성본변경이 양자의 복리를 위하여 바람직하지 않은 경우에는 양자는 양부모의 동의를 받아 입양전의 성과 본을 유지할 수 있다.
- 입양특례법에 따른 양자의 경우에는 양친의 희망에 따라서 양친의 성과 본을 따를 수 있도록 하고 있다.(입양특례법 제8조 제1항)
- 파양된 경우에는 본래의 성과 본을 회복할 수 있다.

입양의 무효와 취소

I. 입양의 무효

1. 무효원인

(1) 당사자 간에 입양의 합의가 없는 경우(제883조 제1호)

- 당사자가 의사무능력자인 경우 입양은 무효이다.
- 진의 아닌 의사표시에 의한 입양, 통정한 허위표시에 의한 가장입양, 착오로 다른 사람을 입양한 경우 입양은 무효이다.
- 당사자들이 모르는 사이에 제3자가 한 입양은 무효이다.
- 입양의사를 철회한 후에 이루어진 입양은 무효이다.
- 조건부 입양은 무효이다.

(2) 존속이나 연장자를 입양한 경우

- 존속이나 연장자를 입양한 경우 그 입양은 무효이다.(제883조 제2호)
- 동갑이라도 그 입양은 유효하다.
- 양손입양(養孫入養) - 민법상 아무런 근거가 없는 양손입양은 강행법규인 신분법 규정에 위반되어 무효이다.(대판 1988. 3. 22, 87므105)

(3) 13세 미만인 자가 대낙권자의 승낙을 받지 않은 경우

- 13세 미만인 자가 대낙권자의 승낙을 받지 않은 입양은 무효이다.(제869조 제2항)
- 대낙권이 없는 자에 의한 대낙입양도 무효이다.

(4) 가정법원의 허가를 받지 못한 경우

- 미성년자를 입양하려는 사람이 가정법원의 허가를 받지 못한 경우(제883조 제2호) 입양은 무효이다.

2. 무효의 법적 성질

- 확인소송이라는 것이 판례와 통설이다. 따라서 무효 판결이 확정되기 전이라도 다른 소송이나 소송 외에서 그 입양이 무효라고 주장할 수 있다.

3. 입양무효확인의 소의 당사자

(1) 제소권자

- 입양 당사자, 법정대리인 또는 4촌 이내의 친족은 입양무효의 소를 제기할 수 있다.
- 입양무효확인청구의 당사자적격은 그 심판청구 당시에 존재하면 족하고, 입양신고 당시에도 존재하여야 하는 것은 아니다.(대판 1985. 12. 10, 85므28)

(2) 상대방

- 양친과 양자는 서로를 피고로 삼아 제소할 수 있으며 상대방이 사망한 때에는 검사를 상대로 소를 제기할 수 있다.

4. 무효의 효과

- 친족관계 소멸 - 입양으로 인하여 발생하였던 모든 친족관계는 소멸한다.
- 손해배상 - 귀책사유 있는 자에 대하여 재산상·정신상 손해배상을 청구할 수 있다.
- 상속재산 반환 - 양친의 사망으로 상속을 받았다고 하더라도 상속은 무효이므로 상속받은 재산은 부당이득이 되어 반환하여야 한다.

5. 무효인 입양의 추인

- 소급적 유효 - 입양이 무효임을 알면서 이를 추인한 경우 입양은 소급적으로 유효하게 된다.
- 추인에 의하여 형성된 양친자관계는 파양에 의하지 않고는 이를 해소시킬 수 없다.(대판 1997. 7. 11, 96므1151)
- 연장자나 존속을 입양한 경우에는 추인의 여지가 없다.
- 친생자 출생신고 당시 입양의 실질적 요건을 갖추지 못하여 입양신고로서의 효력이 생기지 아니하였더라도 그 후에 입양의 실질적 요건을 갖추게 된 경우에는 무효인 친생자 출생신고는 소급적으로 입양신고로서의 효력을 갖게 된다.(대판 2004. 11. 11, 2004므1484)

II. 입양의 취소

1. 취소원인

(1) 무효 이외의 입양요건을 결여한 경우

1) 성년이 아닌 자가 입양 한 경우(제866조)
- 취소권자 - 양부모, 양자와 그 법정대리인 또는 직계혈족이다.(제885조)

- 미성년자인 양부모가 성년이 되면 취소권은 소멸한다.(제889조)

2) 13세 이상의 미성년자가 법정대리인의 동의 없이 승낙한 경우(제869조 제1항)

- 취소권자 - 양자 또는 동의권자는 취소를 청구할 수 있다.(제886조)
- 취소권자인 양자가 성년에 달한 후 3월이 경과하였거나 사망한 때에는 이 사유로 취소를 청구하지 못한다.(제891조)

3) 미성년자가 법정대리인의 소재를 알 수 없는 등의 사유로 동의 또는 승낙을 받을 수 없는 경우(제869조 제3항 제2호)

- 법정대리인이 소재불명 등의 사유로 동의나 승낙을 할 수 없는 경우에는 가정법원은 법정대리인의 동의나 승낙 없이도 입양을 허가할 수 있는데, 실제로는 법정대리인이 소재불명 등의 상태에 있지 않아서 동의나 승낙을 할 수 있었는데도, 법원이 이를 알지 못하여 법정대리인이 동의 또는 승낙 없이 입양을 허가하였다면 이는 취소사유가 된다.
- 취소권자 - 양자 또는 동의권자는 취소를 청구할 수 있다.(제886조)
- 취소권자인 양자가 성년에 달한 후 3월이 경과하였거나 사망한 때에는 이 사유로 취소를 청구하지 못한다.(제891조)

4) 양자가 될 미성년자가 부모의 동의를 받지 않은 경우(제870조 제1항)

- 취소권자 - 양자나 동의권자가 취소권자이다.(제886조)
- 취소권자는 그 취소사유가 있음을 안 날로부터 6월, 취소사유가 있었던 날부터 1년이 지나면 취소를 청구하지 못한다.(제894조)

5) 양자가 될 성년자가 부모의 동의를 받지 않은 경우 (제871조 제1항)

- 취소권자 - 동의권자만 취소할 수 있고, 양자는 취소할 수 없다.(제886조)
- 취소권자는 그 취소사유가 있음을 안 날로부터 6월, 취소사유가 있었던 날부터 1년이 지나면 취소를 청구하지 못한다.(제894조)

- 취소권을 행사할 수 있는 기간 중에 양자가 사망하면 동의권자는 입양의 취소를 청구하지 못한다.(제891조 제2항)

6) 피성년후견인이 성년후견인의 동의 없이 입양을 하거나 양자가 된 경우 (제873조 제1항)

- 취소권자 - 피성년후견인이나 성년후견인이다.(제887조)
- 성년후견개시의 심판이 취소된 후 3개월이 지나면 취소를 청구하지 못한다.(제893조)
- 취소사유가 있음을 안 날부터 6월, 취소사유가 생긴 날부터 1년을 경과하면 취소권은 소멸한다.(제894조)

7) 배우자 있는 사람이 단독으로 입양하거나 배우자의 동의 없이 입양한 경우

- 취소권자 - 배우자(제888조)
- 배우자는 그 사유가 있음을 안 날로부터 6월, 그 사유가 있은 날로부터 1년을 경과하면 취소를 청구할 수 없다.(제894조)

(2) 입양 당시 양부모와 양자 중 어느 한쪽에게 악질이나 그 밖에 중대한 사유가 있음을 알지 못한 경우(제884조 제1항 제2호)

- 악질 기타 중대한 사유 - 불치의 정신병이나 성병, 알콜 중독, 상습절도의 습벽, 성불구 등
- 입양시에 장애자임을 알고 입양한 경우 - 취소사유가 아니다.
- 취소권자 - 양부모 또는 양자의 일방이 취소를 청구할 수 있다.(제896조)
- 취소권자는 그 사유가 있음을 안 날부터 6개월이 지나면 그 취소를 청구하지 못한다.(제896조)

(3) 사기 또는 강박으로 인하여 입양의 의사표시를 한 경우(제884조 제1항 제3호)
- 취소권자 - 입양 당시 사기나 강박으로 인하여 입양을 한 자
- 사기를 안 날 또는 강박을 면한 날로부터 3월을 경과한 때에는 그 취소를 청구하지 못한다.(제897조)

2. 취소의 방법

- 조정전치 - 조정을 우선하여야 한다.
- 조정이 이루어지지 않는 경우 취소청구권자가 가정법원에 입양취소청구의 소를 제기하여야 한다.
- 가정법원은 입양의 취소 청구가 있는 경우, 양자가 될 미성년자의 복리를 위하여 그 양육 상황, 입양의 동기, 양부모의 양육능력, 그 밖의 사정을 고려하여야 한다.(제884조 제2항)

취소 청구권자		상대방
양부모가 제기한 경우	양자	· 당사자 일방이 사망한 경우 생존자 · 당사자 모두 사망한 경우 검사
양자가 제기한 경우	양부모	
양부모 이외의 제3자가 제기한 경우	양부모 전원	

3. 입양취소의 효과

- 형성적 재판이므로 소급효가 없다.(제824조)
- 친족관계가 전부 소멸한다.
- 손해배상책임 - 당사자는 과실 있는 상대방에 대하여 재산상·정신상 손해배상을 청구할 수 있다.(제897조)
- 입양취소된 자가 미성년자일 경우 친생부모에게 친권이 부활하는 것이 아니라 친생부모 일방 또는 쌍방을 친권자로 지정할 것을 청구할 수 있게 된다.(제909조의2 제2항)

파양

I. 의의

- 파양이란 유효하게 성립한 입양을 해소시키는 법률행위를 의미한다.
- 당사자 일방이나 쌍방의 사망으로 입양관계가 해소되지는 않는다.
- 입양신고에 갈음하여 친생자출생신고를 한 경우에 친생자부존재확인청구는 허용되지 않고(대판 2001. 5. 24. 2000므1493 전원합의체), 원칙적으로 파양절차에 의해서만 양친자관계가 해소될 수 있다.

II. 협의상 파양

1. 의의

- 양부모와 양자 간에 입양을 해소하겠다는 의사의 합의로 파양되는 것을 협의상 파양이라고 한다.(제898조 본문)
- 당사자간의 합의만 있으면 되고, 특별한 사유를 필요로 하지 않는다.
- 다만, 양자가 미성년자 또는 피성년후견인인 경우에는 협의상 파양을 할 수 없다.(제898조 단서)

2. 요건

(1) 실질적 요건

1) 당사자 간에 파양의사의 합치가 있을 것

- 양부모 - 부부인 경우 공동으로 협의 파양의 일방 당사자가 된다. 부부의 일방이 사망하였거나 이혼 또는 파양의 의사를 표시하는 것이 불가능한 경우에는 단독으로 파양의 의사를 표시할 수 있다.
- 양자 - 양자에게 배우자가 있는 경우에는 배우자의 동의가 필요하다.
- 파양의 의사에는 조건이나 기한을 붙일 수 없다.
- 파양의 합의는 파양신고서 작성시 뿐만 아니라 수리시까지 존재하여야 한다.

2) 피성년후견인이 양부모인 경우 성년후견인의 동의를 얻을 것

- 피성년후견인인 양부모는 성년후견인의 동의를 받아서 파양을 협의할 수 있다.(제902조)

(2) 형식적 요건

- 파양은 가족관계의 등록 등에 관한 법률에 따라 신고하여야 효력이 발생한다.(제904조) 이때의 신고는 창설적 신고이다.
- 파양신고가 있는 때에는 가족관계의 등록사무를 관장하는 공무원은 형식적 심사를 하고 제898조나 제902조 그 밖의 법령에 따른 위반사항이 없으면 이를 수리하여야 한다.(제903조)

3. 협의상 파양의 무효와 취소

(1) 협의상 파양의 무효

- 협의상 파양의 무효에 관한 명문 규정은 없다.

- 의사무능력자의 파양행위·합의가 없는 파양·가장파양·당사자가 모르는 사이에 제3자가 한 파양·신고서가 수리되기 전에 파양의사를 철회한 파양은 무효이다.
- 파양이 무효로 되면 이는 당연무효이다. 따라서 다른 소송에서 선결문제로 주장할 수 있다.
- 소의 내용은 혼인무효 내지 이혼무효에 관한 내용과 같다.

(2) 협의상 파양의 취소

- 사기나 강박에 의한 파양은 사기 또는 강박을 당한 자가 가정법원에 그 취소를 청구할 수 있다.(제904조)
- 사기를 안 날 또는 강박을 면한 날로부터 3월을 경과한 때에는 그 취소를 청구하지 못한다.(제904조)
- 파양취소의 소의 절차는 혼인의 취소 또는 이혼취소의 경우와 같다.
- 소급효가 있다.

Ⅲ. 재판상 파양

1. 의의

- 재판상 파양이란 양부모나 양자의 어느 일방에게 법률에 정하여진 파양의 원인이 있는 경우 타방 당사자가 귀책사유 있는 일방을 상대로 소를 제기하여 법원의 판결로서 하는 파양을 의미한다.

2. 파양의 원인

(1) 양부모가 양자를 학대 또는 유기하거나 그밖에 양자의 복리를 현저히 해친 경우

(2) 양부모가 양자로부터 심히 부당한 대우를 받은 경우
(3) 양부모나 양자의 생사가 3년 이상 분명하지 아니한 경우
(4) 그밖에 양친자관계를 계속하기 어려운 중대한 사유가 있는 경우

3. 재판상 파양의 절차

(1) 절차

- 조정전치주의에 따라 조정절차가 선행한다.
- 조정이 성립되지 않으면 소송절차로 이행하게 된다.

(2) 소의 당사자

- 양부모와 양자에 한한다.
- 13세 미만인 양자
  - 다만 13세 미만인 양자가 재판상 파양을 할 경우에는 입양에 승낙을 한 사람이 양자를 갈음하여 파양을 청구할 수 있다.(제906조 제1항 본문)
  - 대낙권자가 파양을 청구할 수 없는 경우에는 제777조에 따른 양자의 친족이나 이해관계인[12])이 가정법원의 허가를 받아 파양을 청구할 수 있다.(제906조 제1항 단서)
- 13세 이상의 미성년자인 양자
  - 13세 이상의 미성년자가 소를 제기하는 경우 입양을 할 때 동의를 한 부모의 동의를 얻어서 소를 제기할 수 있다.(제906조 제2항 본문)
  - 다만 부모가 사망하거나 그 밖의 사유로 동의할 수 없는 경우에는 동의 없이 파양을 청구할 수 있다.(제906조 제2항 단서)

---

12) 이해관계인이란 주로 아동보호전문기관 등의 아동복지관련 기관을 상정한 것으로, 양자의 학대사례가 발생한 경우에는 아동학대예방전문기관인 아동보호전문기관이 개입하게 되는데, 아동보호전문기관이 파양이 필요하다고 판단하는 때에는 파양청구를 할 수 있도록 하자는 취지라고 한다. 법무부, 앞의 책, 494면.

- 피성년후견인
  - 양부모나 양자가 피성년후견인인 경우에는 성년후견인의 동의를 받아 파양을 청구할 수 있다.(제906조 제3항)
- 검사
  - 검사는 미성년자나 피성년후견인인 양자를 위하여 파양을 청구할 수 있다.(제906조 제4항)

4. 제소기간

- 양자가 3년 이상의 생사불명을 이유로 하는 파양은 언제든지 소를 제기할 수 있다. 그 이외에는 그 사유가 있음을 안 날로부터 6개월, 사유가 있었던 날부터 3년이 지나면 파양을 청구할 수 없다.(제907조)

Ⅳ. 파양의 효과

1. 협의상 파양과 재판상 파양에 공통한 효과

- 입양으로 발생한 친족관계는 파양으로 인하여 소멸한다.
- 그러나 6촌 이내의 양부모계의 혈족이었던 자와 4촌 이내의 양부모계의 인척이었던 자 사이에서는 혼인을 하지 못한다.
- 파양된 자가 미성년자일 경우 친생부모에게 친권이 부활하는 것이 아니라 친생부모 일방 또는 쌍방을 친권자로 지정할 것을 청구할 수 있게 된다.(제909조의2 제2항)

2. 재판상 파양에만 인정되는 효과

- 당사자 일방은 과실 있는 상대방에 대하여 재산상·정신상 손해배상을 청구할 수 있다.(제908조)

친양자

Ⅰ. 의의

- 친양자란 보통양자와는 달리 양친의 친생자와 동일한 지위를 갖게 되는 자를 의미한다.
- 종래의 양자제도는 그대로 유지하면서 양자의 복리를 더욱 증진시키기 위하여 양자와 양친과의 관계를 친생자 관계로 보아 종전의 친족관계를 종료시키고 양친과의 친족관계만을 인정하여 양친의 성과 본을 따르게 한다.
- 친양자도 그 기본은 양자이므로 민법에 특히 규정이 없는 경우에는 양자에 관한 규정이 준용된다.

Ⅱ. 친양자 입양의 방법

1. 입양의 청구

- 친양자를 입양하려는 사람은 가정법원에 친양자 입양을 청구하여야 한다. (제908조의2 제1항)
- 당사자 간의 합의에 의한 입양은 인정되지 않는다.

2. 입양의 요건

(1) 양부모

- 3년 이상 혼인을 계속한 부부는 공동으로 친양자를 입양할 수 있다.(제908조의2 제1항 제1호)
- 다만 1년 이상 혼인중인 부부의 일방이 그 배우자의 친생자를 친양자로 하는 경우에는 단독으로 입양할 수 있다.

(2) 친양자

- 미성년자 - 친양자가 될 사람은 미성년자이어야 한다.(제908조의2 제1항 제2호)
- 13세 이상 - 법정대리인의 동의를 받아 입양을 승낙하여야 한다.(제908조의2 제1항 제4호)
- 13세 미만 - 법정대리인이 그를 갈음하여 입양을 승낙하여야 한다.(제908조의2 제1항 제5호)

(3) 친생부모의 동의

- 친양자가 될 사람의 친생부모가 친양자 입양에 동의 하여야 한다.(제908조의2 제1항 제3호)
- 친양자 입양에 의하여 친생부모는 자와의 친자관계가 단절되므로 특히 중요한 요건이다.
- 다만 부모가 친권상실의 선고를 받거나 소재를 알 수 없거나 그 밖의 사유로 동의할 수 없는 경우에는 동의를 요하지 않는다.(제908조의2 제1항 제3호)

3. 친양자 입양의 허가

- 가정법원은 친양자로 될 자의 복리를 위하여 그 양육상황, 친양자 입양의

동기, 양친의 양육능력 그 밖의 사정을 고려하여 친양자 입양이 적당하지 아니하다고 인정되는 경우에는 친양자 입양청구를 기각할 수 있다.(제908조의2 제3항)
- 동의 또는 승낙 면제사유
  - 일정한 경우 동의 또는 승낙이 없더라도 가정법원은 청구를 인용할 수 있다. 이 경우 가정법원은 동의권자 또는 승낙권자를 심문하여야 한다.(제908조의2 2항)
  - 법정대리인이 정당한 이유 없이 동의 또는 승낙을 거부하는 경우
  - 법정대리인이 친권자인 경우 친생부모가 자신에게 책임 있는 사유로 3년 이상 자녀에 대한 부양의무를 이행하지 아니하고 면접교섭을 하지 않았음에도 불구하고 동의 또는 승낙을 거부하는 경우
  - 법정대리인이 친권자인 경우 친생부모가 자녀를 학대 또는 유기하거나 그밖에 자녀의 복리를 현저히 해친 경우

III. 친양자 입양의 효과

1. 친양자와 양부모의 관계

- 친양자는 양친의 혼인중의 출생자의 지위를 취득한다.(제908조의3 제1항)
- 따라서 친생자와 마찬가지의 친족관계가 발생한다.

(1) 양부모

- 친권을 갖는다.
- 양육에 관한 포괄적 권리의무를 진다.
- 부양과 상속에 대한 권리의무를 진다.

(2) 친양자

- 상속 및 부양에 대한 권리의무를 진다.
- 종래의 성과 본을 버리고, 양친의 친생자로서 양부의 성과 본을 따르게 된다.

2. 친생부모와 양자간의 관계

- 친양자는 친양자 입양이 확정된 때 친양자의 입양전의 친족관계가 소멸한다.(제908조의3 제2항)
- 친족관계, 부양, 상속에 관한 권리의무도 소멸한다.
- 다만 부부의 일방이 그 배우자의 친생자를 단독으로 입양한 경우에는 배우자 및 그 친족과 친생자 간의 관계는 단절되는 것이 아니다.(제908조의3 제2항)

Ⅳ. 친양자 입양의 취소

1. 취소원인

- 친양자로 될 사람의 친생의 아버지 또는 어머니는 자신에게 책임 없는 사유로 인하여 친권상실의 선고를 받거나 소재를 알 수 없거나 그 밖의 사유로 동의할 수 없었던 경우에 친양자 입양의 사실을 안 날로부터 6개월 안에 가정법원에 친양자 입양의 취소를 청구할 수 있다.(제908조의4 제1항)
- 입양의 무효에 관한 규정(제883조)은 적용하지 아니한다.
- 입양의 취소에 관한 규정(제884조)은 적용하지 아니한다.

2. 취소절차

- 친양자로 될 자의 친생 부 또는 모에게 취소사유가 있었을 때에는 친양자

입양의 사실을 안 날로부터 6월내에 가정법원에 입양의 취소를 청구할 수 있다.(제908조의4 제1항)
- 가정법원은 친양자로 될 자의 복리를 위하여 그 양육상황, 친양자 입양의 동기, 양친의 양육능력 그 밖의 사정을 고려하여 친양자 입양이 적당하지 아니하다고 인정되는 경우에는 친양자 입양청구를 기각할 수 있다.(제908조의6)

3. 친양자 입양의 취소의 효과

- 친양자의 입양의 취소로 친양자 관계는 소멸하고 입양전의 친족관계가 부활한다.(제908조의7 제1항)
- 소급효는 없다.(제908조의7 제2항)
- 양자가 미성년자일 경우 친생부모에게 친권이 부활하는 것이 아니라 친생부모 일방 또는 쌍방을 친권자로 지정을 청구할 수 있게 된다.(제909조의2 제2항)

V. 친양자의 파양

- 친양자를 파양하고자 하는 경우 협의파양은 할 수 없고, 일정한 경우 재판상 파양만 인정하고 있다.

1. 파양원인

(1) 양친이 친양자를 학대 또는 유기하거나 그밖에 친양자의 복리를 현저히 해하는 때(제908조의5 제1항 제1호)

(2) 친양자의 양친에 대한 패륜행위로 인하여 친양자 관계를 유지할 수 없게 된 때(제908조의5 제1항 제2호)

2. 파양절차

(1) 파양청구권자

- 양친, 친양자, 친생의 부 또는 모나 검사는 가정법원에 친양자의 파양을 청구할 수 있다.(제908조의5 제1항)
- 친양자의 파양에는 협의상 파양이나 재판상 파양에 관한 규정은 적용되지 않는다.(제908조의5 제2항)

(2) 파양의 심판

- 가정법원은 친양자의 양친에 대한 패륜행위를 이유로 파양청구가 있는 때에는 친양자로 될 자의 복리를 위하여 그 양육 상황, 친양자 입양의 동기, 양친의 양육능력 그 밖의 사정을 고려하여 파양하는 것이 적당하지 않다고 인정되는 경우에는 파양청구를 기각할 수 있다.(제908조의6)

(3) 파양의 효력

- 파양으로 친양자 관계는 해소된다.(제908조의7 제1항)
- 입양전의 친족관계는 부활한다.(제908조의7 제1항)
- 파양된 양자가 미성년자일 경우 친생부모에게 친권이 부활하는 것이 아니라 친생부모 일방 또는 쌍방을 친권자로 지정을 청구할 수 있게 된다.(제909조의2 제2항)

친 권

I. 서론

- 친권이란 부모가 자를 보호하고 교양하는 것과 자의 재산에 관한 권리의무를 포함하는 개념으로 의무의 성격을 갖는다.
- 친권을 행사하는 부 또는 모는 미성년자인 자의 법정대리인이 된다.(제911조)
- 친권을 행사할 때에는 자의 복리가 우선되어야 한다.(제912조 제1항) 따라서 친권자는 자신의 이익을 위하여 子의 이익을 침해할 수 없다.
- 가정법원이 친권자를 지정하는 경우에는 子의 복리를 우선적으로 고려하여야 한다.(제912조 제2항)
- 가정법원은 친권자를 지정하는 경우 관련 분야의 전문가나 사회복지기관으로부터 자문을 받을 수 있다.(제912조 제2항)

II. 친권의 당사자

1. 친권자

(1) 혼인 중의 자의 친권자

1) 원칙

- 부모가 공동으로 친권자가 된다.(제909조 제1항) 따라서 부모는 친권행사를

공동으로 하여야 한다. 친권행사를 공동으로 한다는 것은 의사결정을 공동으로 한다는 것을 의미한다.
- 부모의 의견이 일치하지 아니하는 경우에는 당사자의 청구에 의하여 가정법원이 이를 정한다.(제909조 제2항) 따라서 부모의 일방이 다른 일방의 동의를 얻지 않고 '단독명의'로 자를 대리하거나 자의 법률행위에 동의한 경우에 무권대리행위로서 적법한 추인이 없는 한 무효라는 견해가 있다.
- 부모가 공동으로 친권을 행사하는 경우 부모의 일방이 공동명의로 자를 대리하거나 자의 법률행위에 동의한 때에는 상대방이 악의인 때를 제외하고 다른 일방의 의사에 반하는 때에도 그 효력이 있다.(제920조의2)

2) 예외(부모 일방이 친권자가 되는 경우)

- 부모의 일방이 친권을 행사할 수 없을 때에는 다른 일방이 이를 행사한다.(제909조 제3항) 친권을 행사할 수 없을 때라 함은 사실상·법률상 행사불능인 경우를 모두 포함한다.
- 부모가 협의상 이혼을 하는 경우 부모이 협의로 친권자를 정하고, 협의할 수 없거나 협의가 이루어지지 않은 경우에는 당사자는 가정법원에 그 지정을 청구하여야 한다.(제909조 제4항)
- 부모의 협의가 자의 복리에 반하는 경우에는 가정법원은 보정을 명하거나 직권으로 친권자를 정한다.(제909조 제4항 단서)
- 혼인이 취소된 경우, 재판상 이혼의 경우에는 가정법원이 직권으로 친권자를 정하도록 하고 있다.(제909조 제5항)

3) 예외(단독 친권자로 정하여진 부모의 일방이 사망한 경우)

- 친권자 지정 청구
  - 단독 친권자로 정하여진 부모의 일방이 사망한 경우 생존하는 부 또는 모를 친권자로 지정할 것을 가정법원에 청구할 수 있다.(제909조의2 제1항)
  - 생존하는 부 또는 모, 미성년자, 미성년자의 친족은 그 사실을 안 날부터 1개월, 사망한 날부터 6개월 내에 청구하여야 한다.(제909조의2 제1항)

- 미성년후견인 선임 청구
  - 친권자 지정 청구 기간 내에 친권자 지정의 청구가 없을 때에는 가정법원은 직권으로 또는 미성년자, 미성년자의 친족, 이해관계인, 검사, 지방자치단체의 장의 청구에 의하여 미성년후견인을 선임할 수 있다.(제909조의2 제3항)
  - 이 경우 생존하는 부 또는 모, 친생부모 일방 또는 쌍방의 소재를 모르거나 그가 정당한 사유 없이 소환에 응하지 아니하는 경우를 제외하고 그에게 의견을 진술할 기회를 주어야 한다.(제909조의2 제3항)
- 청구의 기각
  - 친권자 지정 청구나 후견인의 선임 청구가 생존하는 부 또는 모, 친생부모 일방 또는 쌍방의 양육의사 및 양육능력, 청구 동기, 미성년자의 의사, 그 밖의 사정을 고려하여 미성년자의 복리를 위하여 적절하지 아니하다고 인정하면 청구를 기각할 수 있다.(제909조의2 제4항)
  - 이 경우 가정법원은 직권으로 미성년후견인을 선임하거나 생존하는 부 또는 모, 친생부모 일방 또는 쌍방을 친권자로 지정하여야 한다.(제909조의2 제4항)
- 선임된 미성년후견인의 변경
  - 미성년후견인이 선임된 경우라도 필요한 경우 생존하는 부 또는 모, 친생부모 일방 또는 쌍방, 미성년자의 청구에 의하여 후견을 종료하고 생존하는 부 또는 모, 친생부모 일방 또는 쌍방을 친권자로 지정할 수 있다.(제909조의2 제6항)
  - 선임된 미성년후견인을 변경하기 위해서는 미성년후견인 선임 후 양육상황이나 양육능력의 변동, 미성년자의 의사, 그 밖의 사정을 고려하여 미성년자의 복리를 위하여 필요하다고 인정되는 경우이어야 한다.(제909조의2 제6항)
- 임무대행자 선임
  - 가정법원은 일정한 사유가 있는 경우 직권 또는 청구권자의 청구에 의하여 친권자가 지정되거나 미성년후견인이 선임될 때까지 그 임무를 대행

할 사람을 선임할 수 있다.(제909조의2 제5항)
- 청구권자는 미성년자, 미성년자의 친족, 이해관계인, 검사, 지방자치단체의 장이다.(제909조의2 제5항)
- 사유; 단독친권자가 사망한 경우, 입양이 취소되거나 파양된 경우, 양부모가 모두 사망한 경우(제909조의2 제5항 제1호 내지 제3호)
- 권한 및 임무; 관리인의 권한 규정(제25조) 가정법원의 후견사무에 관한 처분 규정(제954조)에 따라야 한다.(제909조의2 제5항)

(2) 혼인 외의 자의 친권자

- 생모 - 혼인 외의 자는 생모가 친권자가 된다.
- 임의인지의 경우에는 부와 생모의 협의로 친권자를 정하기 때문에 협의에 의하여 생부가 친권자가 될 수 있다.(제909조 제4항) 만약 협의가 이루어지지 않거나 협의할 수 없는 경우에는 당사자의 청구에 의하여 가정법원에서 정한다.
- 강제인지의 경우에는 직권으로 친권자를 정한다.

(3) 양자의 친권자

- 양부모
  - 양자의 친권자는 양부모이다. 따라서 생부모의 친권은 입양으로 소멸한다.
- 친권자 지정 청구
  - 입양이 취소되거나 파양된 경우 또는 양부모가 모두 사망한 경우 가정법원에 친생부모 일방 또는 쌍방을 친권자로 지정할 것을 청구할 수 있다.(제909조의2 제2항)
  - 친생부모 일방 또는 쌍방, 미성년자, 미성년자의 친족은 그 사실을 안 날부터 1개월, 입양이 취소되거나 파양된 날 또는 양부모가 모두 사망한 날부터 6개월 내에 청구하여야 한다.(제909조의2 제2항)
  - 친양자의 양부모가 사망한 경우에는 그러하지 아니하다.(제909조의2 제2

항 단서)

- **미성년후견인 선임 청구**
  - 친권자 지정 청구 기간 내에 친권자 지정의 청구가 없을 때에는 가정법원은 직권으로 또는 미성년자, 미성년자의 친족, 이해관계인, 검사, 지방자치단체의 장의 청구에 의하여 미성년후견인을 선임할 수 있다.(제909조의2 제3항)
  - 이 경우 생존하는 부 또는 모, 친생부모 일방 또는 쌍방의 소재를 모르거나 그가 정당한 사유 없이 소환에 응하지 아니하는 경우를 제외하고 그에게 의견을 진술할 기회를 주어야 한다.(제909조의2 제3항)

- **청구의 기각**
  - 친권자 지정 청구나 후견인의 선임 청구가 생존하는 부 또는 모, 친생부모 일방 또는 쌍방의 양육의사 및 양육능력, 청구 동기, 미성년자의 의사, 그 밖의 사정을 고려하여 미성년자의 복리를 위하여 적절하지 아니하다고 인정하면 청구를 기각할 수 있다.(제909조의2 제4항)
  - 이 경우 가정법원은 직권으로 미성년후견인을 선임하거나 생존하는 부 또는 모, 친생부모 일방 또는 쌍방을 친권자로 지정하여야 한다.(제909조의2 제4항)

- **선임된 미성년후견인의 변경**
  - 미성년후견인이 선임된 경우라도 필요한 경우 생존하는 부 또는 모, 친생부모 일방 또는 쌍방, 미성년자의 청구에 의하여 후견을 종료하고 생존하는 부 또는 모, 친생부모 일방 또는 쌍방을 친권자로 지정할 수 있다.(제909조의2 제6항)
  - 선임된 미성년후견인을 변경하기 위해서는 미성년후견인 선임 후 양육상황이나 양육능력의 변동, 미성년자의 의사, 그 밖의 사정을 고려하여 미성년자의 복리를 위하여 필요하다고 인정되는 경우이어야 한다.(제909조의2 제6항)

- **임무대행자 선임**
  - 가정법원은 일정한 사유가 있는 경우 직권 또는 청구권자의 청구에 의하

여 친권자가 지정되거나 미성년후견인이 선임될 때까지 그 임무를 대행할 사람을 선임할 수 있다.(제909조의2 제5항)
- 청구권자는 미성년자, 미성년자의 친족, 이해관계인, 검사, 지방자치단체의 장이다.(제909조의2 제5항)
- 사유; 단독친권자가 사망한 경우, 입양이 취소되거나 파양된 경우, 양부모가 모두 사망한 경우(제909조의2 제5항 제1호 내지 제3호)
- 권한 및 임무; 관리인의 권한 규정(제25조) 가정법원의 후견사무에 관한 처분 규정(제954조)에 따라야 한다.(제909조의2 제5항)

(4) 친권행사능력

- 행위능력 - 친권자는 친권에 복종하는 자의 재산을 관리하여야 하므로 행위능력이 요구된다. 따라서 미혼의 미성년자, 피한정후견인, 피성년후견인은 친권자가 될 수 없다.
- 미혼의 미성년자가 子를 출산한 경우 친권을 행사하지 못하므로 미혼의 미성년자의 친권자가 친권대행자가 되어 그 미혼의 미성년자가 갖는 친권을 대행한다.(제910조)
- 혼인으로 성년의제 된 자는 친권을 행사할 수 있다.

(5) 친권자변경

- 자의 복리를 위해서 필요하다고 인정되는 경우에 가정법원은 청구권자의 청구에 의해서 지정된 친권자를 다른 일방으로 변경할 수 있다.(제909조 제6항)
- 子의 4촌 이내의 친족은 가정법원에 친권자를 다른 일방으로 변경할 것을 청구할 수 있다.(제909조 제6항) 따라서 子 스스로 친권자변경청구를 하지 못하고, 또한 부모의 협의로 친권자를 변경할 수 없다.
- 子가 13세 이상인 때에는, 가정법원은 심판에 앞서 그 子의 의견을 들어야 한다. 다만, 子의 의견을 들을 수 없거나 子의 의견을 듣는 것이 오히려 子의

복지를 해할만한 특별한 사정이 있다고 인정되는 때에는 그러하지 아니하다.(가사소송규칙 제100조)

2. 친권에 따르는 자

- 미성년자는 친권에 복종한다.
- 성년으로 의제된 자는 친권에 복종할 필요는 없다.
- 미성년자의 혼인이 해소된다고 하더라도 친권에 복종할 의무가 부활하지는 않는다.

III. 子의 신분에 관한 권리의무

1. 보호·교양의 권리의무

- 친권자는 자녀를 정신적·육체적으로 건전하게 성장할 수 있도록 보호하고 교양할 권리의무를 진다.(제913조)
- 책임능력 없는 子가 제3자에 대하여 불법행위를 한 경우에는 친권자는 감독의무자로서 그 감독을 게을리 한데 대한 손해배상책임을 진다.
- 책임능력 있는 미성년자의 불법행위라 하더라도 친권자에게 손해발생에 상당인과관계가 있는 감독상의 부주의가 있으면 친권자는 일반불법행위로 인한 손해배상책임을 진다.
- 보호·교양에 필요한 비용에 대해서는 특별한 약정이 없으면 부모가 공동으로 부담한다. 이는 친족적 부양이 아닌 일차적 부양으로 제913조에 근거한 것이다. 즉, 비용부담은 제974조의 부양의 문제는 아니다.

2. 거소지정권

- 친권자는 子의 효율적인 보호·교양을 위해서 거소를 지정하여 주고 子는

지정된 장소에 거주하여야 한다.(제914조)
- 거소지정권의 행사가 자의 복리를 해치고 친권자 자신만을 위한 경우 이는 친권남용이 되어 친권상실의 원인이 될 수 있다.
- 부와 생모 사이에 유아가 출생된 후 부가 생모와 유아를 유기하여 생모가 부를 상대로 혼인빙자간음죄로 고소를 제기하자 그 부가 생모와 혼인하기로 약속하였음에도 불구하고 생모가 고소를 취소한 후에는 유아만 혼인외자로 입적시키고 다른 여자와 혼인신고를 하여, 계속 생모와 유아를 유기하면서 그 처와 미국으로 이민을 가려고 하다가 생모의 진정으로 인하여 이주허가신청이 보류되고, 생모가 부를 상대로 위자료 및 양육비 청구를 하자 이에 대항하기 위하여 부가 유아인도 청구를 하는 경우에는 친권남용이라고 볼 수 있다.(대판 1979. 7. 10, 79므)
- 자가 지정된 장소에 거주를 원하지 않는 경우 강제할 방법은 없다.

3. 징계권

- 친권자는 그 자를 보호 또는 교양하기 위하여 필요한 징계를 할 수 있다.(제915조)
- 친권자는 법원의 허가를 얻어 감화 또는 교정기관에 위탁할 수 있다.(제915조)
- 후견인도 동일한 징계권을 갖지만, 법원의 허가 외에 미성년후견감독인이 있으면 그의 동의를 받아야 한다.(제945조)
- 자를 보호·교양하기 위한 범위를 넘어서는 경우 친권남용으로 친권이 상실될 수도 있고, 형법상 폭행·상해·감금·협박죄가 성립할 수 있다.

4. 친권의 대행

- 친권자는 그 친권에 따르는 자에 갈음하여 그 子에 대한 친권을 행사한다.(제910조)

- 미성년자의 자녀에 대해서 미성년자는 친권자가 되고, 미성년자의 친권자는 친권대행자가 된다. 따라서 친권을 대행할 때에는 친권자인 자의 이름으로 하여야 하며, 친권대행자가 사망하면 자를 위하여 후견이 개시되는데, 이때에는 후견인이 친권을 대행하게 된다.

5. 영업의 허락

- 친권자는 법정대리인으로서 특정한 영업을 허락할 수 있고, 또한 그 허락을 취소 또는 제한할 수 있다.(제8조)

6. 근로계약의 동의

- 친권자 또는 후견인은 미성년자의 근로계약을 대리할 수는 없지만 근로계약체결에 대한 동의권이 있다. 따라서 동의 없는 근로계약은 취소할 수 있다.(제5조)

7. 신분상의 행위에 대한 대리권과 동의권

- 신분상의 행위에 대하여 친권자도 이를 대리할 권능이 없다. 다만 예외적으로 법률에 특별한 규정을 정하고 있다.
- 인지청구의 소(제863조), 미성년자가 양친이 되는 입양의 취소(제885조), 미성년자가 동의권자의 동의를 얻지 않고 양자가 되었을 때의 취소(제866조), 13세 미만자의 입양대낙(제869조), 파양청구의 소의 제기(제906조), 상속의 승인 및 포기(제1019조 및 제1020조)

Ⅳ. 子의 재산에 관한 권리의무

1. 재산관리권

(1) 재산관리권자

1) 특유재산

- 미성년자가 자기의 명의로 취득한 재산은 미성년자의 특유재산이 된다.(제916조)
- 친권자 - 미성년자의 특유재산에 대해서 법정대리인인 친권자가 재산관리권을 갖는다.(제916조)

2) 제3자가 무상으로 자에게 수여한 재산

- 친권자 - 무상으로 자에게 재산을 수여한 제삼자가 친권자의 관리에 반대하는 의사를 표시한 경우 친권자는 그 재산을 관리하지 못한다.(제918조 제1항)
- 제3자가 지정한 자 - 이 경우 제삼자가 재산관리인을 정할 수 있다.
- 가정법원이 선임한 자 - 만약 제삼자가 관리권자를 지정하지 않았을 경우에는 재산의 수여를 받은 자 또는 민법 제777조에서 정한 친족의 청구로 가정법원이 재산관리인을 선임한다.(제918조 제2항)
- 가정법원이 선임한 자 - 제삼자가 지정한 관리인의 권한이 소멸하거나 관리인을 개임할 필요가 있는 경우에는 제삼자가 다시 관리인을 지정하지 아니한 때에도 재산의 수여 받은 자 또는 민법 제777조에서 정한 친족의 청구로 가정법원이 선임한다.(제918조 제3항)
- 재산관리인은 관리할 재산목록을 작성하여야 하고, 법원은 미성년자의 재산을 관리하기 위하여 재산관리인에게 필요한 처분을 할 수 있다.(제918조 제4항)

(2) 재산관리의 내용과 주의의무

1) 재산관리
- 재산관리는 보존·이용·개량하는 행위를 의미하며, 처분행위는 원칙적으로 인정되지 않지만 관리에 필요한 한도에서의 처분행위는 인정된다.

2) 주의의무
- 친권자가 재산관리권을 행사할 때에는 자기의 재산과 동일한 주의로 하여야 한다.(제922조)
- 후견인의 경우에는 선량한 관리자의 주의의무가 요구된다.(제956조)

(3) 친권자의 재산수익권
- 법정대리인인 친권자가 그 자의 재산으로부터 수취한 과실은 그 자의 양육, 재산관리의 비용과 상계한 것으로 본다.(제923조 제2항 본문)
- 무상으로 자에게 재산을 수여한 제삼자가 상계에 대한 반대의사를 표시한 경우에는 그러하지 아니하다.(제923조 제2항 단서)

(4) 재산관리의 종료

1) 미성년자가 성년이 된 경우
- 미성년자가 성년이 되면 친권자는 재산관리를 종료한다.
- 이 경우 자의 재산에 대한 관리의 계산을 하여야 한다.

2) 친권상실, 재산관리권 상실선고·사퇴한 경우
- 친권을 상실하거나 친권자가 재산관리권의 상실선고를 받거나 재산관리권을 사퇴한 경우에는 재산관리가 종료한다.

3) 재산관리권의 소멸과 긴박한 사정

- 재산관리권이 종료하였다고 하더라도 급박한 사정이 있는 때에는 친권자인 법정대리인은 본인이나 후견인이 본인의 재산관리사무를 처리할 수 있을 때까지 그 사무의 처리를 계속하여야 한다.(제919조) 이 경우에는 친권의 존속과 동일한 효력이 있다.(제919조, 제691조)
- 친권종료의 사유는 이를 상대방에게 통지하거나 상대방이 이를 안 때가 아니면 이로써 상대방에게 대항하지 못한다.(제919조, 제692조)

2. 자의 재산에 대한 법정대리권과 동의권

(1) 재산행위의 법정대리권

 1) 대리권의 범위

- 미성년자의 법정대리인인 친권자는 미성년자의 재산상 법률행위에 대하여 그 자를 대리한다.(제920조 본문) 따라서 신분상 법률행위에 대해서는 대리할 수 없는 것이 원칙이다.
- 재산상 법률행위란 그 자에 속하는 재산뿐만 아니라 자의 재산에 영향을 끼치는 모든 재산상의 법률행위를 의미한다.

 2) 대리권의 행사

- 대리권의 행사는 부부가 공동으로 하여야 한다.
- 부모가 공동으로 친권을 행사하는 경우 부모의 일방이 공동명의로 자를 대리한 때에는 다른 일방의 의사에 반하는 때에도 그 효력이 있다. 그러나 상대방이 악의인 때에는 그러하지 아니하다.(제920조의2)
- 친권을 행사하는 부친은 미성년자인 아들의 법정대리인이 되며 그 법정대리인은 미성년자의 승낙을 받을 필요 없이 법정대리인의 이름으로 법률행위를 할 수 있음은 물론 미성년자 본인 이름으로 법률행위를 한 경우에도

법정대리인이 그 행위를 한 이상 미성년자에게 대하여 법률행위의 효과가 발생한다.(대판 1962. 9. 20, 62다333)
- 친권자인 부가 미성년자의 인장과 그 소유부동산에 관한 권리증을 그 처에게 보관시켜 그 처가 그 부동산을 타에 담보로 제공한 경우에는 특별사정이 없는 한 표현대리 행위가 된다.(대판 1968. 8. 30, 68다1051)

3) 대리권의 제한

- 재산관리권이 없는 친권자는 재산상 행위에 대한 대리권을 갖지 못한다.
- 자에게 제3자가 무상으로 수여한 재산에 대해서 제3자가 재산관리인을 선임하게 되면 친권자의 대리권이 제한된다.
- 근로계약을 체결하는 데 있어서 미성년자의 친권자나 후견인은 대리권이 제한된다. 다만 근로계약 체결을 위한 동의권은 있다. 따라서 법정대리인의 동의를 얻어 스스로 근로계약을 체결하여야 한다.
- 또한 그 임금을 자를 대리하여 수령할 수 없다.
- 자의 행위를 목적으로 하는 채무를 부담할 경우에는 대리권은 있으나 본인의 동의를 얻어야 하므로 제한된다.(제920조 단서)

4) 대리권의 남용

- 친권자가 자신의 이익을 위하여 대리권을 남용하는 경우에도 대리행위는 유효하다는 것이 원칙이다.
- 그러나 미성년자의 보호를 위하여 무효로 해야 할 필요성이 있는 경우에는 미성년자에 대하여 효력이 없다.
- 친권자인 母가 미성년자인 子의 법정대리인으로서 자의 유일한 재산을 아무런 대가도 받지 않고 증여하였고 상대방이 그 사실을 알고 있었던 경우, 그 증여행위는 친권의 남용에 의한 것이므로 그 효과는 자에게 미치지 않는다.(대판 1997. 1. 24, 96다43928)
- 친권자가 자(子)를 대리하는 법률행위는 친권자와 자(子) 사이의 이해상반 행위에 해당하지 않는 한, 그것을 할 것인가 아닌가는 자(子)를 위하여 친권

을 행사하는 친권자가 자(子)를 둘러싼 여러 사정을 고려하여 행할 수 있는 재량에 맡겨진 것으로 보아야 하므로, 이와 같이 친권자가 자(子)를 대리하여 행한 자(子) 소유의 재산에 대한 처분행위에 대해서는 그것이 사실상 자(子)의 이익을 무시하고 친권자 본인 혹은 제3자의 이익을 도모하는 것만을 목적으로 하여 이루어졌다고 하는 등 친권자에게 자(子)를 대리할 권한을 수여한 법의 취지에 현저히 반한다고 인정되는 사정이 존재하지 않는 한 친권자에 의한 대리권의 남용에 해당한다고 쉽게 단정할 수 없다.(대판 2009. 1. 30, 2008다73731)

(2) 재산행위에 대한 동의권

- 친권자는 미성년인 자의 재산상의 법률행위에 대해서 동의권을 갖는다. 따라서 동의 없이 한 법률행위는 친권자가 취소할 수 있다.

(3) 이해상반행위에 대한 친권의 제한

1) 이해상반행위

- 이해상반행위란 행위의 객관적 성질상 친권자와 그 子 사이 또는 친권에 복종하는 수인의 子 사이에 이해의 대립이 생길 우려가 있는 행위를 의미한다.(대판 1996. 11. 22, 96다10270)
- 이해상반행위에 대해서는 특별대리인을 선임하여야 한다. 즉, 친권자의 대리권과 동의권이 제한된다.

2) 이해상반행위의 판단기준

- 형식판단설과 실질판단설이 대립하고 있다.
- 형식판단설 - 외형적·객관적으로 판단하자는 견해로 거래의 안전을 도모한다.
- 실질판단설 - 구체적인 사정에 비추어 실질적으로 판단하자는 견해로 미성년자의 이익을 우선으로 한다.

· 판례는 친권자의 의도나 그 행위의 결과 실제로 이해의 대립이 생겼는지의 여부는 묻지 않는다고 하여 형식판단설을 따르고 있다.(대판 1996. 11. 22, 96다10270)

3) 이해상반행위의 효력
· 이해상반행위에 대해서는 특별대리인을 선임하여야 한다.(제921조 제1항)
· 특별대리인의 선임 없이 대리행위를 한 경우에는 무권대리가 된다.(대판 1964. 8. 31, 63다547) 따라서 미성년자에게는 책임이 없게 되고, 다만 미성년자가 성년자가 된 후에 추인을 하게 되면 유효한 법률행위가 된다.
· 법정대리인인 친권자가 그 친권에 따르는 수인의 자 사이에 이해상반되는 행위를 함에는 법원에 그 자 일방의 특별대리인의 선임을 청구하여야 한다. (제92보 제2항)
· 친권자가 수인의 미성년자의 법정대리인으로서 상속재산분할협의를 한 것이라면 이는 민법 제921조에 위반된 것으로서 이러한 대리행위에 의하여 성립된 상속재산분할협의는 피대리자 전원에 의한 추인이 없는 한 무효이다.(대판 1993. 4. 13, 92다54524)

4) 특별대리인의 선임 및 권한
· 친권자가 가정법원에 그 자의 특별대리인의 선임을 청구하게 되면 가정법원이 이를 선임한다.(제921조 제1항)
· 특별대리인은 선임신청서에 기재된 법률행위에 대해서만 대리권을 가진다.

5) 이해상반행위에 해당하는 사례
· 피상속인의 처가 미성년자인 자와 동순위로 공동상속인이 된 경우에 미성년자인 자의 친권자로서 상속재산을 분할하는 협의를 하는 행위(대판 1993. 3. 9, 92다18481)
· 자의 재산관리에 관한 포괄적인 위임을 받은 부가 자신의 제3자에 대한 채무지급을 위하여 자신이 발행하는 어음에 자를 공동발행인으로 기명날인한

경우(대판 1971. 2. 23, 70다2916)
- 친권자인 모가 자신이 연대보증한 차용금 채무의 담보로 자신과 자의 공유인 토지 중 자신의 공유지분에 관하여는 공유지분권자로서 자의 공유지분에 관하여는 그 법정대리인의 자격으로 각각 근저당권설정계약을 체결한 경우(대판 2002. 1. 11, 2001다65960)

6) 이해상반행위에 해당하지 않는 사례
- 친권자인 모가 자신이 대표이사로 있는 주식회사의 채무 담보를 위하여 자신과 미성년인 자의 공유재산에 대하여 자의 법정대리인 겸 본인의 자격으로 근저당권을 설정한 행위(대판 1996. 11. 22, 96다10270)
- 법정대리인인 친권자가 부동산을 미성년의 자에게 명의신탁하는 행위(대판 1998. 4. 10, 97다4005)
- 친권에 복종하지 아니하는 子와 친권에 복종하는 미성년자인 자 사이에 이해상반되는 경우에는 친권자는 미성년자인 子를 위한 법정대리인으로서 그 고유의 권리를 행사할 수 있을 것이므로 그러한 친권자의 법률행위는 이해상반행위에 해당한다고 할 수 없다.(대판 1976. 3. 9, 75다2340)

V. 친권의 소멸

1. 친권의 절대적 소멸원인

- 자가 사망한 경우
- 자가 성년이 된 경우
- 자가 혼인으로 성년의제된 경우

2. 친권의 상대적 소멸원인

- 친권자가 사망한 때

- 자가 타인의 양자가 된 때
- 부모의 이혼·혼인 무효·혼인 취소 후 부모 중 일방만이 친권 행사자가 된 때 타방 부모의 친권은 소멸한다.
- 모의 단독친권에 복종하던 자가 부의 인지를 받아 부가 친권자로 된 때 모의 친권은 소멸한다.
- 입양이 무효 또는 취소되거나 양자가 파양된 때 양부모의 친권은 소멸한다.
- 친권자가 협의·심판으로 변경된 때 변경전의 친권자의 친권은 소멸한다.
- 친권자가 친권상실의 선고를 받은 때 선고받은 친권자의 친권은 소멸한다.

Ⅵ. 친권의 상실

1. 친권의 전부상실(박탈)

(1) 친권상실(박탈)의 취지

- 부 또는 모가 친권을 남용하여 자녀의 생명이나 신체 등에 위해가 발생하는 등 자녀의 복리를 현저히 해치거나 해칠 우려가 있는 경우에 자녀의 보호를 위해서 친권을 상실하도록 하고 있다.(제924조 제1항)
- 위의 사유가 있는 경우에 가정법원은 자녀, 자녀의 친족, 검사 또는 지방자치단체의 장의 청구에 의하여 친권의 상실을 선고할 수 있다.(제924조 제1항)

2) 요건

- 부 또는 모가 친권을 남용하여 자녀의 복리를 현저히 해치거나 해칠 우려가 있어야 한다.
- 인정하는 판례 - 친권자인 아버지가 그 아들의 양육비, 학비 등을 대어주지 아니할 뿐만 아니라 그 생활조차 돌보지 아니하는 등 친권자로서 보호와 교양할 의무를 포기하고 있어서 그 아버지의 부정행위를 들어 이혼한 바 있는 생모와 외조부가 양육하고 그 생활을 돌보고 있던 중 그 아버지가 그

아들 소유의 재산을 매각처분하려 한다면 이는 친권자로서 현저한 비행 또는 친권을 행사할 수 없는 중대한 사유가 있는 때에 해당한다.(대판 1968. 9. 17, 68므27)

- 인정하는 판례 - 모가 남편 및 그 시부모들과의 불화로 남편과 자식들을 남겨두고 집을 나가 별거한 이후에는 전혀 자녀들을 돌보지 않았을 뿐 아니라 남편이 교통사고로 사망하게 되었는데도 그 장례식에 참석하지도 않았고 장래문제를 의논하러 자녀들이 찾아가도 만나주지도 않으면서 남편의 교통사고에 대한 보상금을 전부 수령하여 거의 다 소비하여 버리는 등 자녀들의 부양에 대하여 전혀 노력하지 않고 있고, 자녀들도 동거시 자신들에게 가혹하게 대하였던 모를 불신하며 현재와 같이 할아버지 밑에서 보호양육되기를 희망하고 있다면, 모에게 자식들에 대한 친권을 행사시킬 수 없는 중대한 사유가 있다.(대판 1991. 12. 10, 91므641)
- 인정하는 판례 - 피청구인은 호적상으로는 청구외 망인의 처로서 사건 본인의 친권자이나, 사실상으로는 사건 본인이 출생하기 전에 이미 위 망인과 별거하여 그 친권자의 지위를 상실한 것이나 다를 바 없고 또한 피청구인에게 사건 본인의 부양, 교육을 맡기는 것이 현재는 물론 장래에도 적당하다고 사료되지 아니한 경우에는 이는 민법 제924조 소정의 친권자로서 친권을 행사시킬 수 없는 중대한 사유가 있는 때에 해당한다.(대판 1979. 9. 11, 79므34)
- 부정하는 판례 - 자녀들의 양육과 보호에 관한 의무를 소홀히 하지 않은 모가 간통행위를 하여 부가 사망하였다고 하더라도 모의 행위는 친권상실선고사유에 해당한다고 볼 수 없다.(대결 1993. 3. 4, 93스3)
- 부정하는 판례 - 남편이 행방불명이 되어 극심한 생활난으로 인하여 타인과 결혼한 경우에는 본조 소정의 친권상실의 사유에 해당하지 않는다.(대판 1963. 9. 12, 63다197)

(3) 절차

- 조정을 우선하여야 한다.

- 조정이 이루어지지 않는 경우 청구권자의 청구에 의해서 법원이 선고한다.
- 청구권자 - 자녀, 자녀의 친족, 검사 또는 지방자치단체의 장
- 상대방 - 친권이 상실될 친권자

(4) 친권 상실 선고의 판단 기준

- 친권상실의 선고는 친권의 일시 정지(제924조), 친권의 일부제한(제924조의 2), 대리권·재산관리권의 상실 선고(제925조) 또는 그 밖의 다른 조치에 의해서는 자녀의 복리를 충분히 보호할 수 없는 경우에만 할 수 있다.(제925조의 2)

(5) 친권상실의 효과

- 친권자가 가지고 있었던 자녀의 보호·교양에 관한 의무가 없어지고, 재산상 법률행위에 대한 동의권과 대리권도 소멸한다.
- 친권이 상실된 경우에도 부모의 자녀에 대한 그 밖의 권리와 의무는 변경되지 아니한다.(제925조의 3)

2. 친권의 일부상실(대리권과 재산관리권의 상실)

- 법정대리인인 친권자가 그 자녀의 재산관리를 부적당하게 하여 자녀의 재산을 위태롭게 한 때에는 재산상 법률행위에 대하여 대리권과 재산관리권을 상실하게 된다.(제925조) 따라서 친권에는 영향이 없다.
- 공동친권자 중 일방이 대리권과 재산관리권을 소멸하게 되더라도 신분상의 행위에 대해서는 공동으로 친권을 행사 한다.
- 단독친권의 경우에는 대리권과 재산관리권만을 행사하는 후견이 개시된다.
- 친권이 일부상실되기 위해서는 자녀의 친족, 검사 또는 지방자치단체의 장의 청구가 있어야 한다.
- 청구권자의 청구에 의하여 그 법률행위의 법원은 재산상 법률행위에 대하

여 대리권과 재산관리권의 상실을 선고할 수 있다.
- 친권자의 동의를 갈음하는 재판 또는 그 밖의 다른 조치에 의해서는 자녀의 복리를 충분히 보호할 수 없는 경우에만 할 수 있다.(제925조의 2)
- 친권이 일부상실된 경우에도 부모의 자녀에 대한 그 밖의 권리와 의무는 변경되지 아니한다.(제925조의 3)

3. 친권의 일시 정지

(1) 친권의 일시 정지의 의의 및 도입 취지

- 친권의 일시 정지란 친권자가 친권을 계속해서 보유하면서 그 행사만 일시적으로 정지시키는 것을 의미한다.
- 친권을 계속해서 보유한다는 점에서 친권을 박탈하는 친권상실과 구별된다.
- 친권제한 사유가 단기간 내에 소멸할 개연성이 있는 경우에 친권을 완전히 박탈하기 보다는 친권을 보유하면서 일정 기간 동안 일시적으로 친권의 행사를 제한함으로써 자녀의 생명 등을 보호하기 위한 필요 최소한도의 친권 제한조치로서 친권의 일시 정지 제도를 도입하였다.

(2) 요건

- 부모가 친권을 남용하여 자녀의 복리를 현저히 해치거나 해칠 우려가 있는 경우이어야 한다.(제924조 제1항)

(3) 절차

- 청구권자 - 자녀, 자녀의 친족, 검사 또는 지방자치단체의 장
- 상대방 - 친권이 일부 정지될 친권자

(4) 친권 일시 정지의 판단 기준

- 가정법원은 친권의 일시 정지를 선고할 때에는 자녀의 상태, 양육상황, 그 밖의 사정을 고려하여 그 기간을 정하여야 한다.(제924조 제2항)
- 친권자의 동의를 갈음하는 재판 또는 그 밖의 다른 조치에 의해서는 자녀의 복리를 충분히 보호할 수 없는 경우에만 할 수 있다.(제925조의 2)

(5) 일시 정지의 기간

- 일시 정지의 기간은 2년을 넘을 수 없다.(제924조 제2항)
- 가정법원은 자녀의 복리를 위하여 친권의 일시 정지 기간의 연장이 필요하다고 인정하는 경우에는 자녀, 자녀의 친족, 검사, 지방자치단체의 장, 미성년후견인 또는 미성년후견감독인의 청구에 의하여 2년의 범위에서 그 기간을 한 차례만 연장할 수 있다.(제924조 제3항)

(6) 친권 일시 정지의 효과

- 친권 일시 정지의 선고를 받게 되면 친권자는 그 기간 동안 친권을 전면적으로 행사하지 못하게 된다. 따라서 그 효과는 친권상실과 같다.
- 친권이 일시 정지된 경우에도 부모의 자녀에 대한 그 밖의 권리와 의무는 변경되지 아니한다.(제925조의 3)

4. 친권의 일부 제한

(1) 친권의 일부 제한의 의의 및 도입 취지

- 친권의 일부제한이란 친권자가 친권 중 특정한 사항에 관하여 친권을 행사하는 것이 곤란하거나 부적당한 사유가 있어 자녀의 복리를 해치거나 해칠 우려가 있는 경우 구체적인 범위를 정하여 친권의 일부를 제한하는 것을 의미한다.(제924조의 2)

- 친권을 전부 상실시킬 필요는 없지만 친권자의 동의를 갈음하는 재판제도로도 해결할 수 없는 사안인 경우에 자녀의 생명 등을 보호하기 위해 필요 최소한도로 친권을 제한하기 위해서 도입하였다.

(2) 요건

- 거소의 지정이나 징계, 그 밖의 신상에 관한 결정 등 특정한 사항에 관하여 친권자가 친권을 행사하는 것이 곤란하거나 부적당한 사유가 있어 자녀의 복리를 해치거나 해칠 우려가 있어야 한다.(제924조의 2)

(3) 절차

- 청구권자 - 자녀, 자녀의 친족, 검사 또는 지방자치단체의 장
- 상대방 - 친권이 일부 제한될 친권자

(4) 친권의 일부 제한의 판단 기준

- 친권자의 동의를 갈음하는 재판 또는 그 밖의 다른 조치에 의해서는 자녀의 복리를 충분히 보호할 수 없는 경우에만 할 수 있다.(제925조의 2)

(5) 효과

- 가정법원이 친권 제한의 구체적인 범위를 정하여 선고한 범위내에서 친권자는 친권을 행사하지 못하게 된다.
- 친권의 일부 제한 사유가 소멸한 경우에는 실권회복의 선고를 통하여 제한된 친권을 회복할 수 있다.(제926조)
- 친권의 일부가 제한된 경우에도 부모의 자녀에 대한 그 밖의 권리와 의무는 변경되지 아니한다.(제925조의 3)

5. 친권자의 동의를 갈음하는 재판

(1) 친권자의 동의를 갈음하는 재판의 의의 및 도입 취지

- 친권자의 동의가 필요한 행위에 대하여 친권자가 정당한 이유 없이 동의하지 아니하여 자녀의 생명, 신체 또는 재산에 중대한 손해가 발생할 위험이 있는 경우에 친권자의 동의에 갈음하는 재판을 할 수 있다.
- 친권자의 친권을 상실시키지 않으면서 자녀에게 위험이 있는 경우 친권자의 동의를 대신하는 재판을 통해서 자녀를 보호하기 위하여 도입된 제도이다.

(2) 요건

- 친권자의 동의가 필요한 행위에 대하여 친권자가 정당한 이유 없이 동의하지 아니하여 자녀의 생명, 신체 또는 재산에 중대한 손해가 발생할 위험이 있어야 한다.

(3) 절차

- 청구권자 - 자녀, 자녀의 친족, 검사 또는 지방자치단체의 장
- 상대방 - 동의권을 행사하지 않는 친권자

(4) 판단기준

- 친권자의 동의를 갈음하는 재판은 친권의 제한 중에서 가장 강도가 약한 것으로 친권의 행사가 자녀의 복리를 해치는 경우에 제일 우선 고려되어야 한다.(제925조의2 제2항)

(5) 효과

- 친권자가 동의권을 행사하지 않는 경우 1회적으로 재판을 통해서 동의를

갈음할 수 있게 된다.

6. 친권 상실 선고 등의 판단 기준

- 친권의 행사나 불행사로 인하여 자녀의 복리를 충분히 보호할 수 없는 경우에 일차적으로 친권의 동의를 갈음하는 재판을 우선 고려하여야 한다.(제925조의2 제2항)
- 친권의 동의를 갈음하는 재판이나 그 밖의 다른 조치에 의해서는 자녀의 복리를 충분히 보호할 수 없는 경우 친권의 일시 정지, 친권의 일부제한 또는 대리권·재산관리권의 상실 선고를 할 수 있다.(제925조의2 제2항)
- 위의 조치나 그 밖의 다른 조치에 의해서는 자녀의 복리를 충분히 보호할 수 없는 경우에만 친권 상실의 선고를 할 수 있다.(제925조의2 제1항)

7. 부모의 권리와 의무

- 친권의 상실, 일시 정지, 일부 제한 또는 대리권과 재산관리권의 상실이 선고된 경우에도 부모의 자녀에 대한 그 밖의 권리와 의무는 변경되지 아니한다.(제925조의3)

8. 친권의 전부·일부상실, 친권의 일부 제한의 회복

- 친권이 박탈되거나 일부 상실된 이후 그 상실원인이 소멸한 경우에는 본인 또는 민법 제777조의 규정에 의한 청구인의 청구에 의하여 법원은 실권회복을 선고할 수 있다.(제926조)

Ⅶ. 대리권·관리권의 사퇴와 회복

- 법정대리인인 친권자는 정당한 사유가 있는 때에는 법원의 허가를 얻어 그

- 법률행위의 대리권과 재산관리권을 사퇴할 수 있다.(제927조 제1항)
- 위의 사유가 소멸한 때에는 그 친권자는 법원의 허가를 얻어 사퇴한 권리를 회복할 수 있다.(제927조 제2항)

Ⅷ. 친권 상실 등과 친권자의 지정 등

1. 단독친권자가 친권을 전부 또는 일부 행사할 수 없게 된 경우 친권자의 지정

(1) 친권자 지정 청구

- 단독친권자에게 일정한 사유가 발생하여 친권을 전부 또는 일부 행사할 수 없게 된 때에는 생존하는 부 또는 모, 미성년자, 미성년자의 친족은 그 사실을 안 날부터 1개월, 사망한 날부터 6개월 내에 가정법원에 생존하는 부 또는 모를 친권자로 지정할 것을 청구할 수 있다.(제927조의2 제1항)
- 사유 - 친권상실의 선고가 있는 경우(제927조의2 제1항 제1호), 친권 일시 정지의 선고가 있는 경우(제927조의2 제1항 제1호의2), 친권 일부 제한의 선고가 있는 경우(제927조의2 제1항 제1호의3), 대리권과 재산관리권 상실의 선고가 있는 경우(제927조의2 제1항 제2호), 대리권과 재산관리권을 사퇴한 경우(제927조의2 제1항 제3호), 소재불명 등 친권을 행사할 수 없는 중대한 사유가 있는 경우(제927조의2 제1항 제4호)

(2) 후견인 선임 청구

- 친권자 지정 청구기간 내에 친권자 지정의 청구가 없을 때에는 가정법원은 직권으로 또는 미성년자, 미성년자의 친족, 이해관계인, 검사, 지방자치단체의 장의 청구에 의하여 미성년후견인을 선임할 수 있다. 이 경우 생존하는 부 또는 모, 친생부모 일방 또는 쌍방의 소재를 모르거나 그가 정당한 사유

없이 소환에 응하지 아니하는 경우를 제외하고 그에게 의견을 진술할 기회를 주어야 한다.

(3) 청구의 기각

- 친권자 지정 청구나 후견인 선임 청구가 생존하는 부 또는 모, 친생부모 일방 또는 쌍방의 양육의사 및 양육능력, 청구 동기, 미성년자의 의사, 그 밖의 사정을 고려하여 미성년자의 복리를 위하여 적절하지 아니하다고 인정하면 청구를 기각할 수 있다. 이 경우 가정법원은 직권으로 미성년후견인을 선임하거나 생존하는 부 또는 모, 친생부모 일방 또는 쌍방을 친권자로 지정하여야 한다.

(4) 임무대행자 선임

- 가정법원은 일정한 경우에 직권으로 또는 미성년자, 미성년자의 친족, 이해관계인, 검사, 지방자지단제의 상의 청구에 의하여 친권자가 지징되거나 미성년후견인이 선임될 때까지 그 임무를 대행할 사람을 선임할 수 있다. 이 경우 그 임무를 대행할 사람에 대하여는 제25조 및 제954조를 준용한다.
- 사유 - 단독 친권자가 사망한 경우, 입양이 취소되거나 파양된 경우, 양부모가 모두 사망한 경우

(5) 새로 정하여진 친권자 또는 미성년후견인의 임무

- 친권상실의 선고나, 소재불명 등 친권을 행사할 수 없는 중대한 사유로 인하여 새로 정하여진 경우 친권의 전부를 행사할 수 있다.
- 친권 일부 제한의 선고가 있거나 대리권과 재산관리권상실의 선고가 있거나, 대리권과 재산관리권을 사퇴한 경우 새로 정하여진 친권자 또는 미성년후견인의 임무는 제한된 친권의 범위에 속하는 행위에 한정된다.(제927조의2 제1항 단서)

2. 친권자를 새로 지정하는 경우

- 친권자가 지정되거나 미성년후견인이 선임된 후에 단독 친권자이었던 부 또는 모, 양부모 일방 또는 쌍방에게 일정한 사유가 있는 경우에는 친권자를 새로 지정할 수 있다.
- 일정한 사유란 단독 친권자이었던 부 또는 모, 양부모 일방 또는 쌍방에게 실권의 회복이 선고된 경우, 사퇴한 권리를 회복한 경우, 소재불명이던 부 또는 모가 발견되는 등 친권을 행사할 수 있게 된 경우를 의미한다.
- 그 부모 일방 또는 쌍방, 미성년자, 미성년자의 친족이 가정법원에 청구하여야 한다.

Chapter 5. 친족법

친족간의 법률관계

후견
부양

후 견

Ⅰ. 후견제도의 의의

1. 성년후견제도의 도입

기존의 금치산·한정치산 제도는 능력의 박탈을 통해 그들을 보호하고자 하는 제도였다면, 현행 성년후견제도는 본인의 의사와 잔존능력의 존중을 기본 이념으로 하는 제도이다. 새로 도입된 후견제도는 현재 정신적 제약이 있는 사람은 물론 미래에 정신적 능력이 약해질 상황에 대비하여 후견제도를 이용하려는 사람이 재산 행위뿐만 아니라 치료, 요양 등 복리에 관한 폭넓은 도움을 받을 수 있도록 확대·개편하였다.

2. 개정 법령의 성년후견제도 관련 주요내용

- 성년후견, 한정후견, 특정후견, 임의후견 제도를 도입함
- 피성년후견인 등과 거래하는 상대방을 보호하기 위하여 성년 후견 등에 관하여 등기로 공시하도록 함
- 후견을 내실화하기 위해서 청구권자에 후견감독인과 지방자치단체의 장을 추가함

· 종전 금치산·한정치산 제도와의 비교표[13]

내 용		금치산(한정치산)제도	성년후견제도
제도	본질	가족제도	복지제도
	목적	재산관리에 중점	신상보호에 중점
	방식	능력박탈(제한)	능력지원
피후견인	사유	심신상실(미약)	질병·장애·노령 등으로 인한 정신적 제약
	종류	금치산/한정치산	성년/한정/특정/임의
후견인	자격	친족	친족 또는 제3자(법인 포함)
	선임방식	법정되어 있음	법원의 직권선임
	감독기관	친족회	법원(후견감독인)
법원	역할	능력박탈(제한)의 선언	후견인 선임과 감독
	성격	사법적(司法的)	행정적(行政的)

· 성년후견, 한정후견, 특정후견, 임의후견 비교표

내 용	성년후견	한정후견	특정후견	임의후견
개시사유	정신적 제약으로 사무처리능력의 지속적 결여	정신적 제약으로 사무처리능력의 부족	정신적 제약으로 일시적 후원 또는 특정 사무 후원의 필요	정신적 제약으로 사무처리능력의 부족
후견 개시 시점	성년후견개시 심판 확정 시	한정후견개시 심판 확정 시	특정후견 심판 확정 시	임의후견감독인 선임 시
본인의 행위능력	원칙적 행위능력상실자	원칙적 행위능력자	행위능력자	행위능력자
후견인의 권한	원칙적으로 포괄적인 대리권, 취소권	법원이 정한 범위 내에서 대리권, 동의권, 취소권	법원이 정한 범위 내에서 대리권	각 계약에서 정한 바에 따름

---

[13] 대법원 홈페이지 게시

II. 미성년후견

1. 미성년자 후견의 개시

- 미성년자에게 친권자가 없거나 친권자가 법률행위에 대한 대리권과 재산관리권을 행사할 수 없는 경우에는 후견이 개시된다(제928조)

(1) 친권자가 없는 경우

- 친권자가 없는 경우란 공동친권자가 동시에 사망하거나 동시에 친권상실을 선고받은 경우, 단독친권자가 사망하거나 친권상실한 경우, 단독친권자가 성년후견심판을 받은 경우, 공동친권자 쌍방 또는 단독친권자가 행방불명되는 경우와 친권자가 성년후견개시의 심판을 받거나 친권상실선고 등을 받아 법률상 친권을 행사할 수 없는 경우를 의미한다. 다만 친권대행자가 있으면 후견이 개시되지 않는다.
- 이혼 등으로 단독친권자로 지정된 부모의 일방이 사망하거나 친권을 상실하는 경우에는 생존하는 부모의 일방에게 친권이 부활하는 것이 아니라 가정법원에 생존하는 부 또는 모를 친권자로 지정할 것을 청구할 수 있을 뿐이다.(제909조의2 제3항)
- 입양이 취소되거나 파양된 경우 또는 양부모 모두가 사망한 경우에도 친생부모가 친권자로 지정될 수 있지만, 가정법원이 일정한 자의 청구에 의하거나 또는 직권으로 후견인을 선임할 수 있다.(제909조의2)

(2) 대리권 및 재산관리권을 행사할 수 없는 경우

- 친권자가 대리권 및 재산관리권을 상실하였거나 사퇴한 경우에 후견이 개시된다.
- 이혼 등에 의해 단독친권자가 된 부모 일방이 대리권과 재산관리권을 상실하거나 사퇴를 한 경우에 타방이 친권자로 지정될 수 있지만 가정법원이

일정한 자의 청구에 의하여 또는 직권으로 후견인을 선임할 수 있다.(제927조의2)
- 후견은 재산상 법률행위에 대한 대리권과 재산관리권에 대해서만 개시된다. 따라서 그 이외의 경우에는 친권자가 친권을 행사한다.

(3) 후견개시의 신고

- 후견이 개시되면 후견인은 취임일로부터 1개월 이내에 후견개시신고를 하여야 한다.(가족관계등록법 제80조)

2. 후견인의 수

- 미성년후견인은 1인으로 한다.(제930조 제1항)
- 미성년후견인은 자연인에 한한다.(제930조 제3항)
- 1인의 후견인이 수인의 피후견인을 후견하는 것은 인정된다.

3. 후견인의 순위

(1) 제1순위 - 지정후견인

- 미성년자의 친권자가 유언을 통해서 지정한 후견인을 지정후견인이라 한다.(제931조 제1항)
- 자의 법률행위에 대한 대리권과 재산관리권이 없는 친권자가 후견인을 지정한 경우에는 무효이다.(제931조 제1항 단서)
- 미성년후견인이 지정된 경우라도 미성년자의 복리를 위하여 필요하면 생존하는 부 또는 모, 미성년자의 청구에 의하여 후견을 종료하고 생존하는 부 또는 모를 친권자로 지정할 수 있다.(제931조 제2항)
- 후견인에게 특별한 관계나 자격이 필요하지는 않다.

(2) 제2순위 - 선임후견인

- 미성년자에게 지정후견인이 없거나, 미성년후견인이 없게 된 경우에 가정법원이 직권 또는 청구에 의하여 후견인을 선임하게 되는데 이렇게 선임된 후견인을 선임후견인이라 한다.(제932조)
- 청구권자는 미성년자, 친족, 이해관계인, 검사, 지방자치단체의 장의 청구가 있어야 한다.
- 미성년후견인이 없게 된 경우란 후견인이 사망하거나 결격 또는 사임한 경우를 의미한다.(제937조, 제939조)
- 이해관계인이란 채권자나 채무자 등과 같이 피후견인의 재산이 관리되는 데에 법률상 이해관계를 가지는 자를 의미한다.
- 친권자가 친권상실의 선고나 친권의 일시 정지, 친권의 일부 제한의 선고 또는 법률행위의 대리권 및 재산관리권 상실의 선고로 인하여 친권을 행사할 수 없게 되어 미성년후견인을 선임할 필요가 있는 경우에 가정법원은 직권으로 미성년후견인을 선임한다.(제932조 제2항)
- 친권자가 대리권 및 재산관리권을 사퇴한 경우에는 친권자의 청구에 의하여 가정법원이 미성년후견인을 선임한다.(제932조 제3항)

4. 후견인의 결격, 사임, 변경

(1) 후견인의 결격

- 후견인은 피후견인의 복리를 위하여 일할 수 있는 능력을 갖추고 있어야 한다. 따라서 다음에 기재된 자는 후견인이 될 수 없다.
  - 미성년자
  - 피성년후견인, 피한정후견인, 피특정후견인, 피임의후견인
  - 회생절차개시결정 또는 파산선고를 받은 자
  - 자격정지 이상의 형의 선고를 받고 그 형기(刑期) 중에 있는 사람
  - 법원에서 해임된 법정대리인

- 법원에서 해임된 성년후견인, 한정후견인, 특정후견인, 임의후견인과 그 감독인
- 행방이 불분명한 사람
- 피후견인을 상대로 소송을 하였거나 하고 있는 자 또는 그 배우자와 직계혈족

(2) 후견인의 사임

- 후견인은 정당한 사유가 있는 때에는 법원의 허가를 얻어 사임할 수 있다. (제939조)
- 후견인이 사임을 하고자 하는 경우 사임청구와 동시에 가정법원에 새로운 후견인의 선임을 청구하여야 한다.(제939조)

(3) 후견인의 변경

- 가정법원은 피후견인의 복리를 위하여 필요한 경우에는 후견인을 변경할 수 있다.
- 가정법원은 직권으로 또는 피후견인, 친족, 후견감독인, 검사, 지방자치단체의 장의 청구에 의하여 후견인을 변경할 수 있다.(제940조 제1항)

5. 후견의 임무

(1) 공정한 임무 수행을 위한 준비

1) 재산의 조사와 목록작성

- 후견인은 지체 없이 피후견인의 재산을 조사하여 2개월 내에 그 목록을 작성하여야 한다.(제941조 제1항 본문) 그러나 정당한 사유가 있는 경우에는 법원의 허가를 얻어 그 기간을 연장할 수 있다.(제941조 제1항 단서)
- 재산조사와 목록작성은 후견감독인이 있는 경우 후견감독인의 참여가 없으

면 무효이다.(제941조 제2항)
- 후견인은 재산조사와 목록작성을 완료한 후에 재산에 관한 권한을 행사할 수 있다.(제943조) 그러나 긴급하게 필요한 경우에는 그 전에라도 권한을 행사할 수 있다.(제943조)
- 다만 긴급하게 필요한 경우가 아닌 사항에 대한 권한의 행사는 무권대리이지만 이로써 선의의 제3자에게 대항하지 못한다.(제943조)
- 후견인이 취임한 후에 피후견인이 포괄적 재산을 취득한 경우에도 이를 준용한다.(제944조)

2) 후견인의 채권·채무의 제시

- 후견인과 피후견인 사이에 채권·채무의 관계가 있고 후견감독인이 있는 경우에는 후견인은 재산목록의 작성을 완료하기 전에 그 내용을 후견감독인에게 제시하여야 한다.(제942조 제1항)
- 후견인이 피후견인에 대하여 채권이 있음을 알고도 그 제시를 게을리 한 경우에는 그 채권을 포기한 것으로 본다.(제942조 제2항)
- 후견인이 취임한 후에 피후견인이 포괄적 재산을 취득한 경우에도 이를 준용한다.(제944조)

(2) 후견인의 임무

1) 미성년자의 신분에 관한 권리와 의무

- 미성년후견인은 피후견인의 보호·교양, 거소지정, 징계 내지 영업의 허락에 관하여 친권자와 마찬가지의 권리와 의무가 있다.(제945조 본문)
- 친권자가 정한 교육방법, 양육방법 또는 거소를 변경하거나 미성년자를 감화기관이나 교정기관에 위탁하는 경우, 친권자가 허락한 영업을 취소하거나 제한하는 경우에는 미성년후견감독인이 있으면 그의 동의를 받아야 한다. (제945조 단서)
- 후견인은 의사능력이 없는 피후견인을 부당하게 억류한 자에 대하여 친권

자와 같은 인도청구권이 있다.

2) 신분행위 대리권·동의권

· 후견인은 피후견인의 신분행위에 대하여 동의하거나 법정대리를 할 수 있다.
· 동의권 - 약혼과 혼인, 입양 등에 동의권이 있다.
· 대리권 - 혼인적령미달자의 혼인취소청구, 인지청구, 미성년자가 양친이 된 경우의 입양취소, 미성년자가 동의권자의 동의를 얻지 않고 양자가 되었을 때의 취소, 상속의 승인 및 포기 등에 대하여 대리권이 있다.

3) 친권대행

· 미성년후견인은 미성년자를 대신하여 미성년자의 자녀에 대한 친권을 행사한다.(제948조 제1항) 이 경우에 친권행사는 미성년후견인의 임무에 관한 규정을 준용한다.(제948조 제2항)

4) 재산행위 대리권·동의권

· 후견인은 피후견인의 재산을 관리하고 그 재산에 관한 법률행위에 대하여 피후견인을 대리한다.(제949조 제1항)
· 선량한 관리자의 주의의무를 가지고 피후견인의 재산을 관리하여야 한다.
· 제3자가 피후견인에게 무상으로 재산을 수여하면서 재산관리인을 선임한 경우에는 그 재산에 관해서는 후견인에게 관리권이 없다.

5) 친권 중 일부에 한정된 후견

· 미성년자의 친권자가 친권의 일부 제한 선고, 대리권, 재산관리권 상실의 선고, 대리권, 관리권의 사퇴로 인하여 친권 중 일부에 한정하여 행사할 수 없는 경우에 미성년후견인의 임무는 제한된 친권의 범위에 속하는 행위에 한정된다.(제946조)

(3) 미성년후견인의 동의권과 대리권의 제한

1) 피후견인의 동의를 요하는 행위

- 피후견인의 행위를 목적으로 하는 채무부담행위는 피후견인의 동의를 요한다.(제949조 제2항)

2) 후견감독인의 동의를 얻어야 하는 경우

- 미성년자에게 후견감독인이 있는 경우 일정한 행위에 대해서는 후견감독인의 동의를 받아야 한다.(제950조 제1항)
- 영업에 관한 행위, 금전을 빌리는 행위, 의무만을 부담하는 행위, 부동산 또는 중요한 재산에 관한 권리의 득실변경을 목적으로 하는 행위, 소송행위, 상속의 승인, 한정승인 또는 포기 및 상속재산의 분할에 관한 협의 등이다.
- 후견감독인의 동의가 있어야 하는 행위에 대하여 동의 없이 하였을 때에는 피후견인 또는 후견감독인이 그 행위를 취소할 수 있다.(제950조 제3항)
- 후견감독인의 동의가 필요한 행위에 대하여 후견감독인이 피후견인이 이익이 침해될 우려가 있음에도 동의를 하지 아니하는 경우에는 가정법원은 후견인의 청구에 의하여 후견감독인의 동의를 갈음하는 허가를 할 수 있다.(제950조 제2항)
- 상대방은 추인여부를 최고할 수 있다.(제952조)

3) 피후견인의 재산 등의 양수에 대한 취소

- 후견인이 피후견인에 대한 제3자의 권리를 양수(讓受)하는 경우에는 피후견인은 이를 취소할 수 있다.(제951조 제1항)
- 권리를 양수하는 경우에는 후견감독인이 있으면 후견인은 후견감독인의 동의를 받아야 하고, 후견감독인의 동의가 없는 경우에는 피후견인 또는 후견감독인이 이를 취소할 수 있다.(제951조 제2항)
- 상대방은 추인여부를 최고할 수 있다.(제952조)

4) 이해상반행위

- 후견인과 피후견인 사이에 이해상반되는 행위를 하는 경우에는 후견인은 법원에 피후견인의 특별대리인의 선임을 청구하여야 한다.(제949조의3)
- 후견인의 후견에 따르는 수인의 피후견인 사이에 이해상반되는 행위를 하는 경우 법원에 그 자 일방의 특별대리인의 선임을 청구하여야 한다.(제949조의3)
- 다만 후견감독인이 있는 경우에는 그러하지 아니하다.(제949조의3 단서)

(4) 후견감독인·가정법원의 감독

1) 후견감독인의 후견사무의 감독

- 후견감독인은 언제든지 후견인에게 그의 임무 수행에 관한 보고와 재산목록의 제출을 요구할 수 있고 피후견인의 재산상황을 조사할 수 있다.(제953조)

2) 가정법원의 후견사무에 관한 처분

- 가정법원은 직권으로 또는 피후견인, 후견감독인, 제777조에 따른 친족, 그 밖의 이해관계인, 검사, 지방자치단체의 장의 청구에 의하여 피후견인의 재산상황을 조사하고, 후견인에게 재산관리 등 후견임무 수행에 관하여 필요한 처분을 명할 수 있다.(제954조)

(5) 후견인에 대한 보수

- 법원은 후견인의 청구에 의하여 피후견인의 재산상태 기타 사정을 참작하여 피후견인의 재산 중에서 상당한 보수를 후견인에게 수여할 수 있다.(제955조)

(6) 지출금액의 예정과 사무비용

- 후견인이 후견사무를 수행하는 데 필요한 비용은 피후견인의 재산 중에서

지출한다.(제955조의2)

6. 후견의 종료

(1) 미성년자후견이 종료되는 경우

1) 절대적 종료

- 미성년자가 사망하거나, 성년이 되는 경우 또는 혼인으로 인하여 성년으로 의제되는 경우
- 친권자에 대한 성년후견, 한정후견 선고가 취소되거나 친권상실선고 또는 대리권, 관리권상실선고가 취소되는 경우, 사퇴한 대리권, 관리권이 회복되는 경우
- 피후견인이 양자가 되어서 양친의 친권에 따르게 되거나, 인지에 의하여 부 또는 모를 알게 된 경우

2) 상대적 종료

- 후견인이 사망하거나, 사임, 변경, 결격의 사유가 발생한 경우 후견인은 후견관계에서 벗어나게 된다.

(2) 후견종료 후의 후견인의 임무

1) 관리의 계산

- 후견인의 임무가 종료되면 후견인 또는 그 상속인은 1개월 내에 피후견인의 재산에 관한 계산을 하여야 한다.(제957조 제1항 본문)
- 정당한 사유가 있는 경우에는 법원의 허가를 받아 그 기간을 연장할 수 있다.(제957조 제1항 단서)
- 후견감독인이 있는 경우 계산을 할 때 참여하여야 하고 참여하지 않은 계산은 무효이다.(제957조 제2항)

2) 이자부가와 금전소비에 대한 책임

- 후견인이 피후견인에게 지급할 금액이나 피후견인이 후견인에게 지급할 금액에는 계산종료의 날로부터 이자를 부가하여야 한다.(제958조 제1항)
- 후견인이 자기를 위하여 피후견인의 금전을 소비한 때에는 그 소비한 날로부터 이자를 부가하고 피후견인에게 손해가 있으면 이를 배상하여야 한다. (제958조 제2항)

3) 후견종료 후의 긴급처리

- 후견이 종료한 경우에 급박한 사정이 있는 때에는 후견인, 그 상속인이나 법정대리인은 피후견인, 그 상속인이나 법정대리인이 후견사무를 처리할 수 있을 때까지 그 사무의 처리를 계속하여야 한다. 이 경우에는 후견의 존속과 동일한 효력이 있다.(제959조, 제691조)
- 후견종료의 사유는 이를 상대방에게 통지하거나 상대방이 이를 안 때가 아니면 이로써 상대방에게 대항하지 못한다.(제959조, 제692조)

7. 후견감독인

(1) 후견감독인의 자격 및 결정

1) 후견감독인의 자격

- 미성년후견감독인은 여러 명 일수도 있고, 법인도 후견감독인이 될 수 있다.(제940조의7 제930조 제2항, 제3항)
- 가정법원은 미성년후견감독인이 선임된 경우에도 필요하다고 인정하면 추가로 미성년후견감독인을 선임할 수 있다.(제940조의7, 제936조 제3항)
- 가정법원이 미성년후견감독인을 선임할 때에는 미성년자의 의사를 존중하여야 하며, 그 밖의 사정도 고려하여야 한다.(제940조의7, 제936조 제4항)

2) 지정후견감독인

- 미성년후견인을 지정할 수 있는 사람은 유언으로 미성년 후견감독인을 지정할 수 있다.(제940조의2)

3) 선임후견감독인

- 지정된 미성년후견감독인이 없는 경우 가정법원은 필요하다고 인정하면 직권으로 또는 미성년자, 친족, 미성년후견인, 검사, 지방자치단체의 장의 청구에 의하여 미성년후견감독인을 선임할 수 있다.(제940조의3 제1항)
- 미성년후견감독인이 사망, 결격 그 밖의 사유로 없게 된 경우에는 가정법원은 직권으로 또는 미성년자, 친족, 미성년후견인, 검사, 지방자치단체의 장의 청구에 의하여 미성년후견감독인을 선임한다.(제940조의3 제2항)

(2) 후견감독인의 결격

- 제779조에 따른 후견인의 가족은 후견감독인이 될 수 없다.(제940조의5)
- 후견인 결격자도 후견감독인이 될 수 없다.(제940조의7, 제937조)

(3) 후견감독인의 직무

- 후견감독인은 후견인의 사무를 감독하며, 후견인이 없는 경우 지체 없이 가정법원에 후견인의 선임을 청구하여야 한다.(제940조의6 제1항)
- 후견감독인은 피후견인의 신상이나 재산에 대하여 급박한 사정이 있는 경우 그의 보호를 위하여 필요한 행위 또는 처분을 할 수 있다.(제940조의6 제2항)
- 후견인과 피후견인 사이에 이해가 상반되는 행위에 관하여는 후견감독인이 피후견인을 대리한다.(제940조의6 제3항)
- 미성년자의 신체를 침해하는 의료행위에 대하여 미성년후견인이 동의할 수 없는 경우에 미성년후견감독인이 그를 대신하여 동의할 수 있다. 이 때 가정법원의 허가를 받아야 한다.(제940조의6 제4항)

- 미성년후견감독인이 미성년후견인을 대리하여 미성년후견인이 거주하고 있는 건물 또는 그 대지에 대하여 매도, 임대, 전세권 설정, 저당권 설정, 임대차의 해지, 전세권의 소멸, 그밖에 이에 준하는 행위를 하는 경우에는 가정법원의 허가를 받아야 한다.
- 그밖에 위임에 관한 제681조, 제691조, 제692조가 준용된다.

(4) 기타

- 후견감독인의 사임과 변경에 대해서는 후견인에 관한 제939조와 제940조가 준용된다.(제940조의7)
- 후견감독인이 복수인 경우에 제949조의2가 준용되고, 보수 및 비용에 관하여 제955조 및 제955조의2가 준용된다.(제940조의7)

III. 성년후견

1. 성년후견의 개시

- 가정법원의 성년후견개시심판으로 성년후견이 개시된다.(제929조)
- 성년후견인은 후견등기에 관한 법률 제20조에 따라 등기를 신청하여야 한다.

2. 성년후견인

(1) 성년후견인의 수와 자격

- 성년후견인은 여러 명을 둘 수 있다.(제930조 제2항)
- 성년후견인은 피성년후견인의 신상과 재산에 관한 모든 사정을 고려하여 선임하여야 한다.(제930조 제2항)
- 성년후견인은 자연인뿐만 아니라 법인도 가능하다.(제930조 제3항)

(2) 성년후견인의 선임

- 성년후견 개시 심판의 경우 - 가정법원이 직권으로 선임한다.(제936조 제1항)
- 성년후견인이 사망, 결격, 그 밖의 사유로 없게 된 경우
  - 가정법원이 직권으로 또는 피성년후견인, 친족, 이해관계인, 검사 지방자치단체의 장의 청구에 의하여 성년후견인을 선임한다.(제936조 제2항)
- 성년후견인의 추가 선임
  - 가정법원은 성년후견인이 선임된 경우에도 필요하다고 인정하면 직권으로 또는 피성년후견인, 친족, 이해관계인, 검사, 지방자치단체의 장이나 성년후견인의 청구에 의하여 추가로 성년후견인을 선임할 수 있다.(제936조 제3항)
- 선임시 고려 사항
  - 피성년후견인의 의사를 존중한다.(제936조 제4항)
  - 피성년후견인의 건강, 생활관계, 재산상황, 성년후견인이 될 사람의 직업과 경험, 피성년후견인과의 이해관계의 유무(법인이 성년후견인이 될 때에는 사업의 종류와 내용, 법인이나 그 대표자와 피성년후견인 사이의 이해관계의 유무를 말한다) 등을 고려한다.(제936조 제4항)

(3) 성년후견인의 결격, 사임, 변경

- 미성년후견인의 결격, 사임, 변경과 같다.(제937조, 제939조, 제940조)

3. 성년후견인의 임무 및 권한

(1) 성년후견인의 임무

- 재산조사와 목록작성 및 채권·채무의 제시 등의 임무는 미성년후견에서와 같다.(제941조 내지 제944조)
- 성년후견인은 피성년후견인의 재산관리와 신상보호를 할 때 여러 사정을

고려하여 그의 복리에 부합하는 방법으로 사무를 처리하여야 한다. 이 경우 성년후견인은 피성년후견인의 복리에 반하지 아니하면 피성년후견인의 의사를 존중하여야 한다.(제947조)

(2) 성년후견인이 복수인 경우 권한의 행사

- 행사방법 결정 - 가정법원은 직권으로 여러 명의 성년후견인이 공동으로 또는 사무를 분장하여 그 권한을 행사하도록 정할 수 있고, 직권으로 이 결정을 변경하거나 취소할 수 있다.
- 권한 공동행사시 불협력에 따른 조치 - 여러 명의 성년후견인이 공동으로 권한을 행사하여야 하는 경우에 어느 성년후견인이 피성년후견인의 이익이 침해될 우려가 있음에도 법률행위의 대리 등 필요한 권한행사에 협력하지 아니할 때에는 가정법원은 피성년후견인, 성년후견인, 후견감독인 또는 이해관계인의 청구에 의하여 그 성년후견인의 의사표시를 갈음하는 재판을 할 수 있다.

(3) 피후견인의 신상결정 등에 관한 권한

1) 원칙

- 피성년후견인은 자신의 신상에 관하여 그의 상태가 허락하는 범위에서 단독으로 결정한다.(제947조의2 제1항)
- 유언이나 혼인 등 일신전속적 행위에 관하여 성년후견인이 대리할 수 없다.
- 가정법원에 의하여 성년후견인이 피성년후견인의 신상에 관하여 결정할 수 있는 권한의 범위를 정하였다고 하더라도,(제938조 제3항) 그 범위가 적절하지 않게 되었다면, 본인, 배우자, 4촌 이내의 친족, 성년후견인, 성년후견감독인, 검사 또는 지방자치단체의 장의 청구에 의하여 그 범위를 변경할 수 있다.(제938조 제4항)

2) 예외

- 피성년후견인이 피성년후견인을 치료 등의 목적으로 정신병원이나 그 밖의 다른 장소에 격리하려는 경우에는 가정법원의 허가를 받아야 한다.(제947조의2 제2항)
- 피성년후견인의 신체를 침해하는 의료행위에 대하여 피성년후견인이 동의할 수 없는 경우에는 성년후견인이 그를 대신하여 동의할 수 있다.(제947조의2 제3항)
- 성년후견인이 대신하여 동의하는 경우 피성년후견인이 의료행위의 직접적인 결과로 사망하거나 상당한 장애를 입을 위험이 있을 때에는 가정법원의 허가를 받아야 한다. 다만, 허가절차로 의료행위가 지체되어 피성년후견인의 생명에 위험을 초래하거나 심신상의 중대한 장애를 초래할 때에는 사후에 허가를 청구할 수 있다.(제947조의2 제4항)
- 성년후견인이 피성년후견인을 대리하여 피성년후견인이 거주하고 있는 건물 또는 그 대지에 대하여 매도, 임대, 전세권 설정, 저당권 설정, 임대차의 해지, 전세권의 소멸, 그 밖에 이에 준하는 행위를 하는 경우에는 가정법원의 허가를 받아야 한다.(제947조의2 제5항)

3) 기타

- 대리권이 인정되는 경우 - 인지청구의 소를 제기하는 경우, 혼인을 취소하는 경우, 입양을 취소하는 경우, 상속의 포기 또는 승인을 하는 경우, 신분관계의 소를 제기하는 경우 등
- 동의권이 인정되는 경우 - 약혼, 혼인, 협의이혼, 입양, 파양, 인지 등의 경우

(4) 피후견인의 재산에 관한 권한

1) 원칙

- 후견인은 피후견인의 재산을 관리하고 그 재산에 관한 법률행위에 대하여 피후견인을 대리한다.(제949조 제1항) 그러나 피후견인의 행위를 목적으로

하는 채무를 부담할 경우에는 본인의 동의를 얻어야 한다.(제949조 제2항)
- 성년후견인은 후견의 본지에 따라 선량한 관리자의 주의로써 후견사무를 처리하여야 한다.(제956조, 제681조)
- 제삼자가 무상으로 피성년후견인에게 제공한 재산에 대해서는 미성년후견에서와 같다.(제956조, 제918조)

2) 예외

- 이해상반행위(제949조의3), 피후견인의 행위를 목적으로 하는 채무부담행위(제949조 제2항, 제920조 단서), 후견감독인의 동의를 요하는 행위(제950조), 피후견인의 재산 등의 양수(제951조) 등이 제한되는 것과 상대방의 최고(제952조) 등은 미성년후견에서와 같다.

(5) 성년후견인의 보수 등

- 법원은 후견인의 청구에 의하여 피후견인의 재산상태 기타 사정을 참작하여 피후견인의 재산 중에서 상당한 보수를 후견인에게 수여할 수 있다.(제955조)
- 후견인이 후견사무를 수행하는 데 필요한 비용은 피후견인의 재산 중에서 지출한다.(제955조의2)

4. 성년후견인에 대한 감독

- 후견감독인 - 후견감독인은 언제든지 후견인에게 그의 임무 수행에 관한 보고와 재산목록의 제출을 요구할 수 있고 피후견인의 재산상황을 조사할 수 있다.(제953조)
- 가정법원 - 가정법원은 직권으로 또는 피후견인, 후견감독인, 제777조에 따른 친족, 그 밖의 이해관계인, 검사, 지방자치단체의 장의 청구에 의하여 피후견인의 재산상황을 조사하고, 후견인에게 재산관리 등 후견임무 수행에 관하여 필요한 처분을 명할 수 있다.(제954조)

5. 성년후견의 종료

- 종료사유는 대체로 미성년후견에서와 같다.
- 절대적 후견종료사유로 피후견인의 사망, 피후견인에 대한 성년후견종료의 심판이 있을 뿐이다.
- 종료 후의 청산도 미성년후견에서와 같다.

6. 후견감독인

- 대체로 미성년후견과 같고, 선임에 관하여 차이가 있다.
- 지정 후견감독인은 없고, 선임후견감독인만 있다.
- 가정법원은 필요하다고 인정하면 직권으로 또는 피성년후견인, 친족, 성년후견인, 검사, 지방자치단체의 장의 청구에 의하여 성년후견감독인을 선임할 수 있다.(제940조의4 제1항)
- 가정법원은 성년후견감독인이 사망, 결격, 그 밖의 사유로 없게 된 경우에는 직권으로 또는 피성년후견인, 친족, 성년후견인, 검사, 지방자치단체의 장의 청구에 의하여 성년후견인을 선임한다.(제940조의4 제2항)

IV. 한정후견

1. 한정후견의 개시

- 한정후견은 가정법원의 한정후견개시의 심판이 있는 경우 개시된다.
- 한정후견이 개시되면 후견등기에 관한 법률 제20조에 따라 공시하여야 한다.

2. 한정후견인의 수와 선임

(1) 한정후견인의 수

- 한정후견인은 피한정후견인의 신상과 재산에 관한 모든 사정을 고려하여 여러 명 둘 수 있다.(제959조의3 제2항)
- 법인도 한정후견인이 될 수 있다.(제959조의3 제2항)

(2) 한정후견인의 선임

- 한정후견 개시 심판의 경우 - 가정법원이 직권으로 선임한다.(제959조의3 제2항)
- 한정후견인이 사망, 결격, 그 밖의 사유로 없게 된 경우
  - 가정법원이 직권으로 또는 피성년후견인, 친족, 이해관계인, 검사, 지방자치단체의 장의 청구에 의하여 한정후견인을 선임한다.(제959조의3 제2항)
- 한정후견인의 추가 선임
  - 가정법원은 한정후견인이 선임된 경우에도 필요하다고 인정하면 직권으로 또는 피성년후견인, 친족, 이해관계인, 검사, 지방자치단체의 장이나 성년후견인의 청구에 의하여 추가로 한정후견인을 선임할 수 있다.(제959조의3 제2항)
- 선임시 고려 사항
  - 피한정후견인의 의사를 존중한다.(제959조의3 제2항)
  - 피한정후견인의 건강, 생활관계, 재산상황, 성년후견인이 될 사람의 직업과 경험, 피한정후견인과의 이해관계의 유무(법인이 성년후견인이 될 때에는 사업의 종류와 내용, 법인이나 그 대표자와 피한정후견인 사이의 이해관계의 유무를 말한다) 등을 고려한다.(제936조 제4항)

(3) 한정후견인의 결격, 사임, 변경

- 성년후견인의 결격, 사임, 변경과 같다.(제937조, 제939조, 제940조)

3. 한정후견인의 임무 및 권한

- 한정후견인과 피한정후견인 사이에 이해상반되는 행위를 함에는 한정후견인은 법원에 그 피한정후견인의 특별대리인을 청구하여야 한다. 다만, 후견감독인이 있는 경우에는 그러하지 아니하다.(제959조의3 제2항)
- 한정후견인과 그 후견을 받는 수인의 피한정후견인 사이에 이해상반되는 행위를 함에는 법원에 그 피한정후견인 일방의 특별대리인의 선임을 청구하여야 한다. 다만 후견감독인이 있는 경우에는 그러하지 아니하다.(제959조의3 제2항)
- 가정법원은 한정후견인에게 대리권을 수여하는 심판을 할 수 있다.(제959조의4 제1항) 따라서 심판에서 정한 범위에서 한정후견인은 대리권을 가지고, 심판이 없으면 대리권도 없다.
- 가정법원은 한정후견인이 피한정후견인의 신상에 관하여 결정할 수 있는 권한의 범위를 정할 수 있다.(제959조의5 제2항)
- 가정법원이 정한 법정대리인의 권한의 범위가 적절하지 아니하게 된 경우에 가정법원은 본인, 배우자, 4촌 이내의 친족, 한정후견인, 한정후견감독인, 검사 또는 지방자치단체의 장의 청구에 의하여 그 범위를 변경할 수 있다. (제959조의5 제2항)

4. 한정후견사무

- 한정후견인의 사무 - 한정후견의 사무에 관하여는 제681조 수임인의 선관의무, 제920조 단서 피한정후견인의 재산에 관한 한정후견인의 대리권, 제947조 피한정후견인의 복리와 의사존중, 제947조의2 피한정후견인의 신상결정 등, 제949조 재산관리권과 대리권, 제949조의2 한정후견인이 여러 명인 경우 권한의 행사 등, 제949조의3 이해상반행위, 제950조 후견감독인의 동의를 필요로 하는 행위, 제951조 피후견인의 재산 등의 양수에 대한 취소, 제952조 상대방의 추인 여부 최고, 제953조 후견감독인의 후견사무의 감독,

제954조 가정법원의 후견사무에 관한 처분, 제955조 후견인에 대한 보수, 제955조의2 지출금액의 예정과 사무비용을 준용한다.
- 한정후견인의 사무가 아닌 것 – 한정후견인은 피한정후견인의 재산을 조사하여 목록을 작성할 필요가 없으며, 한정후견인과 피한정후견인 사이에 채권·채무관계가 있다고 하더라도 이를 제시할 필요가 없다.

5. 한정후견감독인

- 가정법원은 필요하다고 인정하면 직권으로 또는 피한정후견인, 친족, 한정후견인, 검사, 지방자치단체의 장의 청구에 의하여 한정후견감독인을 선임할 수 있다.(제959조의5 제1항)
- 한정후견감독인이 사망, 결격, 그 밖의 사유로 없게 된 경우에는 직권으로 또는 피한정후견인, 친족, 한정후견인, 검사, 지방자치단체의 장의 청구에 의하여 한정후견감독인을 선임한다.(제959조의5 제2항, 제940조의3 제2항)
- 선임에 관한 사항을 제외한 나머지는 성년후견감독인에서와 같다.
- 제940조의6 제3항 중 "피후견인을 대리한다"는 "피한정후견인을 대리하거나 피한정후견인이 그 행위를 하는 데 동의한다"로 본다.

6. 한정후견인의 임무의 종료 등

- 종료심판의 종류 외에는 성년후견에서와 같다.(제691조, 제692조, 제957조 및 제958조)

V. 특정후견

1. 특정후견의 개시

- 특정후견의 심판을 한 가정법원은 피특정후견인의 후원을 위하여 필요한

처분을 명할 수 있다.(제959조의8)
- 특정후견이 개시되면 후견등기에 관한 법률 제20조에 따라 공시하여야 한다.

2. 특정후견인

(1) 특정후견인의 수 및 자격

- 성년후견에서와 같다.(제959조의9 제2항, 제930조 제2항, 제3항)

(2) 특정후견인의 선임

- 가정법원은 특정후견에 따른 처분으로 피특정후견인을 후원하거나 대리하기 위한 특정후견인을 선임할 수 있다.(제959조의9 제1항)
- 나머지 사항은 성년후견인에서와 같다.(제959조의9 제2항, 제930조 제2항, 제3항)

(3) 특정후견인의 결격, 사임, 변경

- 성년후견인의 결격, 사임, 변경과 같다.(제959조의9 제2항, 제937조, 제939조, 제940조)

3. 특정후견인의 임무 및 권한

- 피특정후견인의 후원을 위하여 필요하다고 인정하면 가정법원은 기간이나 범위를 정하여 특정후견인에게 대리권을 수여하는 심판을 할 수 있다. 이 경우 가정법원은 특정후견인의 대리권 행사에 가정법원이나 특정후견감독인의 동의를 받도록 명할 수 있다.(제959조의11 제1항, 제2항)

4. 특정후견의 사무

- 특정후견의 사무에 관하여는 제681조, 제920조 단서, 제947조, 제949조의2, 제953조부터 제955조까지 및 제955조의2를 준용한다.(제959조의12)

5. 특정후견의 종료

- 성년후견에서와 같다.(제691조, 제692조, 제957조 및 제958조)

6. 특정후견감독인

- 가정법원은 필요하다고 인정하면 직권으로 또는 피특정후견인, 친족, 특정후견인, 검사, 지방자치단체의 장의 청구에 의하여 특정후견감독인을 선임할 수 있다.
- 성년후견감독인과 같이 제681조, 제691조, 제692조, 제930조제2항·제3항, 제936조제3항·제4항, 제937조, 제939조, 제940조, 제940조의5, 제940조의6, 제949조의2, 제955조 및 제955조의2를 준용한다.
- 다만, 후견감독인의 사망 등에 관한 제940조의3 제2항과 피후견인의 신상결정 등에 관한 제947조의2 제3항 내지 제5항은 준용되지 않는다.

VI. 임의후견

1. 후견계약

- 의의 - 후견계약은 질병, 장애, 노령, 그 밖의 사유로 인한 정신적 제약으로 사무를 처리할 능력이 부족한 상황에 있거나 부족하게 될 상황에 대비하여 자신의 재산관리 및 신상보호에 관한 사무의 전부 또는 일부를 다른 자에게 위탁하고 그 위탁사무에 관하여 대리권을 수여하는 것을 내용으로 하는 계

약을 의미한다.(제959조의14 제1항)
- 당사자 - 후견계약의 당사자는 임의후견을 받을 자와 임의후견인이고, 임의후견인에게 특별한 자격이 요구되지는 않지만 후견계약이 가지는 의미와 결과를 합리적으로 이해할 수 있는 정도의 정신적 능력을 가지면 된다.
- 요식행위 - 공정중서로 체결하여야 한다.(제959조의14)
- 공시 - 후견계약은 후견등기에 관한 법률 제26조에 따라 등기에 의하여 공시되어야 한다.
- 철회 - 가정법원, 임의후견인, 임의후견감독인 등은 후견계약을 이행·운영할 때 본인의 의사를 최대한 존중하여야 한다.(제959조의14 제4항)

2. 임의후견의 실행

(1) 임의후견의 개시 및 그 제한

- 개시 - 가정법원이 임의후견감독인을 선임한 때부터 효력이 발생하므로 임의후견감독인 선임시에 임의후견이 개시된다.
- 필요에 의한 제한 - 본인이 피성년후견인, 피한정후견인 또는 피특정후견인인 경우에 가정법원은 임의후견감독인을 선임함에 있어서 종전의 성년후견, 한정후견 또는 특정후견의 종료 심판을 하여야 한다. 다만, 성년후견 또는 한정후견 조치의 계속이 본인의 이익을 위하여 특별히 필요하다고 인정하면 가정법원은 임의후견감독인을 선임하지 아니한다.(제959조의20 제2항) 따라서 임의후견감독인이 선임되지 않으므로 임의후견이 개시되지 않는다.
- 결격에 의한 제한 - 임의후견인이 제937조에 따른 후견인 결격사유에 해당하거나 그 밖에 현저한 비행을 하거나 후견계약에서 정한 임무에 적합하지 아니한 사유가 있는 자인 경우에 가정법원은 임의후견감독인을 선임하지 아니함으로써 임의후견이 개시되지 않는다.(제959조의17 제1항)

(2) 임의후견인의 임무

- 임의후견인의 임무는 후견계약의 내용에 따른다.
- 가정법원, 임의후견인, 임의후견감독인 등은 후견계약을 이행·운영할 때 본인의 의사를 최대한 존중하여야 한다.(제959조의14 제4항)

3. 임의후견의 종료

(1) 종료사유

- 임의후견감독인의 선임 이후에는 본인 또는 임의후견인은 정당한 사유가 있는 때에만 가정법원의 허가를 받아 후견계약을 종료할 수 있다.(제959조의18 제2항)
- 임의후견감독인을 선임한 이후 임의후견인이 현저한 비행을 하거나 그밖에 그 임무에 적합하지 아니한 사유가 있게 된 경우에 가정법원은 임의후견감독인, 본인, 친족, 검사 또는 지방자치단체의 장의 청구에 의하여 임의후견인을 해임할 수 있다.(제959조의17 제2항)

(2) 종료의 효과

- 임의후견 종료 사유에 의한 종료시 소급효는 없다.
- 임의후견인의 대리권 소멸은 등기하지 아니하면 선의의 제3자에게 대항할 수 없다.(제959조의19)

4. 임의후견감독인

(1) 선임

- 가정법원은 후견계약이 등기되어 있고, 본인이 사무를 처리할 능력이 부족한 상황에 있다고 인정할 때에는 본인, 배우자, 4촌 이내의 친족, 임의후견

인, 검사 또는 지방자치단체의 장의 청구에 의하여 임의후견감독인을 선임한다. 이 경우 본인이 아닌 자의 청구에 의하여 가정법원이 임의후견감독인을 선임할 때에는 미리 본인의 동의를 받아야 한다. 다만, 본인이 의사를 표시할 수 없는 때에는 그러하지 아니하다.(제959조의15 제1항, 제2항)
- 가정법원은 임의후견감독인이 없게 된 경우에는 직권으로 또는 본인, 친족, 임의후견인, 검사 또는 지방자치단체의 장의 청구에 의하여 임의후견감독인을 선임한다.(제959조의15 제3항)
- 가정법원은 임의후견임감독인이 선임된 경우에도 필요하다고 인정하면 직권으로 또는 제3항의 청구권자의 청구에 의하여 임의후견감독인을 추가로 선임할 수 있다.(제959조의15 제4항)
- 제779조에 따른 후견인의 가족은 후견감독인이 될 수 없다.(제959조의15 제5항)

(2) 임무

- 임의후견감독인은 임의후견인의 사무를 감독하며 그 사무에 관하여 가정법원에 정기적으로 보고하여야 한다.(제959조의16 제1항)
- 가정법원은 필요하다고 인정하면 임의후견감독인에게 감독사무에 관한 보고를 요구할 수 있고 임의후견인의 사무 또는 본인의 재산상황에 대한 조사를 명하거나 그밖에 임의후견감독인의 직무에 관하여 필요한 처분을 명할 수 있다.(제959조의16 제2항)
- 임의후견감독인에 대하여는 제940조의6 제2항·제3항, 제940조의7 및 제953조를 준용한다.(제959조의16 제3항)

부 양

I. 부양제도의 의의

1. 공적 의미의 부양

- 공적부양이란 부양의무자가 없거나 있더라도 부양을 할 수 없는 경우에 보충적으로 국가가 부양의무를 지는 것을 의미한다. 따라서 사적 부양이 우선하므로 공적 부조에 관한 특별법의 규정은 민법규정을 보충하는 역할을 한다.
- 생활보호법, 사회보장기본법, 노인복지법, 각종 보험법 등이 기초가 된다.

2. 사적 의미의 부양

(1) 1차적 부양의무

- 부모와 미성년인 자녀 사이 그리고 배우자 사이의 의무이다.
- 혼인 외의 자는 인지 전이면 생모가, 인지 후이면 부와 생모가 공동으로 부양의무가 있다.(대판 1979. 1. 23, 78다2023)
- "자기가 살아야 할 권리는 다른 사람을 부양할 권리에 우선한다"는 원칙이 적용되지 않는다. 즉, 있는 그대로는 나누어야 하는 생존적 부양을 의미한다.

(2) 2차적 부양의무

- 생활부조적 부양을 의미한다.
- 1차적 부양의무의 범위 외에 일정 범위의 친족, 특히 생계를 같이 하는 친족 사이의 의무이다.
- 자기가 살아야 할 권리는 나른 사람을 부양할 권리에 우선한다. 따라서 자기가 생활하고 남는 것이 있으면 그 한도에서 부양의무를 지고 자기 생활을 희생할 필요는 없다.

Ⅱ. 부양청구권

1. 청구권의 발생과 소멸

(1) 청구권의 발생

1) 1차적 부양

- 1차적 부양의 경우 당연히 발생하므로 일정한 요건을 필요로 하지 않는다.

2) 2차적 부양

- 친족 사이에 부양청구권이 발생하기 위해서는 부양의 필요성과 부양의 가능성이 있어야 한다.
- **부양의 필요성** - 부양청구권자의 자력이나 근로에 의하여 생활 유지가 곤란한 경우를 의미한다.
- **부양의 가능성** - 부양의무자는 자기의 생활을 꾸려나갈 자력과 요부양자의 생활을 도와줄 경제적 능력을 갖추고 있는 상태를 의미한다.

(2) 청구권의 소멸

- 성립요건 중 어느 하나라도 소멸하면 부양을 청구할 수 없게 된다.

- 2차적 부양에 있어서는 친족관계가 소멸하거나 생계를 같이하지 않게 되어도 부양의무가 소멸하게 된다.

2. 부양청구권의 일신전속성

- 부양청구권은 행사상으로나 귀속상으로나 일신전속권이다.
- 대위행사 - 대위행사의 객체가 될 수 없다.
- 상속 - 상속재산에 포함되지 않는다.
- 양도・입질(入質)・상계 - 처분이 불가능하므로 그것을 양도하거나 입질(入質)하거나 또는 상계할 수도 없다.
- 권리의 포기 - 장래에 향하여 권리를 포기할 수도 없다. 그러나 이미 변제기가 도래한 청구권에 관하여는 포기하더라도 무방하다.
- 압류 - 청구권자의 채권자가 이를 압류할 수도 없다.
- 파산채권 - 파산채권에도 속하지 않는다.

Ⅲ. 부양당사자

1. 부양당사자의 범위

(1) 직계혈족간

- 생계를 같이 하는 가의 여부를 떠나 부양의무가 발생한다.
- 직계혈족의 범위는 부계나 모계를 불문한다.
- 혼인외의 출생자 - 인지하게 되면 출생시에 소급하여 부양의무가 발생한다.
- 양친자관계 - 입양된 날로부터 부양의무가 발생한다. 친생부모와의 사이에서도 부양의 권리의무가 있다.
- 미성숙자녀 - 친권자는 1차적 부양의무를 부담하게 된다.(제913조)
- 성년자녀 - 2차적 부양의무를 부담하게 된다.(제974조)

- 외국에 이민을 가 있어 주택에 입주하지 않으면 안 될 급박한 사정이 없는 딸이 고령과 지병으로 고통을 겪고 있는 상태에서 달리 마땅한 거처도 없는 아버지와 그를 부양하면서 동거하고 있는 남동생을 상대로 자기 소유 주택의 명도 및 퇴거를 청구하는 행위가 인륜에 반하는 행위로서 권리남용에 해당한다.(대판 1998. 6. 12, 96다52670)

(2) 배우자간

- 배우자간에도 부양의 권리의무가 있다.
- 별거중인 배우자간에도 원칙적으로 부양의무가 있다.
- 부부는 서로 부양의무가 있음은 민법 제974조에 명시되어 있고 처가 자활능력이 없는 경우에는 남편이 처를 부양할 책임이 있다 할 것이나 처가 남편과의 동거 의무를 스스로 저버리고 별거하고 있는 경우에는 남편에게 부양료 청구를 할 수 없고 남편의 인도요구에 불응하여 처가 그 소생아를 양육하였고 또 장래에도 계속 양육할 의도인 생모는 그의 부양의무를 이행하는 것이니 그에게 자활 능력이 있건 없건 또는 과거의 것이든 장래의 것이든 소생자의 아버지에게 그 부양료를 청구할 수 없다.(대판 1976. 6. 22, 75므17,18)

(3) 생계를 같이 하는 친족

- 민법 제777조에 규정하고 있는 범위내의 친족이 생계를 같이 하고 있다면 부양의무가 인정된다.
- 2차적 부양의무를 진다.

2. 부양당사자의 순위

(1) 부양의무자가 수인인 경우

- 부양의무자가 수인인 경우에는 당사자간에 협의하여 그 순위를 정한다.(제

976조 제1항)
- 당사간에 협의가 없는 경우에 법원은 당사자의 청구에 의하여 이를 정한다. (제976조 제1항)

(2) 부양권리자가 수인인 경우

- 부양권리자가 수인인 경우에 부양의무자의 자력이 그 전원을 부양할 수 없는 경우에 우선 당사자간의 협의에 의하여 그 순위를 정한다.(제976조 제1항)
- 당사자간에 협의가 없는 경우 법원은 당사자의 청구에 의하여 이를 정한다. (제976조 제1항)

(3) 순위의 변경 또는 취소

- 부양을 할 자 또는 부양을 받을 자의 순위에 관하여 당사자의 협정이나 법원의 판결이 있는 후에 이에 관한 사정변경이 있는 때에는 법원은 당사자의 청구에 의하여 그 협정이나 판결을 취소 또는 변경할 수 있다.(제978조)

Ⅳ. 부양의 정도와 방법

1. 부양의 정도

- 부양의 정도나 방법은 당사자간에 협의하여 정한다.
- 당사자간에 협정이 없으면 법원은 당사자의 청구에 의하여 부양을 받을 자의 생활정도와 부양의무자의 자력 기타 제반사정을 참작하여 이를 정한다.
- 부양의 정도나 방법은 당사자간에 협정이 없는 한 부양을 받을 자의 생활정도와 부양의무자의 자력 기타 제반사정을 참작하여 정하게 되어 있는 바, 부양을 받을 자의 연령, 재능, 신분, 지위 등에 따른 교육을 받는데 필요한 비용도 부양료에 해당된다.(대판 1986. 6. 10, 86므46)

- 부모가 자녀의 혼인비용을 부담하는 것은 인륜의 자연일 뿐 이를 부모에게 법적으로 청구할 수 없음은 친권의 효력을 정한 민법 제913조의 취지에 비추어도 알 수 있다.(대판 1979. 6. 12, 79다249)

2. 부양의 방법

- **동거부양** - 부양권리자를 부양의무자가 동거하면서 부양하는 것으로 동거할 자의 의향이나 부양의무가 발생하기까지의 경위, 주거 및 생활문제 등을 고려하여 정하게 된다.
- **급부부양** - 부양권리자에게 매월 일정금액의 생활비를 급여하는 부양으로 생활비는 반드시 현금으로 지급해야 하는 것은 아니다. 성질상 항상 선불되어야 한다.

3. 부양의 정도·방법의 변경과 취소

- 부양의 정도 또는 방법에 관하여는 당사자의 협정이나 법원의 판결이 있은 후 이에 관한 사정변경이 있는 때에는 법원은 당사자의 청구에 의하여 그 협정이나 판결을 취소 또는 변경할 수 있다.(제978조)
- 부양권리자와 부양의무자 사이에 부양의 방법과 정도에 관하여 협정이 이루어지면 당사자 사이에 다시 협의에 의하여 이를 변경하거나, 법원의 심판에 의하여 위 협정이 변경, 취소되지 않는 한 부양의무자는 그 협정에 따른 의무를 이행하여야 하는 것이고, 법원이 그 협정을 변경, 취소하려면 그럴 만한 사정의 변경이 있어야 하는 것이므로, 부양권리자들이 위 협정의 이행을 구하는 사건에서 법원이 임의로 협정의 내용을 가감하여 부양의무자의 부양의무를 조절할 수는 없다.(대판 1992. 3. 31, 90므651,668)

4. 부양의무불이행에 대한 조치

- 부양의무를 불이행하게 되면 강제집행이 가능하다.
- 의무자가 의무를 불이행하면 이행명령을 할 수 있다.
- 이행명령을 불이행하면 100만 원 이하의 과태료에 처할 수 있다.
- 부양의무자가 과태료의 제재를 받고도 3기 이상 의무를 이행하지 않으면 30일의 범위 내에서 의무이행이 있을 때까지 감치에 처할 수 있다.

V. 부양료의 구상청구

1. 과거의 부양료

- 부양료에 관한 협의나 심판이 없는 경우, 자녀를 양육한 일방이 상대방에 대하여 과거의 부양료를 청구할 수 있는지가 문제된다.
- 부정설과 긍정설이 대립하고 있다.
- 판례 - 과거에는 부정설을 취하고 있었으나 최근에는 긍정설을 취하고 있다.
- 어떠한 사정으로 인하여 부모 중 어느 한 쪽만이 자녀를 양육하게 된 경우에, 그와 같은 일방에 의한 양육이 그 양육자의 일방적이고 이기적인 목적이나 동기에서 비롯한 것이라거나 자녀의 이익을 위하여 도움이 되지 아니하거나 그 양육비를 상대방에게 부담시키는 것이 오히려 형평에 어긋나게 되는 등 특별한 사정이 있는 경우를 제외하고는, 양육하는 일방은 상대방에 대하여 현재 및 장래에 있어서의 양육비 중 적정 금액의 분담을 청구할 수 있음은 물론이고, 부모의 자녀양육의무는 특별한 사정이 없는 한 자녀의 출생과 동시에 발생하는 것이므로 과거의 양육비에 대하여도 상대방이 분담함이 상당하다고 인정되는 경우에는 그 비용의 상환을 청구할 수 있다.(대결 1994. 5. 13, 92스21 전원합의체)
- 한 쪽의 양육자가 양육비를 청구하기 이전의 과거의 양육비 모두를 상대방에게 부담시키게 되면 상대방은 예상하지 못하였던 양육비를 일시에 부담

하게 되어 지나치고 가혹하며 신의성실의 원칙이나 형평의 원칙에 어긋날 수도 있으므로, 이와 같은 경우에는 반드시 이행청구 이후의 양육비와 동일한 기준에서 정할 필요는 없고, 부모 중 한 쪽이 자녀를 양육하게 된 경위와 그에 소요된 비용의 액수, 그 상대방이 부양의무를 인식한 것인지 여부와 그 시기, 그것이 양육에 소요된 통상의 생활비인지 아니면 이례적이고 불가피하게 소요된 다액의 특별한 비용(치료비 등)인지 여부와 당사자들의 재산상황이나 경제적 능력과 부담의 형평성 등 여러 사정을 고려하여 적절하다고 인정되는 분담의 범위를 정할 수 있다.(대결 1994. 5. 13, 92스21 전원합의체)

- 민법 제974조, 제975조에 의하여 부양의 의무 있는 자가 여러 사람인 경우에 그중 부양의무를 이행한 1인은 다른 부양의무자를 상대로 하여 이미 지출한 과거의 부양료에 대하여도 상대방이 분담함이 상당하다고 인정되는 범위에서 그 비용의 상환을 청구할 수 있는 것이고, 이 경우 법원이 분담비율이나 분담액을 정함에 있어서는 과거의 양육에 관하여 부모 쌍방이 기여한 정도, 자의 연령 및 부모의 재산상황이나 자력 등 기타 제반 사정을 참작하여 적절하다고 인정되는 분담의 범위를 정할 수 있다.(대결 1994. 6. 2, 93스11)

2. 제3자의 부양료구상청구

- 부양의무 없는 제3자가 부양을 한 경우 사무관리의 법리에 따라 부양의무자에게 구상을 청구할 수 있다.

Chapter 6. 상속법

상 속

상속제도의 근거 ▮
상속의 개시 ▮
상속인과 상속순위 ▮
대습상속 ▮
상속결격 ▮
상속회복청구권 ▮
상속의 승인과 포기 ▮
단순승인 ▮

한정승인 ▮
상속의 포기 ▮
상속의 일반효과 ▮
상속분 ▮
상속재산의 공동소유 ▮
상속재산의 분할 ▮
상속재산의 분리 ▮
상속인의 부존재 ▮

▮ 상속제도의 근거

Ⅰ. 상속의 개념

- 상속이란 피상속인이 자신의 재산에 대한 권리와 의무를 사망으로 인하여 상실하게 됨에 따라 피상속인의 재산에 관한 권리와 의무를 상속인이 포괄적으로 승계하는 것을 의미한다.
- 상속인은 권리능력만 있으면 되고 행위능력까지 갖출 필요는 없다.
- 상속은 자연인 사이에 발생하는 관계이므로 법인은 상속을 할 수도 없고 받을 수도 없다.
- 상속은 특별한 요건을 갖추지 않더라도 피상속자의 사망과 동시에 관념상 또는 이론상 피상속자의 재산상의 일체의 권리, 의무가 상속인에게 승계된다.

Ⅱ. 상속제도의 근거

1. 혈연대가설

- 혈연관계가 있는 자들 사이에 재산이 상속되는 것은 자연스러운 것이라는 견해이다.
- 현재 주장하는 자는 없다.

2. 공동생활설

- 피상속인의 재산은 피상속인 단독으로 형성하였다기 보다는 피상속인과 함께 공동생활을 하고 있던 가족도 재산의 형성에 이바지하였고 또한 서로 부양하면서 살아왔기 때문에 그러한 공동생활의 연장으로서 상속인의 재산은 공동생활을 하고 있던 자들에게 상속되는 것이라는 견해이다.

3. 부양의무설

- 피상속인은 상속인을 부양함에 있어서 생전뿐만 아니라 사후에도 계속해서 부양을 할 의무가 있는데, 사후의 부양의무를 유산의 상속을 통해서 부담한다는 견해이다. 이 견해는 상속의 생활보장적 기능을 중시하는 견해로 생활보장설이라고도 한다.

4. 의사설

- 피상속인이 자신의 재산을 상속인에게 물려주고 싶어 할 것이라는 의사에 따라 상속인에게 상속이 이루어진다는 견해이다.
- 사유재산제도에 의해 소유자는 자신의 재산에 대해서 생전처분을 할 수 있고, 사후처분도 자유롭게 할 수 있다. 따라서 유언이 있으면 유언에 따라 재산을 사후처리하고 유언이 없으면 피상속인의 의사를 추정하여 법정상속인에게 재산이 승계된다고 한다.

5. 복합설(=생활보장설)

- 공동생활, 부양의무에 기한 생활보장, 피상속인의 의사추정 기타의 요소가 복합적으로 작용하여 상속의 근거가 된다는 견해이다.
- 상속법상의 구체적인 규정은 성격이 다른 여러 가지 요소를 포함하고 있기

때문에 일관된 하나의 이론으로 설명하기에는 어려움이 있기 때문이라고 한다.

III. 상속권

1. 상속개시 전의 상속권

· 상속인의 기대권에 불과하기 때문에 상속개시 전에 상속포기 의사를 표시하였다고 하더라도 이는 효력이 없다. 따라서 상속이 개시된 후에 상속권을 주장할 수 있다.

2. 상속개시 후의 상속권

· 상속인의 실체권으로 상속의 효과를 받을 수 있다. 승인 또는 포기할 수 있으므로 형성권적 성격도 있다.

상속의 개시

Ⅰ. 상속개시의 원인

1. 사람의 사망

- 사망으로 인하여 상속이 개시된다.(제997조) 사망신고시를 의미하는 것은 아니다.
- 사망의 시기 - 심장박동종지설이 지배적이고, 최근에는 뇌사설이 주장되고 있다.

2. 실종선고

- 실종선고에 의하여 실종기간이 만료한 때에 상속이 개시된다.
- 실종선고가 이루어지면 실종기간이 만료한 때에 사망한 것으로 보기 때문이다.(제28조)
- 보통실종 - 부재자의 생사가 5년 이상 분명하지 아니한 때
- 특별실종 - 전지에 임한 자, 침몰한 선박 중에 있던 자, 추락한 항공기 중에 있던 자 기타 사망의 원인이 될 위난을 당한 자의 생사가 원인이 종료한 시점으로부터 1년간 분명하지 않은 때

3. 인정사망

- 인정사망으로 가족관계등록부에 사망한 것으로 기재된 때 상속이 개시된다.
- 폭발사고나, 비행기의 추락사고와 같이 사망의 확증은 없지만 사망한 것이 거의 확실하다고 인정되는 경우 재난 등을 조사한 관공서의 사망보고에 의하여 가족관계등록부에 사망한 것으로 기재되면 사망한 것으로 추정된다.

II. 상속개시의 장소

- 피상속인의 주소지에서 상속은 개시된다.(제998조) 따라서 피상속인이 주소지 이외에서 사망하였다고 하더라도 상속개시 장소는 주소지이다.
- 피상속인의 주소지는 사망당시 피상속인이 생활의 근거를 가지고 있었던 곳을 의미한다.
- 주소가 두 곳 이상인 경우에는 기본적으로 두 곳 다 상속개시지가 된다.
- 피상속인의 주소를 알 수 없거나 피상속인이 국내에 주소를 가지지 않는 경우에는 국내에 있는 거소가 상속개시지가 된다.
- 거소도 알 수 없으면 상속재산의 소재지를 상속개시지로 보아야 한다.

III. 상속비용

- 상속에 관한 비용은 상속재산 중에서 지급한다.(제998조의2)
- 상속에 관한 비용이란 관리비용, 경매비용, 상속재산에 관한 조세, 공과금, 소송비용, 장례비용, 묘지구입비 등이다.
- 상속인이 과실로 낭비한 비용은 상속비용이 아니므로 그 상속인 스스로 부담하여야 한다.
- 상속에 관한 비용은 상속재산 중에서 지급하는 것이고, 상속에 관한 비용이라 함은 상속재산의 관리 및 청산에 필요한 비용을 의미한다고 할 것인바,

장례비용은 피상속인이나 상속인의 사회적 지위와 그 지역의 풍속 등에 비추어 합리적인 금액 범위 내라면 이를 상속비용으로 보는 것이 옳고, 묘지구입비는 장례비용의 일부라고 볼 것이며, 상속재산의 관리·보존을 위한 소송비용도 상속에 관한 비용에 포함된다.(대판 1997. 4. 25, 97다3996)

- 사람이 사망한 경우에 부조금 또는 조위금 등의 명목으로 보내는 부의금은 상호부조의 정신에서 유족의 정신적 고통을 위로하고 장례에 따르는 유족의 경제적 부담을 덜어줌과 아울러 유족의 생활안정에 기여함을 목적으로 증여되는 것으로서, 장례비용에 충당하고 남는 것에 관하여는 특별한 다른 사정이 없는 한 사망한 사람의 공동상속인들이 각자의 상속분에 응하여 권리를 취득하는 것으로 봄이 우리의 윤리감정이나 경험칙에 합치된다고 할 것이다.(대판 1992. 8. 18, 92다2998)

상속인과 상속순위

I. 상속인의 자격

1. 의의

- 상속능력이란 상속인이 될 수 있는 자격을 의미한다.
- 권리능력 있는 자연인은 상속능력이 있다.

2. 법인의 상속능력

- 법인은 권리능력이 인정되지만 자연인이 아니므로 상속능력이 없다. 다만 유증을 받을 수 있는 수증능력은 있다. 따라서 포괄적 수증자가 되면 상속인과 같은 결과가 발생한다.

3. 태아의 상속능력

- 태아는 상속에 관하여 이미 출생한 것으로 본다.(제1003조 제3항) 따라서 태아는 상속능력이 인정되어 상속을 받을 수 있다.
- 정지조건설에 따르면 살아서 출생하게 되면 상속개시시에 소급하여 상속능력이 인정된다.(판례)
- 해제조건설에 따르면 상속개시시에 상속능력을 갖고 사산(死産)되면 소급

- 하여 상속능력이 해소된다.
- 대습상속도 받을 수 있다.
- 생전증여는 계약이므로 수증자가 될 수 없다.
- 유증은 단독행위이므로 수증자가 될 수 있다.

II. 상속순위

1. 혈족간의 상속순위

(1) 피상속인의 직계비속

- 피상속인이 사망하면 직계비속이 1순위 상속인이 된다.
- 1순위 상속인이 수인인 경우 촌수가 같으면 동순위로 공동상속인이 되고, 촌수가 다르면 최근친 직계비속이 먼저 상속인이 된다.
- 직계비속이라면 혼인 중의 자, 혼인 외의 자, 양자도 상속인이 된다.
- 양자는 양친의 상속인도 되고 친생부모의 상속인도 된다.
- 계모자나 적모서자간은 인척관계이므로 상속이 이루어지지 않는다.
- 1순위 상속인이 사망하거나 상속결격자가 된 경우에는 그의 자와 배우자가 대습상속하게 된다.

(2) 피상속인의 직계존속

- 1순의 상속인이 없으면 직계존속이 2순위의 상속인이 된다.
- 2순위 상속인이 수인인 경우 촌수가 같으면 동순위로 상속인이 되고, 촌수를 달리하면 최근친이 먼저 상속인이 된다.
- 직계존속은 부계와 모계, 남자와 여자를 불문하고 상속인이 된다.
- 이혼한 직계존속도 자녀의 재산을 상속할 수 있다.
- 직계존속에 대하여는 대습상속이 인정되지 않는다.

(3) 피상속인의 형제자매

- 1순위 상속인도 없고 2순위 상속인도 없고 배우자도 없는 경우 형제자매가 상속인이 된다.
- 3순위인 형제자매가 수인인 경우에는 서로 간에 촌수의 차이가 없으므로 동순위로 상속인이 된다.
- 성별이나 기혼·미혼 등에 관계없이 모두 상속인이 된다.
- 부모의 일방이 다르다고 하더라도 상속인이 된다.
- 형제자매에 대해서는 대습상속이 인정된다.

(4) 피상속인의 4촌 이내의 방계혈족

- 1순위, 2순위, 배우자 그리고 3순위의 상속인도 없는 경우에는 4촌 이내의 방계혈족이 상속인이 된다.
- 최근친 상속에 따라 3촌이 있으면 3촌이 상속인이 되고, 3촌이 없으면 4촌이 상속인이 된다.
- 동순위의 상속인이 수인인 경우에는 공동상속인이 된다.

2. 배우자의 상속순위

(1) 배우자 상속의 근거

- 청산 - 혼인 중에 형성된 재산에 대하여 생존한 배우자는 잠재적 지분을 갖고 있고 이를 청산하기 위하여 혈족은 아니지만 상속인이 된다.
- 부양 - 생존 배우자를 부양하거나 생활을 보장하기 위하여 생존 배우자에게 상속이 이루어진다.

(2) 배우자의 상속순위

1) 상속순위

- 배우자의 상속순위는 유동적이다.
- 1순위의 상속인이 있으면 그들과 공동상속인이 된다.
- 1순위의 상속인이 없으면 2순위의 상속인들과 공동상속인이 된다.
- 1순위와 2순위의 상속인이 없으면 단독으로 상속인이 된다.
- 사실혼 배우자에게는 상속권이 인정되지 않는다.

2) 혼인무효와 배우자의 상속권

- 당연무효 - 혼인무효가 당연무효라는 견해에 따르면 생존 배우자에게 상속권이 인정되지 않는다.
- 재판상무효 - 혼인무효가 재판상무효라는 견해에 따르면 혼인을 무효로 하는 판결이 확정되기 전에는 배우자에게 상속권이 인정된다.

3) 혼인취소와 배우자의 상속권

- 혼인취소 사유가 존재하더라도 혼인관계는 유효하게 존속하기 때문에 배우자의 상속권은 인정된다.
- 혼인취소의 효과는 소급효가 없으므로 혼인취소판결이 확정되기 전에 일방 당사자가 사망하더라도 배우자는 상속을 받을 수 있다.

4) 이혼소송과 배우자의 상속권

- 이혼청구소송이 진행 중이라 하더라도 여전히 법률상의 배우자 지위는 존재하므로 배우자는 상속권을 갖는다.

5) 중혼과 배우자의 상속권

- 중혼의 배우자나 중혼자는 중혼이 취소되지 않는 한 법률상 배우자의 지위를 유지하므로 일방이 사망한 경우 상속권을 갖는다.

대습상속

I. 대습상속의 의의

1. 개념

- 상속인이 될 자가 피상속인의 사망 전에 사망하거나 상속결격자가 된 경우에 그의 직계비속이나 배우자가 있으면 그 직계비속이나 배우자가 사망하거나 결격된 자의 순위에 갈음하여 상속인이 되는 것을 대습상속이라 한다.
- 이때의 상속인에는 직계비속과 형제자매만 포함된다.

2. 인정이유

- 상속인의 사망이나 상속결격으로 인하여 그의 자녀나 배우자가 그의 상속으로 인하여 받았을 혜택을 받지 못한 것에 대하여 이들의 기대를 보호함으로써 공평을 꾀하고 생존배우자의 생계를 보장해 주기 위한 것이다.

3. 성질

- 승계권설 - 대습상속인은 피대습자의 권리를 승계한다는 견해이다.
- 고유권설 - 대습상속인의 고유한 권리로서 직접 피상속인의 재산상 권리의무를 상속한다는 견해이다. (다수설)

Ⅱ. 대습상속의 요건

1. 상속인이 직계비속이거나 형제자매일 것

- 상속인이 직계비속이거나 형제자매일 경우에 대습상속이 인정된다. 따라서 직계존속이나 4촌 이내의 방계혈족이 상속인이 되는 경우 그가 사망 또는 결격되었다고 하여 그의 배우자나 자녀가 대습상속을 받는 것은 아니다.
- 상속인이 될 자(사망자 또는 결격자)의 배우자는 민법 제1003조에 의하여 대습상속인이 될 수는 있으나, 피대습자(사망자 또는 결격자)의 배우자가 대습상속의 상속개시 전에 사망하거나 결격자가 된 경우, 그 배우자에게 다시 피대습자로서의 지위가 인정될 수는 없다.(대판 1999. 7. 9, 98다64318,64325)

2. 상속인이 상속 개시 전에 사망하거나 결격자가 될 것

- 상속인은 피상속인이 사망하기 전에 사망하였거나 결격자가 되어야 한다. 따라서 상속인이 상속을 포기한 경우에는 대습상속이 되지 않는다.
- 또한 상속 개시 후에 사망하거나 결격자가 되면 대습상속은 없다.
- 상속 개시 후에 상속인이 사망하게 되면 대습상속이 아니라 직계비속이 이를 다시 본위상속하게 된다.

3. 대습상속인은 피대습자의 직계비속이거나 그 배우자일 것

- 대습상속인은 피대습자의 직계비속이나 그 배우자에 한한다.
- 대습자도 상속결격자는 아니어야 한다.
- 태아도 대습상속자가 될 수 있다.

4. 상속인인 직계비속 모두가 사망하거나 결격된 경우 손자녀에 대한 상속관계

(1) 본위상속설

- 손자녀는 피상속인의 1순위 상속인으로 상속을 받게 된다는 견해이다. 이 설에 따르면 배우자는 상속을 받을 수 없게 된다.
- 또한 상속인인 손자녀가 균등하게 공동상속을 받게 된다.

(2) 대습상속설

- 손자녀는 상속인에 대한 대습상속자로서 상속을 받게 된다는 것이다. 이 설에 따르면 상속인의 배우자도 대습상속자가 되어 상속을 받을 수 있게 된다.

(3) 판례

- 판례는 대습상속설을 따르고 있다.
- 피상속인의 자녀가 상속개시 전에 전부 사망한 경우 피상속인의 손자녀는 본위상속이 아니라 대습상속을 한다.(대판 2001. 3. 9, 99다13157)

III. 대습상속의 효과

- 대습자는 대습상속에 의하여 피대습자에게 예정된 상속분을 상속한다.
- 대습자가 수인인 경우 피대습자의 상속분의 한도에서 공동상속하고, 배우자는 5할을 가산한다.

IV. 재대습상속

- 재대습상속이란 피상속인의 상속인이 사망하거나 상속결격되어 대습인이

상속을 받아야 하는 경우 대습인도 사망하거나 상속결격된 경우 대습인의 상속인이 상속을 받게 되는 것을 재대습상속이라 한다.
- 명문의 규정은 없지만 대체로 이를 인정하고 있다.

V. 동시사망과 대습상속

- 피상속인과 상속인이 동시에 사망한 경우 그들 사이에서는 상속이 이루어지지 않는다.
- 대습상속이 이루어지기 위해서는 피상속인의 사망 전에 상속인이 사망하여야 하는데 동시사망의 경우 '사망 전'의 범위에 포함할 수 있는가가 문제된다.
- 학설과 판례는 동시사망시에도 대습상속이 이루어진다고 한다.
- 원래 대습상속제도는 대습자의 상속에 대한 기대를 보호함으로써 공평을 꾀하고 생존 배우자의 생계를 보장하여 주려는 것이고, 또한 동시사망 추정 규정도 자연과학적으로 엄밀한 의미의 동시사망은 상상하기 어려운 것이나 사망의 선후를 입증할 수 없는 경우 동시에 사망한 것으로 다루는 것이 결과에 있어 가장 공평하고 합리적이라는 데에 그 입법 취지가 있는 것인바, 상속인이 될 직계비속이나 형제자매(피대습자)의 직계비속 또는 배우자(대습자)는 피대습자가 상속개시 전에 사망한 경우에는 대습상속을 하고, 피대습자가 상속개시 후에 사망한 경우에는 피대습자를 거쳐 피상속인의 재산을 본위상속을 하므로 두 경우 모두 상속을 하는데, 만일 피대습자가 피상속인의 사망, 즉 상속개시와 동시에 사망한 것으로 추정되는 경우에만 그 직계비속 또는 배우자가 본위상속과 대습상속의 어느 쪽도 하지 못하게 된다면 동시사망 추정 이외의 경우에 비하여 현저히 불공평하고 불합리한 것이라 할 것이고, 이는 앞서 본 대습상속제도 및 동시사망 추정규정의 입법 취지에도 반하는 것이므로, 민법 제1001조의 '상속인이 될 직계비속이 상속개시 전에 사망한 경우'에는 '상속인이 될 직계비속이 상속개시와 동시에 사망한 것으로 추정되는 경우'도 포함하는 것으로 합목적적으로 해석함이 상당하다.(대판 2001. 3. 9, 99다13157)

▌상속결격

Ⅰ. 의의

- 상속결격이란 상속인에 대하여 상속결격이 되는 법정사유가 발생하게 되면 이를 확정하는 재판상의 선고를 기다리지 않고 법률상 당연히 그 상속인이 피상속인을 상속할 지위를 잃는 것을 말한다.

Ⅱ. 결격사유

1. 피상속인과 선순위 상속인에 대한 부덕행위

- 고의로 직계존속, 피상속인, 그 배우자 또는 상속의 선순위나 동순위에 있는 자를 살해하거나 살해하려는 자
- 고의로 직계존속, 피상속인과 그 배우자에게 상해를 가하여 사망에 이르게 한 자

2. 피상속인의 유언에 관한 부정행위

- 사기 또는 강박으로 피상속인의 상속에 관한 유언 또는 유언의 철회를 방해한 자

- 사기 또는 강박으로 피상속인의 상속에 관한 유언을 하게 한 자
- 피상속인의 상속에 관한 유언서를 위조·변조·파기 또는 은닉한 자

Ⅲ. 상속결격의 효과

1. 당연무효

- 상속인에게 상속결격사유가 발생하면 특별한 절차 없이 상속인은 상속자격을 잃게 된다.
- 결격자로부터 상속재산을 선의·무과실로 양수인에게 양도한 경우에는 그 양도행위는 당연무효이다.
- 선의취득의 보호를 받지 않는 한 제3자는 아무런 권리를 취득하지 못한다.

2. 유증결격

- 상속결격자는 유증결격자도 되기 때문에 유증을 받을 수 없다.

3. 소급효

- 상속개시 후 상속결격사유가 발생한 경우 일단 유효하게 개시된 상속도 상속개시시에 소급하여 무효가 된다.
- 재산상속의 선순위나 동순위에 있는 태아를 낙태한 것이 제1004조 제1호 소정의 상속결격사유에 해당한다.(대판 1992. 5. 22, 92다2127)

4. 대습상속

- 상속결격으로 상속자격을 상실하게 되더라도 그의 자와 배우자는 대습상속을 받을 수 있다.

- 그러나 직계존속의 상속재산에 대한 상속결격자는 자신이 대습상속인의 위치에 있게 되더라도 대습상속을 받을 자격을 잃는다.

Ⅳ. 결격의 용서

1. 긍정설

- 피상속인이 상속결격자를 용서하여 결격자격을 소멸시킴으로써 상속이 이루어지도록 하는 견해이다.

2. 부정설

- 상속결격은 당연무효 사유이고 결격의 용서에 대한 민법의 규정도 없으므로 피상속인이 상속결격자에 대하여 결격을 용서하거나 결격의 효과를 취소 또는 면제하는 것은 허용되지 않는다는 견해이다.

상속회복청구권

Ⅰ. 의의

1. 개념

- 상속회복청구권이란 진정상속인이 참칭상속인 또는 표현상속인에게 자신의 침해받은 상속권을 회복하기 위해서 상속재산의 반환 내지 상속권의 회복을 청구하는 권리를 말한다.
- 단기 제척기간을 적용하여 권리관계를 조속히 정리하고자 한다.
- 민법이 인정하는 특수한 부당이득반환청구권 내지 불법행위에 대한 구제제도이다. 따라서 부당이득이나 불법행위에 관한 규정을 유추적용할 수 있다.

2. 입법취지

- 상속의 경우 피상속인의 재산에 대하여 특별한 절차를 밟지 않아도 법규에 의하여 승계되기 때문에 상속인은 당연히 자신의 상속분에 해당하는 소유권을 취득하게 되므로 소멸시효에 걸리지 않는 물권적 반환청구권을 갖게 된다.
- 그럼에도 불구하고 단기제척기간을 갖는 상속회복청구권을 상속인에게 인정하는 근거는 상속인의 입증곤란을 해결하고 거래의 안전을 꾀하기 위함이다.

- 청구 - 진정상속인은 참칭상속인이나 표현상속인에 대하여 포괄적으로 회복을 청구할 수 있다.
- 입증 - 진정상속인은 상속당시에 피상속인의 점유에 속하고 있었다는 사실만을 증명하는 것으로 충분하다.
- 단기제척기간 - 단기제척기간의 적용으로 거래의 안전과 제3자의 보호를 꾀한다.

II. 상속회복청구권의 법적성질

1. 학설

(1) 상속자격확인설(경합인정)

- 상속회복청구권의 법적성질은 참칭상속인의 지위를 부정하고 진정상속인의 자격을 확정하는 권리하고 보는 견해이다.
- 상속권존부확인의 소로 본다. 이 견해에 따르면 단기제척기간의 제한을 둔 것을 설명하기 어렵다.

(2) 상속재산반환청구권설

- 상속회복청구권의 법적성질은 상속으로 인한 진정상속인의 재산상의 법적 지위의 회복을 청구하는 권리로 보는 견해이다.
- 이행소송으로 본다.
- 반환의 대상을 어떻게 보느냐에 따라 다시 집합권리설과 독립권리설로 나뉜다.

1) 집합권리설(경합불인정)

- 상속회복청구권은 상속재산에 대한 개개의 물권적 청구권의 집합이라는 견해이다.

- 상속재산은 포괄적으로 승계되므로 상속의 회복을 위해서 하나의 청구권으로 구성하여 한 개의 소로써 행사할 수 있다는데 의의가 있다.
- 개개의 물권적 청구권과 포괄적인 상속회복청구권은 법조경합관계에 있다.
- 판례의 입장이다.

2) 독립권리설(경합인정)

- 상속회복청구권은 개개의 물권적 청구권의 집합이 아니라 상속법이 진정상속인의 상속회복을 위하여 특별히 인정하고 있는 독립된 권리로 진정상속인의 입증책임을 구제하기 위함이라고 한다. 따라서 상속이 침해된 경우에 상속회복청구도 할 수 있고, 본권에 기한 개별적 청구권도 별도로 행사할 수 있다.

(3) 소권설(경합인정)

- 상속회복청구권이란 진정상속인과 참칭상속인간의 재산상의 분쟁을 해결하고자 특별히 인정된 소권이라는 견해이다.
- 원고는 피고에 대하여 자기가 정당한 포괄승계인임을 주장·입증하면 된다.
- 소권의 배후에 있는 실체적 권리가 청구권인지 아니면 형성권인지 하는 것은 상속회복청구권의 성질과는 무관하다고 한다.
- 민법 제999조는 소권의 행사기간을 정한 것으로 상속권의 확인을 구하는 확인의 소가 제척기간의 경과로 소멸하더라도 개개의 재산에 대한 개별적 청구권은 소멸하지 않는다고 한다.

2. 판례

- 상속회복의 소는 호주상속권이나 재산상속권이 참칭호주나 참칭재산상속인으로 인하여 침해된 때에 진정한 상속권자가 그 회복을 청구하는 소를 가리키는 것이나, 재산상속에 관하여 진정한 상속인임을 전제로 그 상속으로 인한 소유권 또는 지분권 등 재산권의 귀속을 주장하고, 참칭상속인 또는 자기들만

이 재산상속을 하였다는 일부 공동상속인들을 상대로 상속재산인 부동산에 관한 등기의 말소 등을 청구하는 경우에도, 그 소유권 또는 지분권이 귀속되었다는 주장이 상속을 원인으로 하는 것인 이상 그 청구원인 여하에 불구하고 이는 민법 제999조 소정의 상속회복청구의 소라고 해석함이 상당하다고 하여 집합권리설을 따르고 있다.(대판 1991. 12. 24, 90다5740 전원합의체)

III. 상속회복청구소송의 당사자

1. 상속회복청구권자

(1) 상속인 또는 그 법정대리인

- 참칭상속권자로 인하여 피해를 입은 상속권자 또는 그 법정대리인은 상속회복청구를 할 수 있다.
- 법정대리인 상속회복의 청구를 하는 경우 원고가 아닌 대리인의 지위만 갖는다. 본소는 민사소송으로 기판력이 당사자에게만 미치게 되어 진정상속인이 상속을 받지 못하는 경우가 발생하게 된다.
- 진정상속인으로부터 상속분을 포괄적으로 양수한 자는 비록 상속인이 아니라고 하더라도 상속인에 준하여 상속회복청구권을 갖는다. 따라서 개개의 특정승계인은 상속회복청구권을 가지지 않는다.

(2) 상속회복청구권의 상속여부

- 상속회복청구권도 상속이 가능한가에 대해서는 이를 긍정하는 견해와 부정하는 견해로 나뉘고 있는데 부정하는 견해가 다수설이다.

1) 긍정설
- 상속회복청구권은 재산적 성격을 가지고 있기 때문에 상속이 된다는 견해이다.

- 기산점을 피상속인의 상속권의 침해행위시로 보게 되어 상속인에게 불리하다.
- 상속회복청구권자의 상속인은 자기의 상속권이 침해되었음을 이유로 자신의 고유한 상속회복청구권을 갖는다.

 2) 부정설(다수설)

- 상속회복청구권은 일신전속권으로 상속되지 않는다고 하는 견해이다.
- 기산점을 자신의 상속권의 침해행위시로 보기 때문에 상속인에게 유리하다.

(3) 상속후의 피인지자 등

- 상속개시 후의 인지 또는 재판의 확정에 의하여 공동상속인이 된 자가 분할을 청구할 경우에 다른 공동상속인이 이미 분할 기타 처분을 한 때에는 그 상속분에 상당한 가액의 지급을 청구할 권리가 있는바, 이 가액청구권은 상속회복청구권의 일종이다.(대판 1993. 8. 24, 93다12)

2. 상속회복청구의 상대방

(1) 참칭상속인

- 참칭상속인이란
  - 상속권이 없음에도 불구하고 재산상속인임을 신뢰하도록 하는 외관을 갖추고 상속재산의 전부나 일부를 점유하고 있는 자를 의미한다.
  - 그의 선·악의나 과실 유무는 불문한다.
  - 참칭상속인에게 상속권을 침해한다는 의사가 있어야 하는 것은 아니며, 객관적으로 상속권 침해의 상태가 존재하기만 하면 된다.
  - 참칭상속인이라고 주장하더라도 실제로 상속재산을 점유하는 등의 방법으로 상속권을 침해하지 않는다면, 상속회복청구의 상대방이 되지 않는다.(대판 1994. 11. 28, 92다33701)

- 참칭상속인의 상속인
· 참칭상속인으로 인정되는 판례
  - 당연무효인 이중호적에 등재된, 진정상속인 아닌 자가 재산상속인으로 끼어든 경우(대판(전) 1981. 1. 27, 79다854)
  - 호적 기타 공부상으로도 진정상속인이라고 주장할 근거가 없는 자가 문서를 위조하여 진정상속인이라고 주장하거나 상속재산을 점유하거나 상속등기를 한 경우(대판 1984. 2. 14, 83다600, 83다카2056)
  - 공동상속인 중 1인이 협의분할에 의한 상속을 원인으로 하여 상속부동산에 관한 소유권이전등기를 마친 경우에, 협의분할이 다른 공동상속인의 동의 없이 이루어진 것이어서 무효라는 이유로 다른 공동상속인이 위 등기의 말소를 청구하는 소는 상속회복청구의 소에 해당한다.(대판 2011. 3. 10, 2007다17482)
  - 인지판결이 확정되기 전의 정당한 상속인이 채무자에 대하여 소를 제기하고 승소판결까지 받았다면, 그러한 표현상속인에 대한 채무자의 변제는 채권의 준점유자에 내한 변제로서 적법하다.(대판 1995. 1. 24, 93다32200)
  - 상속재산인 부동산에 관하여 공동상속인 중 1인 명의로 소유권이전등기가 경료된 경우 그 등기가 상속을 원인으로 경료된 것이라면 등기명의인의 의사와 무관하게 경료된 것이라는 등의 특별한 사정이 없는 한 그 등기명의인은 재산상속인임을 신뢰케 하는 외관을 갖추고 있는 자로서 참칭상속인에 해당된다.(대판 1997. 1. 21, 96다4688)
· 참칭상속인으로 인정되지 않는 판례
  - 피상속인 사망 후 사후양자로 선정된 것처럼 호적부에 사후입양신고하였는데 그 신고가 무효임이 재판으로 확정된 경우(대판 1992. 9. 25, 92다18085)
  - 상속인 아닌 친척이 스스로 상속인이라고 주장하여 타인에게 임야를 매도한 경우(대판 1993. 11. 23, 93다7955)
  - 사망자의 상속인 아닌 자가 상속인인 것처럼 허위기재된 위조의 제적등본, 호적등본을 기초로 상속인인 것처럼 꾸며 상속등기를 한 경우(대판 1993.

11. 23, 93다34848)
- 공동상속인 아닌 장손이 상속부동산에 대해 임야 소유권이전 등기에 관한 특별조치법에 의해 단독으로 보존등기한 후 제3자에게 양도한 경우(대판 1982. 5. 25, 80다1527・1533)
- 상속재산인 부동산에 관하여 공동상속 중 1인 명의로 소유권이전등기가 경료되었으나 등기부상 등기원인이 매매나 증여로 기재된 경우, 그 등기명의인은 참칭상속인에 해당하지 않는다.(대판 2008. 6. 26, 2007다7898)
- 민법 제999조, 제982조가 정하는 상속회복청구의 소는 진정한 상속인이 참칭상속인 또는 참칭상속인으로부터 상속재산을 양수한 제3자를 상대로 상속재산의 회복을 청구하는 소이므로 적법하게 상속등기가 마쳐진 부동산에 대하여 상속인의 일부가 다른 상속인 또는 제3자를 상대로 원인없이 마쳐진 이전등기의 말소를 구하는 소는 이에 해당하지 아니하여 민법 제982조 제2항이 정하는 소의 제기에 관한 제척문제의 적용이 없다.(대판 1987. 5. 12, 86다카2443,86다카2444)
- 상속회복청구의 소는 진정상속인과 참칭상속인이 주장하는 그 피상속인이 동일인임을 요하는 것이므로, 진정상속인이 주장하는 피상속인과 참칭상속인이 주장하는 피상속인이 다른 사람인 경우에는 진정상속인의 청구원인이 상속에 의하여 소유권을 취득하였음을 전제로 한다고 하더라도 이를 상속회복청구의 소라고 할 수 없다.(대판 1995. 7. 11, 95다9945)
- 무허가건물대장은 행정관청이 무허가건물 정비에 관한 행정상 사무처리의 편의를 위하여 직권으로 무허가건물의 현황을 조사하고 필요 사항을 기재하여 비치한 대장으로서 건물의 물권 변동을 공시하는 법률상의 등록원부가 아니며 무허가건물대장에 건물주로 등재된다고 하여 소유권을 취득하는 것이 아닐 뿐만 아니라 권리자로 추정되는 효력도 없는 것이므로, 참칭상속인 또는 그로부터 무허가건물을 양수한 자가 무허가건물대장에 건물주로 기재되어 있다고 하여 이를 상속회복청구의 소에 있어 상속권이 참칭상속인에 의하여 침해된 때에 해당한다고 볼 수 없다.(대판 1998. 6. 26, 97다48937)

(2) 상속권 이외의 권원을 주장하며 상속재산을 점유하는 자

- 상속재산을 점유하고 있으나 상속권을 권원으로 하지 않고 매매 등의 다른 권원을 통해서 상속재산을 점유하고 있다고 주장하는 자가 참칭상속인이 되는가에 대해서는 견해가 나뉘고 있다.

1) 긍정설

- 상속회복청구권의 본질은 상속재산을 회복하는 것이므로 참칭상속인이 된다고 하는 견해이다.

2) 부정설

- 상속권을 다투지 않으면서 상속재산의 점유를 주장하는 자는 통상적인 재산권 침해자에 불과하므로 참칭상속인은 아니라는 견해이다.
- 단기제척기간을 통해서 상대방을 보호할 필요가 없다고 한다.

3) 판례

- 판례도 부정설을 취한다.
- 청구원인이 소외인이 참칭상속인임을 이유로 동인으로부터 부동산을 매수한 피고들 명의의 소유권이전등기의 말소를 구하는 것이 아니라 소외인이 아무런 권한없이 부동산에 관한 원고들의 지분을 피고들에게 매도하고 등기서류를 위조하여 피고들 명의의 소유권이전등기를 경료해 주었으므로 그 등기가 원인무효이니 말소를 구한다는 소는 상속회복청구의 소에 해당하지 않는다.(대판 1986. 2. 11, 85다카1214)
- 상속인인 원고가 소외인이 피상속인의 생전에 그로부터 토지를 매수한 사실이 없는데도 그러한 사유가 있는 것처럼 등기서류를 위조하여 그 앞으로 소유권이전등기를 경료하였음을 이유로 그로부터 토지를 전전매수한 피고 명의의 소유권이전등기가 원인무효라고 주장하면서 피고를 상대로 진정 명의의 회복을 원인으로 한 소유권이전등기절차의 이행을 구하는 경우, 이는 상속회복청구의 소에 해당하지 않는다.(대판 1998. 10. 27, 97다38176)

(3) 상속분을 침해한 공동 상속인

- 공동상속인이 다른 공동상속인의 상속분을 침해한 경우 침해한 공동상속인이 상속회복청구권의 상대방이 되는가에 대해서는 견해가 나뉘고 있는데 긍정하는 것이 다수설과 판례의 태도이다.
- 상속회복청구의 상대방이 되는 참칭상속인이라 함은 정당한 상속권이 없음에도 재산상속인임을 신뢰케 하는 외관을 갖추고 있는 자나 상속인이라고 참칭하여 상속재산의 전부 또는 일부를 점유하고 있는 자를 가리키는 것으로서, 상속재산인 부동산에 관하여 공동상속인 중 1인 명의로 소유권이전등기가 경료된 경우 그 등기가 상속을 원인으로 경료된 것이라면 등기명의인의 의사와 무관하게 경료된 것이라는 등의 특별한 사정이 없는 한 그 등기명의인은 재산상속인임을 신뢰케 하는 외관을 갖추고 있는 자로서 참칭상속인에 해당된다.(대판 1997. 1. 21, 96다4688)
- 등기에 기재된 등기원인을 기준으로 판단한다.

(4) 참칭상속인 등으로부터 상속재산을 전득한 자

- 참칭상속인을 비롯하여 상속회복청구의 상대방이 될 자로부터 상속재산을 전득한 제3자와 참칭상속인의 상속인도 상대방이 될 수 있다.(대판 1981. 1. 27, 79다854 전원합의체)
- 진정상속인이 참칭상속인으로 부터 상속재산을 양수한 제3자를 상대로 등기말소청구를 하는 경우에도 상속회복청구권의 단기의 제척기간이 적용된다.(대판 1981. 1. 27, 79다854 전원합의체)

Ⅳ. 상속회복청구권의 행사

1. 행사의 방법

- 상속회복청구권은 재판상 청구도 가능하고 재판외 청구도 가능하다는 것이

통설과 판례의 입장이다.
- 다만 재판 외에서 청구하는 경우에는 재산권 양도나 반환의 법리에 따라야 하므로 일괄적으로 청구하지는 못하고, 개별적인 반환청구만 가능하다.
- 가사소송이 아니라 일반 민사소송이다.
- 진정상속인은 당시 목적물이 피상속인의 점유에 속하고 있었다는 것만 입증하면 된다.
- 상대방은 자신이 목적물에 대해 정당한 권원이 있음을 입증하면 된다.

2. 기간

- 상속권의 침해를 안 날로부터 3년, 상속권의 침해행위가 있은 날로부터 10년을 경과하면 소멸된다.
- 상속권의 침해를 안 날이란
  - 자기가 진정상속인임을 알고 또 자기가 상속에서 제외된 사실을 안 때를 가리킨다.(대판 1981. 2. 10, 79다2052)
  - 혼인 외의 자가 인지청구를 한 경우에는 인지심판이 확정된 때부터 기간이 기산된다.(대판 1978. 2. 14, 77므21)
- 상속권의 침해행위가 있은 날이란 - 상속개시 후 실제로 침해행위를 한 때를 의미한다.
- 기간은 제척기간이다.
- 제척기간은 소송요건이므로 법원은 이를 직권조사 하여야 한다.
- 같은 법 제982조 제2항의 상속회복청구권의 소멸에 관한 규정은 상속에 관한 법률관계의 확정을 조속히 매듭짓기 위하여 단기제척기간을 설정한 것이므로 상속개시일로부터 10년을 경과한 후에 상속권의 침해가 있었다고 하더라도 10년의 제척기간 경과로 인하여 상속회복청구권은 소멸한다고 보아야 한다.(대판 1994. 10. 21, 94다18249)
- 진정상속인이 참칭상속인의 최초 침해행위가 있은 날로부터 10년의 제척기간이 경과하기 전에 참칭상속인에 대한 상속회복청구 소송에서 승소의 확

정판결을 받았다고 하더라도 위 제척기간이 경과한 후에는 제3자를 상대로 상속회복청구 소송을 제기하여 상속재산에 관한 등기의 말소 등을 구할 수 없다.(대판 2006.09.08. 2006다26694)
- 상속재산의 일부에 대해서만 제소하여 제척기간을 준수하였다 하여 청구의 목적물로 하지 아니한 상속재산에 대해서도 제척기간을 준수한 것으로 볼 수 없다.(대판 1980. 4. 22, 79다2141)
- 상속인의 상속회복청구권 및 그 제척기간에 관하여 규정한 민법 제999조는 포괄적 유증의 경우에도 유추 적용된다.(대판 2001. 10. 12, 2000다22942)

3. 판결의 효력

(1) 상속재산의 반환

- 원고의 청구가 인용되면 피고는 그가 점유하고 있는 상속재산을 진정상속인인 원고에게 반환하여야 한다.
- 총재산을 반환하면 되고, 원고가 다수라고 하더라도 상속분에 따라 분할하여 반환할 필요는 없다.

(2) 반환범위

- 견해가 나뉘고 있다. 다수설에 따르면 아래와 같다.
- 참칭상속인이 악의 - 재산의 전부와 과실과 사용이득을 반환하여야 한다.
- 참칭상속인이 선의 - 받은 이익이 현존하는 한도에서 반환할 의무가 있다.

(3) 제3자에 대한 효과

- 참칭상속인으로부터 부동산을 취득한 자는 반환의무를 지지만, 동산이나 지시채권, 무기명채권 또는 유가증권을 취득한 경우라면 선의취득이 되어 반환할 필요가 없다.
- 공동상속인으로부터 재산을 취득한 자는 동산·부동산을 불문하고 반환의

무를 진다. 공동상속인은 무권리자가 아니므로 선의취득에 의해서 보호될 수 없기 때문이다.

V. 상속회복청구권의 소멸

1. 소멸사유

- 제척기간이 경과하면 소멸한다.
- 진정상속인의 상속회복청구권의 포기에 의해 소멸한다.

2. 소멸의 효과

- 상속인은 상속인으로서의 지위를 상실하게 된다. 따라서 상속에 따라 승계한 개개의 권리의무도 또한 총괄적으로 상실하게 된다.
- 상속회복청구권이 소멸하면 참칭상속인의 지위는 확정된다. 따라서 참칭상속인은 상속개시의 시점으로부터 소급하여 상속인으로서의 지위를 취득한다.

▎상속의 승인과 포기

Ⅰ. 의의 및 법적성질

1. 의의

(1) 상속의 승인이란

- 상속이 개시되고 난 후 상속인들이 상속을 인정한다는 의사표시이다. 단순승인과 한정승인이 있다.

(2) 상속의 포기란

- 상속이 개시되고 난 후 상속인들이 상속을 거절하겠다는 의사표시이다.

2. 법적성질

- 상대방이 없는 단독행위이므로 조건이나 기한을 붙일 수 없다.
- 가정법원에 신고를 요하는 요식행위이므로 반드시 신고하여야 효력이 있다.
- 일신전속권이므로 채권자대위권의 대상이 되지 않고, 사해행위가 되지 않는다. 다만 상속재산분할협의에 의하여 상속포기를 한 경우 채권자에 대한 사해행위가 될 수 있다.
- 상대방 없는 일방적 의사표시이므로 표시한 때로부터 효력이 있다.

II. 승인 · 포기의 방법

1. 승인 · 포기권자

- 일신전속권이므로 상속권자만이 상속의 승인과 포기의 의사표시를 할 수 있다.
- 승인이나 포기의 의사표시는 재산상의 행위이므로 승인이나 포기를 하는 상속권자는 행위능력자 이어야 한다.
- 상속인이 제한능력자인 경우 법정대리인이 대리할 수 있다.
- 임의대리인도 위임에 의하여 상속인을 대리하여 승인 또는 포기할 수 있다.

2. 승인 · 포기의 절차

(1) 재산상황의 조사

- 상속인은 상속재산의 상태를 명백히 하기 위하여 상속을 승인 또는 포기하기 전에 상속재산을 조사할 수 있다.(제1019조 제2항)

(2) 승인의 방법과 제한

- 단순승인의 경우 상속개시가 있음을 안 날로부터 3월이 경과하면 법정단순승인에 의하여 단순승인되므로 특별한 절차가 필요하지는 않다.
- 한정승인이나 상속포기는 가정법원에 이를 반드시 신고하여야 한다.
- 승인과 포기는 포괄적으로 하여야 하며, 특정재산에 대하여 선택적으로 할 수는 없다.
- 조건이나 기한을 붙일 수 없다.
- 신고 된 이상 번복하지 못한다.
- 승인과 포기를 강제 또는 제한하거나 금지하지 못한다.

III. 고려기간

1. 고려기간의 필요와 의의

- 상속으로 인하여 상속재산은 상속인에게 포괄적으로 승계된다.
- 상속채권자의 입장에서는 상속인이 누군지 정확하게 알 도리도 없고, 상속인들도 상속이 승인되기 전에는 확정적으로 자신의 재산이 아니므로 누구에게 청구하여야 할지 알지 못하는 이러한 불안정한 상태를 조속히 종료할 필요가 있다.
- 상속인의 입장에서는 상속을 승인할 것인가의 여부를 결정할 기간을 부여할 필요가 있다.
- 상속인은 상속개시 있음을 안 날로부터 3월내에 단순승인이나 한정승인 또는 포기를 할 수 있다.
- 상속인은 승인이나 포기를 하기 전에 상속재산을 조사할 수 있다. 이 기간 내에 한정승인이나 포기를 하지 않으면 단순승인한 것으로 본다.
- 상속재산분할을 청구할 수 있다.

2. 기간의 기산점

(1) 상속개시가 있음을 안 날

- 고려기간의 기산점은 상속인이 상속개시가 있음을 안 날을 기산점으로 한다.
- 상속개시가 있음을 안 날이란 상속개시의 사실과 자기가 상속인이 되었다는 사실을 안 날을 의미한다.
- 상속인이 수인이어서 각 자가 위의 사실을 아는 때가 다른 경우에는 각자 기산한다.

(2) 3월의 기간의 기산점에 관한 특칙

- 상속인이 제한능력자인 경우에는 법정대리인이 상속개시 있음을 안 날로부터 기산한다.
- 상속인이 승인이나 포기의 의사표시를 하지 아니한 채 위 3월의 기간 내에 사망한 경우에는 그의 상속인이 자기의 상속개시 있음을 안 날로부터 3월의 기간을 기산한다.(제1021조)
- 이러한 경우 상속인은 피상속인의 상속을 승인하면서 자신의 상속을 승인할 수 있다.
- 상속인은 피상속인의 상속을 포기하면서 자신의 상속을 포기할 수 있다.
- 상속인은 피상속인의 상속을 포기하면서 자신의 상속을 승인할 수 있다.
- 상속인은 피상속인의 상속을 승인하면서 자신의 상속을 포기할 수 없다.

3. 고려기간의 연장

- 상속의 승인이나 포기기간은 이해관계인 또는 검사의 청구에 의하여 가정법원이 이를 연장할 수 있다.
- 사유
  - 재산이 여러 곳에 분산되어 있어 이 기간 내에 다 조사할 수 없는 경우
  - 단기간 내에 분석이 곤란한 복잡한 내용의 재산이 있는 경우
- 이 기간에 천재지변 또는 당사자가 책임질 수 없는 불가항력적인 사유로 인하여 기간을 연장할 수 없었을 경우에는 그 사유가 없어진 후 2주일 내에 한하여 연장청구를 할 수 있다.

IV. 고려기간 중의 재산관리

1. 상속인의 재산관리

- 상속인은 자신의 고유재산에 대하는 것과 동일한 주의로 상속재산을 관리하여야 한다.
- 단순승인 - 단순승인되면 자신의 재산이므로 이후 관리의무는 종료한다.
- 한정승인 - 청산이 끝나면 관리의무는 종료한다.(제1031조)
- 상속포기 - 상속재산을 승계할 자가 관리할 수 있을 때 종료한다.(제1044조)
- 공동상속의 경우에 법원에 의하여 관리인이 선임되면 상속인의 관리의무는 종료한다.(제1040조)

2. 법원의 재산보존 처분

- 법원은 이해관계인이나 검사의 청구에 의하여 상속재산의 보존에 필요한 처분을 명할 수 있다.(제1023조 제1항)
- 법원이 처분의 일환으로 재산관리인을 선임한 경우에는 부재자의 재산관리인의 직무에 관한 규정을 준용한다.(제1023조 제2항)
- 상속포기나 한정승인을 할 수 있는 고려기간 중에 하는 상속재산관리에 관한 처분은 상속개시 후 그 고려기간이 경과되기 전에 한하여 청구할 수 있고, 그 심판에서 정한 처분의 효력은 심판청구를 할 수 있는 시적한계시까지만 존속한다.(대결 1999. 6. 10, 자 99으1)

3. 변제거절권

- 한정승인자는 채권이 공고나 최고를 위한 기간이 만료하기 전에는 상속채권의 변제를 거절할 수 있다.

V. 승인·포기의 철회와 무효·취소

1. 승인·포기의 취소금지

- 일단 상속인이 상속에 대한 승인이나 포기의 의사표시를 하게 되면 아직 고려기간이 남아있다고 하더라도 이를 취소하지는 못한다.(제1024조 제1항)
- 다만 가정법원이 이를 수리하기 전에 철회하는 것은 가능하다.

2. 상속승인·포기의 취소

- 상속인이 임의로 승인이나 포기의 의사표시를 취소할 수는 없지만 총칙편의 규정에 의해서는 취소가 가능하다.(제1024조 제2항)

(1) 취소원인

- 미성년자와 피한정후견인이 법정대리인의 동의 없이 상속의 승인 또는 포기를 한 경우
- 피성년후견인이 한 경우
- 중요부분에 착오가 있는 경우
- 사기나 강박에 의한 경우

(2) 취소의 방법

- 한정승인 또는 포기의 취소는 이를 수리한 가정법원에 대하여 하여야 한다.
- 가정법원은 그 신고가 이유 있다고 인정되는 때에는 이를 수리하는 심판을 하여야 한다.

(3) 취소권의 시효소멸

- 취소권은 추인할 수 있는 날로부터 3월, 승인 또는 포기한 날로부터 1년 내

에 행사하지 아니하면 시효로 인하여 소멸된다.(제1024조 제2항 단서)

(4) 취소의 효과

- 상속의 승인이나 포기를 취소하게 되면 소급하여 그 효력을 상실하게 된다.
- 선의의 제3자에게도 대항할 수 있다.(통설)

3. 상속승인·포기의 무효

- 실제 행위자의 진의에 의하지 않은 승인이나 포기는 무효이다.
- 권한 없는 행위자가 한 승인이나 포기는 무효이다.
- 신고방식에 하자가 있는 승인이나 포기는 무효이다.
- 무효는 당연무효로서 재판 외에서 주장할 수 있고 재판의 전제로 주장할 수 있다.
- 다만 하자에 대하여 치유할 수 있는 권한 있는 자에 의하여 추인되면 그 효력은 유효하게 된다.

단순승인

Ⅰ. 의의

- 단순승인이란 피상속인의 권리의무를 어떠한 제한이나 조건 없이 상속인에게 포괄적으로 승계되는 상속방법을 의미한다.(제1025조)
- 상속의 가장 본래적인 형태로 법원에 신고를 요하지 않는다.

Ⅱ. 법정단순승인의 사유

1. 상속재산에 대한 처분행위(제1026조 제1호)

- 상속인이 상속재산에 대한 처분행위를 한 때에는 이를 단순승인한 것으로 본다. 따라서 재산의 보존행위나 관리행위를 한 경우에는 단순승인이 되지 않는다.
- 처분행위란
  - 법률적 처분행위와 사실적 처분행위를 모두 포함하는 것이다.
  - 상속개시 사실과 그것이 상속재산이라는 것을 알고 하여야 한다.
  - 따라서 상속개시 사실을 모르고 한 처분행위로는 단순승인되지 않는다.
  - 상속승인을 감수할 의사가 있다고 추단될 수 있을 정도의 처분이라야 한다.

- 상속재산의 일부에 대한 행위도 처분행위로 본다.
  - 상속재산분할도 처분행위로 본다.
  - 채권을 추심하거나 영수하는 행위도 처분행위로 본다.
  - 고의로 상속재산을 손괴하는 행위는 사실적 처분행위이다.
  - 상속재산으로부터 장례비를 지출한 것은 처분행위가 아니다.
  - 채권자를 해치지 않는 것으로서 타인에게 상속재산을 무상으로 사용하게 하는 것은 처분행위가 아니다.
  - 상속재산을 단기 임대차에 제공하는 것은 처분행위가 아니다.
- 민법 제1026조 제1호는 상속인이 한정승인 또는 포기를 하기 이전에 상속재산을 처분한 때에만 적용되는 것이고, 상속인이 한정승인 또는 포기를 한 후에 상속재산을 처분한 때에는 그로 인하여 상속채권자나 다른 상속인에 대하여 손해배상책임을 지게 될 경우가 있음은 별론으로 하고, 그것이 같은 조 제3호에 정한 상속재산의 부정소비에 해당되는 경우에만 상속인이 단순승인을 한 것으로 보아야 한다.(대판 2004. 3. 12, 2003다63586)
- 상속인중 1인이 다른 공동재산상속인과 협의하여 상속재산을 분할한 때는 민법 제1026조 제1호에 규정된 상속재산에 대한 처분행위를 한 때에 해당되어 단순승인을 한 것으로 보게 되어 이를 취소할 수 없는 것이므로 그뒤 가정법원에 상속포기신고를 하여 수리되었다 하여도 포기의 효력이 생기지 않는다.(대판 1983. 6. 28, 82도2421)
- 권원 없이 공유물을 점유하는 자에 대한 공유물의 반환청구는 공유물의 보존행위이므로, 상속인들이 상속포기신고를 하기에 앞서 점유자를 상대로 피상속인의 소유였던 주권에 관하여 주권반환청구소송을 제기한 것은 민법 제1026조 제1호가 정하는 상속재산의 처분행위에 해당하지 아니한다.(대판 1996. 10. 15, 96다23283)

2. 고려기간의 도과(제1026조 제2호)

- 상속인이 고려기간내에 한정승인이나 포기를 하지 아니한 때 단순승인한

것으로 본다.
- 헌법불합치 판결을 받았으나 위 규정으로 인한 폐해를 방지하기 위한 입법조치를 함으로써 다시 효력을 가지게 되었다. 따라서 상속인은 상속채무가 상속재산을 초과하는 사실을 알지 못하는데 대하여 중대한 과실 없었고, 고려기간 내에 한정승인이나 포기의 신고를 하지 않은 경우라도 고려기간의 도과로 단순승인되지는 않고 그 사실을 안 날로부터 3월내에 한정승인을 할 수 있는데 이를 특별한정승인이라 한다.(제1019조 제3항)

3. 한정승인 또는 포기를 한 후의 상속재산에 대한 부정행위(제1026조 제3호)

- 상속인이 한정승인이나 포기를 한 후에 상속재산을 은닉하거나 부정소비하거나 고의로 재산목록에 기입하지 아니한 때에는 단순승인한 것으로 본다.

(1) 은닉

- 상속재산의 존재를 쉽게 알지 못하도록 하는 것으로 처분행위는 아니다.

(2) 부정소비

- 정당한 사유 없이 상속재산을 소비하여 그 재산적 가치를 상실시키는 행위를 의미한다.
- 상속재산을 매각하여 그 처분대금전액을 우선변제권자에게 귀속시키는 행위나 위생상의 견지에서 망자의 옷이나 이불 등을 소각하는 행위는 부정소비가 아니다.
- 상속인의 상속포기로 인하여 차순위 상속인이 상속을 승인한 때에는 포기한 상속인이 상속재산을 부정소비 하더라도 단순승인으로 보지 않는다.(제1027조)

(3) 재산목록 미기재

- 한정승인에 해당하는 것으로 과실유무에 상관없이 재산목록에 기재되어 있지 않으면 된다.
- 매우 극미한 소액의 재산을 기입하지 않은 것은 여기에 해당되지 않는다고 할 것이다.
- 채권자를 사해할 의사가 있어야 하는가에 대해서는 견해가 나뉘고 있고, 사해의사가 요구된다는 것이 다수설과 판례의 입장이다.
- 법정단순승인 사유인 민법 제1026조 제3호 소정의 '고의로 재산목록에 기입하지 아니한 때'라는 것은 한정승인을 함에 있어 상속재산을 은닉하여 상속채권자를 사해할 의사로써 상속재산을 재산목록에 기입하지 않는 것을 의미한다.(대판 2003. 11. 14, 2003다30968)

III. 단순승인의 효과

- 단순승인으로 상속인은 피상속인의 재산상 모든 권리와 의무를 제한이나 조건 없이 포괄적으로 승계한다.
- 다만 고려기간의 도과로 인한 경우에는 특별한정승인을 할 수 있는 예외가 있다.(제1019조 제3항)
- 상속인과 피상속인 사이의 권리의무는 혼동으로 소멸한다.

한정승인

Ⅰ. 의의

- 한정승인이란 상속으로 인하여 취득한 재산의 한도에서 피상속인의 채무와 유증을 변제할 것을 조건으로 하는 상속의 방법이다.(제1028조)
- 상속채권자는 피상속인의 재산과 신용을 담보로 하여 거래를 한 것일 뿐이고, 상속인의 고유재산을 담보로 거래한 것은 아니라는 점에서 상속인을 보호하기 위한 제도는 아니나.

Ⅱ. 방식

1. 고려기간 내에 행할 것

- 상속인은 한정승인을 하기 위해서는 상속개시가 있음을 안 날로부터 3월 이내에 그 신고를 하여야 한다.
- **특별한정승인** - 상속인은 상속채무가 상속재산을 초과하는 사실을 중대한 과실 없이 3월의 기간 내에 알지 못하고 단순승인을 한 경우에는 그 사실을 안 날로부터 3월내에 한정승인을 할 수 있다.(제1019조 제3항)
- 특별한정승인이 있기 전에 즉, 단순승인 기간 동안에 상속재산의 전부나 일부가 처분된 경우라고 하더라도 법정단순승인되지 않고 상속인이 그에 상

당하는 가액을 제출하여 청산할 수 있도록 하여야 할 것이다.(제1030조 제2항)

2. 상속재산의 목록을 작성할 것

- 한정승인 신청을 하기 위해서는 상속인은 피상속인의 재산목록을 작성하여야 한다. 이 과정에서 고의로 일부재산을 기입하지 않은 경우에는 한정승인은 무효로 되고 단순승인을 한 것으로 본다.(제1026조 제3호)

3. 법원에 신고할 것

- 상속인 또는 그 대리인은 한정승인의 신청서를 작성하고 기명·날인 한 후 작성한 상속재산 목록을 첨부하여 가정법원에 신청하여야 한다.

4. 상속인이 수인인 경우

- 상속인이 수인인 경우에 각 상속인은 자신의 상속분에 응하여 취득한 재산의 한도에서 그 상속분에 응한 피상속인의 채무와 유증을 변제할 것을 조건으로 상속을 승인할 수 있다.

Ⅲ. 효과

1. 채무와 책임의 분리

(1) 상속채무 유지

- 상속채무 자체는 감축되지 않는다.
- 상속채권자는 한정승인자에게 자신의 채권액 전액에 대한 이행청구를 할

수 있다.
- 한정승인자는 자기책임 범위를 초과하여 변제하더라도 비채변제가 아니므로 부당이득반환의 청구를 할 수 없다.
- 한정승인자로부터 담보권을 취득한 자와 상속채권자의 우열 - 한정승인자로부터 상속재산에 관하여 저당권 등의 담보권을 취득한 사람과 상속채권자 사이의 우열관계는 민법상의 일반원칙에 따라야 하고, 상속채권자가 한정승인의 사유만으로 우선적 지위를 주장할 수는 없다. 그리고 이러한 이치는 한정승인자가 그 저당권 등의 피담보채무를 상속개시 전부터 부담하고 있었다고 하여 달리 볼 것이 아니다.(대판 2010. 3. 18, 2007다77781 전원합의체)
- 한정승인 사실이 적법한 청구이의사유인지 여부 - 채권자가 피상속인의 금전채무를 상속한 상속인을 상대로 그 상속채무의 이행을 구하여 제기한 소송에서 채무자가 한정승인 사실을 주장하지 않으면 책임의 범위는 현실적인 심판대상으로 등장하지 아니하여 주문에서는 물론 이유에서도 판단되지 않으므로 그에 관하여 기판력이 미치지 않는다. 그러므로 채무자가 한정승인을 하고도 채권자가 제기한 소송이 사실심 변론종결시까지 그 사실을 주장하지 아니하여 책임의 범위에 관한 유보가 없는 판결이 선고되어 확정되었다고 하더라도, 채무자는 그 후 위 한정승인 사실을 내세워 청구에 관한 이의의 소를 제기할 수 있다.(대판 2006. 10. 13, 2006다23138)
- 상속포기 사실이 적법한 청구이의 사유인지 여부 - 채무자가 한정승인을 하였으나 채권자가 제기한 소송의 사실심 변론종결시까지 이를 주장하지 아니하는 바람에 책임의 범위에 관하여 아무런 유보 없는 판결이 선고·확정된 경우라 하더라도 채무자가 그 후 위 한정승인 사실을 내세워 청구에 관한 이의의 소를 제기하는 것이 허용되는 것은, 한정승인에 의한 책임의 제한은 상속채무의 존재 및 범위의 확정과는 관계없이 다만 판결의 집행 대상을 상속재산의 한도로 한정함으로써 판결의 집행력을 제한할 뿐으로, 채권자가 피상속인의 금전채무를 상속한 상속인을 상대로 그 상속채무의 이행을 구하여 제기한 소송에서 채무자가 한정승인 사실을 주장하지 않으면 책임의 범위는 현실적인 심판대상으로 등장하지 아니하여 주문에서는 물론 이유에서도 판

단되지 않는 관계로 그에 관하여는 기판력이 미치지 않기 때문이다. 위와 같은 기판력에 의한 실권효 제한의 법리는 채무의 상속에 따른 책임의 제한 여부만이 문제되는 한정승인과 달리 상속에 의한 채무의 존재 자체가 문제되어 그에 관한 확정판결의 주문에 당연히 기판력이 미치게 되는 상속포기의 경우에는 적용될 수 없다.(대판 2009. 5. 28, 2008다79876)

(2) 한정승인자 책임 감축

- 한정승인자의 책임은 감축된다.
- 한정승인자는 상속으로 인하여 얻은 재산의 한도 내에서 피상속인의 채무와 유증의 변제를 하면 된다.
- 피상속인의 채무와 유증을 변제하고 남은 재산이 있는 경우에 그 재산은 한정승인을 한 상속인에게 귀속된다.
- 상속의 한정승인은 채무의 존재를 한정하는 것이 아니라 단순히 그 책임의 범위를 한정하는 것에 불과하기 때문에, 상속의 한정승인이 인정되는 경우에도 상속채무가 존재하는 것으로 인정되는 이상, 법원으로서는 상속재산이 없거나 그 상속재산이 상속채무의 변제에 부족하다고 하더라도 상속채무 전부에 대한 이행판결을 선고하여야 하고, 다만, 그 채무가 상속인의 고유재산에 대해서는 강제집행을 할 수 없는 성질을 가지고 있으므로, 집행력을 제한하기 위하여 이행판결의 주문에 상속재산의 한도에서만 집행할 수 있다는 취지를 명시하여야 한다.(대판 2003. 11. 14, 2003다30968)

2. 상속재산과 고유재산의 분리

- 한정승인자는 자신의 고유재산으로 상속채권을 변제할 의무가 없고 상속받은 범위내에서 변제하면 되기 때문에 상속재산과 고유재산을 분리하여야 한다.
- 한정승인 신고시에는 피상속인의 재산목록을 작성하여야 하고 신고 전에 처분한 재산이 있는 경우에는 그 가액을 함께 제출하도록 하고 있다.(제1030조)

- 한정승인의 경우 피상속인에 대한 상속인의 재산상 권리의무는 혼동으로 소멸하지 않는다. 따라서 한정승인자는 피상속인에 대하여 채권이 있으면 변제받을 수 있고, 채무가 있으면 이를 이행하여야 한다.

3. 상속재산의 관리

- 한정승인을 하면 그 고유재산에 대하는 것과 동일한 주의로 상속재산을 관리하여야 한다.
- 상속인은 청산절차가 종료할 때까지 상속재산을 관리하여야 한다.
- 상속인이 수인인 경우에는 관리의 효율을 확보하기 위하여 법원은 각 상속인 기타 이해관계인의 청구에 의하여 공동상속인 중에서 상속재산관리인을 선임할 수 있다.(제1040조 제1항)
- 법원이 선임한 관리인은 공동상속인을 대표하여 상속재산의 관리와 채무의 변제에 관한 모든 행위를 할 권리의무가 있다.(제1040조 제2항)
- 관리인의 관리책임도 상속인의 그것과 마찬가지로 고유재산에 대하는 것과 동일한 주의를 요한다.(제1040조 제3항)
- 관리인의 선임으로 다른 공동상속인은 관리의무를 면하게 된다.

Ⅳ. 청산절차

1. 채권자에 대한 공고 및 최고

(1) 공고 및 최고

1) 공고

- 한정승인자는 한정승인을 한 날로부터 5일내에 일반상속채권자와 유증받은 자에 대하여 한정승인의 사실과 일정한 기간내에 그 채권 또는 수증을 신고할 것을 공고하여야 한다.(제1032조)

- 그 기간은 2월 이상이어야 한다.
- 공동상속인 중에서 선임된 관리인이 공고를 하는 경우에는 공고할 5일의 기간은 관리인이 그 선임을 안 날로부터 기산한다.(제1040조 제3항)
- 일간신문에 1회 이상 공고하여야 한다.
- 공고에는 채권자가 기간 내에 신고하지 아니하면 청산으로부터 제외될 것을 표시하여야 한다.

 2) 최고

- 알고 있는 채권자에 대해서는 한정승인자 또는 관리인은 각각 그 채권신고를 최고하여야 한다.(제1032조 제2항, 제89조)

(2) 변제거절권

- 한정승인자는 채권자에 대한 공고 및 최고기간 만료 전에는 상속채권의 변제를 거절할 수 있다.
- 한정승인자가 공고나 최고를 게을리하거나 어느 채권자나 유증받은 자에게 변제함으로 인하여 다른 상속권자나 유증받은 자에 대하여 변제할 수 없게 된 때에는 한정승인자는 그 손해를 배상하여야 한다.(제1038조 제1항)

2. 상속채권자 등에 대한 변제

(1) 상속채권자에 대한 변제

- 한정승인을 한 상속인 또는 재산관리인은 2월 이상의 공고나 최고를 한 후에 상속재산으로써 그 기간내에 신고한 채권자와 한정승인자가 알고 있는 채권자에 대하여 각 채권액의 비율로 변제하여야 한다.(제1034조 본문)
- 상속채권자 중에서도 우선변제권이 있는 자에게 먼저 변제하여야 한다.(제1034조 단서)
- 일반채권자는 우선변제권자들에 대한 변제를 하고 남은 재산이 있으면 변

제를 하게 된다.
- 변제할 재산이 부족한 경우에는 동순위자들에 대해 채권액에 비례하여 변제를 하게 된다. 이 경우 후순위자들은 변제를 받지 못한다.
- 신고한 채권 중에 변제기에 이르지 않은 채권에 대해서도 변제하여야 한다. (제1035조 제1항)
- 조건 있는 채권이나 존속기간이 불확정한 채권에 대해서는 법원이 선임한 감정인의 평가에 의하여 변제하여야 한다.(제1035조 제2항)
- 특별한정승인에 의하여 한정승인을 한 경우에는 그 상속인은 상속재산 중에서 남아있는 상속재산과 함께 이미 처분한 재산의 가액을 합하여 상속채권의 변제를 하여야 한다.(제1034조 본문)
- 다만, 한정승인을 하기 전에 상속채권자나 유증받은 자에 대하여 변제한 가액은 이미 처분한 재산의 가액에서 제외한다.(제1034조 단서)
- 상속채권자나 수증자 등에 대한 변제를 하기 위하여 상속재산의 전부나 일부를 매각할 필요가 있는 때에는 민사소송법에 의하여 경매하여야 한다.(제1037조)

(2) 수증자에 대한 변제

- 한정승인자는 상속채권자에 대하여 변제를 완료한 후가 아니면 유증받은 자에게 변제하지 못한다. 따라서 변제완료후 남은 재산이 없으면 유증받지 못한다.
- 유증인이 수인이어서 남은 재산으로는 변제하기 부족한 경우에는 그 가액에 따라 변제하여야 한다.

(3) 불신고자 등에 대한 변제

- 기간내에 신고하지 아니한 상속채권자 및 유증받은 자로서 한정승인자가 알지 못한 자는 상속재산의 잔여가 있는 경우에 한하여 그 변제를 받을 수 있다.(제1039조 본문) 이러한 경우에도 상속재산에 대하여 특별담보권이 있

는 상속채권자에게는 우선변제를 하여야 한다.(제1039조 단서)

3. 부당변제로 인한 책임

- 한정승인자가 채권자에 대한 공고나 최고를 해태하거나 상속채권자들에 대한 변제방법을 위반하여 상속채권자나 유증 받은 자에게 변제함으로 인하여 다른 상속채권자나 유증 받은 자에 대하여 변제할 수 없게 된 때에는 한정승인자는 그 손해를 배상하여야 한다.
- 특별한정승인을 한 경우 그 이전에 상속채무가 상속재산을 초과함을 알지 못한 데 과실이 있는 상속인이 상속채권자나 유증 받은 자에게 변제한 때에도 한정승인자는 그 손해를 배상하여야 한다.(제1038조 제1항)
- 변제 받지 못한 상속채권자나 유증받은 자는 그 사정을 알고 변제를 받은 상속채권자나 유증받은 자에 대하여 구상권을 행사할 수 있다.(제1038조 제2항)
- 손해배상 및 구상의 청구권은 피해자나 그 법정대리인이 그 손해 및 가해자를 안 날로부터 3년, 불법행위를 한 날로부터 10년을 경과한 때까지 이를 행사하지 아니하면 시효로 소멸한다.(제1038조 제3항)

상속의 포기

Ⅰ. 의의

- 상속포기란 상속의 개시로 인하여 상속인에게 발생하게 되는 상속의 효력을 부인하고 처음부터 상속인이 아니었던 것과 같은 효력을 발생하게 하려는 단독의 의사표시를 말한다.
- 일부포기는 할 수 없다.
- 조건이나 기한도 붙일 수 없다.

Ⅱ. 포기의 방식

1. 상속포기권자

- 상속을 포기할 수 있는 자는 상속순위에 해당하는 자 중에서 상속권이 있는 자에 한한다.
- 제한능력자는 의사능력이 있더라도 단독으로 상속을 포기하지 못한다.
- 미성년자는 법정대리인의 동의를 얻어서 상속을 포기할 수 있다.
- 피한정후견인은 후견인의 동의를 얻어 포기할 수 있다.
- 피성년후견인은 단독으로 포기를 할 수 없다.(제10조)

2. 상속포기의 신고

- 상속인이 상속을 포기할 때에는 상속이 개시된 것을 안 날로부터 3월 이내에 가정법원에 포기의 신고를 하여야 한다.(제1041조)
- 공동상속의 경우에 각 상속인은 단독으로 상속을 포기할 수 있다.
- 상속을 포기한 후에는 이를 취소하지 못한다.
- 다만 총칙편의 규정에 의한 취소를 하는 것은 가능하다.
- 재산목록을 첨부하거나 특정할 필요가 없다.
- 상속의 포기는 상속인이 법원에 대하여 하는 단독의 의사표시로서 포괄적·무조건적으로 하여야 하므로, 상속포기는 재산목록을 첨부하거나 특정할 필요가 없다고 할 것이고, 상속포기서에 상속재산의 목록을 첨부했다 하더라도 그 목록에 기재된 부동산 및 누락된 부동산의 수효 등과 제반 사정에 비추어 상속재산을 참고 자료로 예시한 것에 불과하다고 보여지는 이상, 포기 당시 첨부된 재산 목록에 포함되어 있지 않은 재산의 경우에도 상속포기의 효력은 미친다.(대판 1995. 11. 14, 95다27554 판결)

III. 포기의 효과

1. 소급효

- 상속의 포기는 상속이 개시된 때에 소급하여 그 효력이 있다.
- 따라서 상속을 포기한 상속인은 상속이 개시된 때로부터 상속인이 아니었던 것으로 된다.
- 수인의 상속인 중 어느 상속인이 상속을 포기할 경우에는 그 상속분은 다른 상속인의 상속분의 비율로 그 상속인에게 귀속된다.(제1043조)
- 상속의 포기는 대습상속의 원인이 되지 않는다.

2. 포기한 상속재산의 귀속

- 특정 순위의 상속인 전원이 포기를 하게 되면 다음 순위의 상속인들이 상속을 받게 되는데 이 때 다음 순위 상속인들의 상속은 본위상속이다.
- 모든 상속인이 채무를 면하려면 피상속인의 상속인으로 될 수 있는 4촌 이내의 혈족과 배우자가 모두 상속포기를 하여야 한다.

3. 특정인을 위한 포기

- 공동상속인 중에서 특정인을 위하여 자신의 상속분을 포기하는 것을 인정할 것인가가 문제될 수 있는데 이러한 경우 협의에 의한 방법으로 그러한 목적을 달성할 수 있으므로 인정될 수 없다는 견해가 통설이다.
- 판례는 상속재산을 공동상속인 1인에게 상속시킬 방편으로 나머지 상속인들이 한 상속포기 신고가 민법 제1019조 제1항 소정의 기간을 경과한 후에 신고된 것이어서 상속포기로서의 효력이 없다고 하더라도, 공동상속인들 사이에서는 1인이 고유의 상속분을 초과하여 상속재산 전부를 취득하고 나머지 상속인들은 이를 전혀 취득하지 않기로 하는 내용의 상속재산에 관한 협의분할이 이루어진 것으로 보아 이를 긍정한다.(대판 1996. 3. 26. 95다45545)

4. 포기한 상속재산의 관리 의무

- 상속을 포기한 자는 그 포기로 인하여 상속인이 된 자가 상속재산을 관리할 수 있을 때까지 그 재산의 관리를 계속하여야 한다.(제1044조 제1항)
- 이때 상속인은 그 고유재산에 대하는 것과 동일한 주의로 상속재산을 관리하여야 한다.(제1044조 제2항)
- 법원은 이해관계인 또는 검사의 청구에 의하여 상속재산의 보존에 필요한 처분을 명할 수 있다.(제1044조 제2항)

5. 상속의 포기와 채권자취소권

· 상속의 포기는 채권자취소권의 대상이 되지 않는다.
· 상속인인 채무자가 상속포기를 한 경우 채무자는 애당초 상속재산을 취득한 바 없으므로 소극적으로 총재산의 증가를 방해한 것에 불과하고, 또한 상속포기나 승인과 같은 신분법상의 법률행위는 그 성질상 일신전속적 권리로서 타인의 의사에 의하여 강요할 수 없는데, 만일 상속포기가 채권자취소권의 대상이 된다면 이는 상속인에게 상속승인을 강요하는 것과 같은 부당한 결과가 되므로 상속포기는 사해행위취소의 대상이 되지 않는다.(서울중앙지방법원 2008. 10. 10, 선고 2007가단433075 판결 : 확정)

cf) 상속재산분할협의와 채권자취소권

· 상속재산분할협의는 채권자취소권의 행사의 대상이 된다.

· 상속재산의 분할협의는 상속이 개시되어 공동상속인 사이에 잠정적 공유가 된 상속재산에 대하여 그 전부 또는 일부를 각 상속인의 단독소유로 하거나 새로운 공유관계로 이행시킴으로써 상속재산의 귀속을 확정시키는 것으로 그 성질상 재산권을 목적으로 하는 법률행위이므로 사해행위취소권 행사의 대상이 될 수 있다.(대판 2008. 3. 13, 2007다73765)

상속의 일반효과

I. 상속재산의 포괄적 승계

- 상속인은 상속이 개시된 때로부터 피상속인의 재산에 관하여 포괄적으로 권리와 의무를 승계한다.(제1005조) 그러나 피상속인의 일신에 전속한 것은 승계되지 않고 소멸한다.(제1005조 단서)

II. 상속재산의 범위

1. 재산적 권리

(1) 물권

- 모든 물권은 원칙적으로 상속되며, 등기나 인도 없이도 물권을 취득한다. 다만 부동산 물권의 경우 등기하지 아니하면 이를 처분하지 못한다.

1) 소유권

- 소유권은 모두 상속된다.
- 상속으로 농지를 취득한 자로서 농업경영을 하지 아니하는 자는 그 상속농지 중에서 총 1만제곱미터까지만 소유할 수 있다.(농지법 제7조)
- 부동산의 합유자 중 일부가 사망한 경우 합유자 사이에 특별한 약정이 없는

한 사망한 합유자의 상속인은 합유자로서의 지위를 승계하는 것이 아니므로 해당 부동산은 잔존 합유자가 2인 이상일 경우에는 잔존 합유자의 합유로 귀속되고 잔존 합유자가 1인인 경우에는 잔존 합유자의 단독소유로 귀속된다.(대판 1994. 2. 25, 93다39225)

2) 점유권

· 점유권은 모두 상속된다.
· 점유자의 승계인은 자기의 점유만을 주장하거나 자기의 점유와 피상속인의 점유를 아울러 주장할 수 있다.(제199조)
· 피상속인의 점유를 아울러 주장하는 경우에는 그 하자도 승계한다.(제199조)
· 상속에 의하여 점유권을 취득한 경우에는 상속인은 새로운 권원에 의하여 자기 고유의 점유를 개시하지 않는 한 피상속인의 점유를 떠나 자기만의 점유를 주장할 수 없다.(대판 1995. 1. 12, 94다19884)
· 선대의 점유가 타주점유인 경우 선대로부터 상속에 의하여 점유를 승계한 자의 점유도 상속전과 그 성질 내지 태양을 달리하는 것이 아니어서 특단의 사정이 없는 한 그 점유가 자주점유로는 될 수 없고 그 점유가 자주점유로 되기 위하여서는 점유자가 점유를 시킨 자에게 소유의 의사가 있는 것을 표시하거나 또는 신 권원에 의하여 다시 소유의 의사로써 점유를 시작하여야 한다.(대판 1987. 2. 10, 86다카550)

3) 제한물권

· 제한물권도 당연히 상속된다.

4) 유해

· 유해는 상속권의 객체는 아니지만 그 소유는 상속인에게 있다.
· 상속인은 유해를 관리하고 매장할 의무를 진다.
· 상속인이 수인인 경우 공동상속인의 공유가 아니라, 제사를 주관하는 자의 단독소유로 본다.

(2) 채권

- 일신전속적인 권리를 제외한 모든 채권은 상속된다.
- 채권자대위권이나 채권자취소권도 상속인에게 상속된다.
- 채권의 변경으로 인하여 이행의 내용에 변경을 가져오는 채권은 상속성이 없어 상속되지 않는다.

1) 부양청구권

- 일신전속권이므로 상속이 되지 않는다.

2) 재산분할청구권

- 이혼시 재산분할청구권은 청구의 의사와 상관없이 당연히 상속된다.(학설)
- 그러나 재산분할청구권에는 청산적 요소와 부양적 요소가 함께 있는데 이 중 부양적 요소에 해당하는 부분은 상속이 되지 않는다는 견해가 있다.
- 이혼소송과 재산분할청구가 병합된 경우, 배우자 일방이 사망하면 이혼의 성립을 전제로 하여 이혼소송에 부대한 재산분할청구 역시 이를 유지할 이익이 상실되어 이혼소송의 종료와 동시에 종료되어 상속이 이루어지지 않는다.(대판 1994. 10. 28, 94므246,94므253)

3) 손해배상청구권

- 통상의 손해배상청구권은 당연히 상속된다. 따라서 피상속인이 이미 생전에 채무불이행 또는 불법행위로 인하여 손해배상청구권을 취득한 경우에 재산에 대한 손해배상청구권은 당연히 상속된다. 그러나 위자료 청구권은 당사자 간에 이미 그 배상에 관한 계약이 성립되거나 소를 제기한 경우가 아니면 상속이 이루어지지 않는다.
- 생명침해로 인한 손해배상청구권이 상속되는가에 대해서는 견해가 나뉘고 있다. 재산상·정신상 손해배상청구권에 대한 상속을 긍정하는 견해가 다수설과 판례의 태도이다. 치명상과 사망 사이에 시간적 간격이 있으므로 치명

상을 입음과 동시에 손해배상청구권을 취득하고, 피해자의 사망으로 그 청구권이 상속된다고 한다. 생전의 청구여하에 상관없이 당연히 상속되는 것으로 본다.

- 피해자가 즉사한 경우라 하여도 피해자가 치명상을 받은 때와 사망과의 사이에는 이론상 시간적 간격이 인정 될 수 있는 것이므로 피해자의 위자료청구권은 당연히 상속의 대상이 된다.(대판 1969. 4. 15, 69다268)

(3) 지식재산권 등

- 지식재산권도 원칙적으로 상속된다.
- 특허권・상표권・저작권・광업권・어업권
- 공동광업권자의 1인이 사망한 때에는 공동광업권의 조합관계로부터 당연히 탈퇴되고, 특히 조합계약에서 사망한 공동광업권자의 지위를 그 상속인이 승계하기로 약정한 바가 없는 이상 사망한 공동광업권자의 지위는 일신전속적인 권리의무관계로서 상속인에게 승계되지 아니하고, 따라서 망인이 제소한 공동광업권관계소송은 그의 사망으로 당연히 종료된다.(대판 1981. 7. 28, 81다145)

(4) 사망퇴직금

- 사망퇴직금은 그 수령권자의 고유재산이므로 상속권의 객체가 되지 않는다고 파악한다.
- 사용자의 사망시 퇴직금을 제3자에게 직접 지급한다는 사용자와 피용자의 제3자를 위한 계약에 준하기 때문이다.

(5) 생명보험금

- 피상속인이 특정의 상속인 또는 제3자를 수령인으로 표시한 때에는 그 생명보험금은 상속재산을 형성하지 않고 수령인의 고유재산이 된다. 그러나 피보험인이 자신을 수령인으로 표시한 때에는 보험청구권은 상속재산에 포함

된다.

(6) 형성권

- 취소권, 해제권, 해지권 등과 같은 형성권은 상속된다.

2. 재산적 의무

(1) 원칙

- 채무 기타 재산적 의무도 원칙적으로 상속된다. 그러나 일신전속성이 강한 채무는 상속되지 않는다.

(2) 보증채무

- 신원보증과 계속적 보증은 상속되지 않는다.
- 통상적인 보증채무는 상속이 된다.

3. 법적지위

(1) 계약상의 지위

- 위임·고용계약 - 상속되지 않는다.
- 임차권 - 상속된다.
- 주택임차권 - 주택임대차보호법상 주택임차권의 경우 상속인 외에도 일정 범위의 자에게 승계를 인정하고 있다. 즉, 상속권자가 아닌 사실상 혼인관계에 있는 자는 임차인의 권리의무를 승계할 수 있다.
- 제3자에 대한 피상속인의 등기협력의무 - 상속된다.

(2) 대리

1) 대리인의 지위

- 대리인의 사망으로 대리권은 소멸하므로 원칙적으로 상속되지 않는다.
- 본인이 사망한 경우 민법상의 대리는 종료하지만, 상법상의 대리나 소송상의 대리는 종료하지 않는다.

2) 무권대리인의 지위

- 무권대리인이 본인을 상속한 경우
  - 무권대리행위는 당연히 유효하다. 즉, 추인거절권을 행사할 수 없다.
  - 다만 무권대리인의 상속분의 범위 내에서만 유효하다.
- 본인이 무권대리인을 단독으로 상속한 경우
  - 본인은 추인을 거절할 수 있으므로 무권대리행위가 당연히 유효한 것은 아니다. 그러나 본인이 추인을 거절하면 무권대리인이 지게 되는 계약의 이행 또는 손해배상의 책임은 당연히 상속된다.

3) 사원권

- 자익권적 성격이 강한 사원권 - 상속된다.
  - 합자회사의 유한책임사원의 사원권, 주식회사의 주주권
- 공익권적 성격이 강한 사원권 - 상속되지 않는다.
  - 합명회사의 사원권과 합자회사의 무한책임 사원권, 민법상의 조합원의 지위

4) 소송상의 지위

- 소송상의 지위도 원칙적으로 상속된다.
- 그러나 일신전속적인 것은 상속되지 않는다.
- 당사자가 사망한 경우에 상속인 등이 수계할 때까지 소송절차는 일단 중단된다.

III. 제사용 재산의 승계

- 분묘에 속한 1정보이내의 금양임야와 600평 이내의 묘토인 농지, 족보와 제구의 소유권은 제사를 주재하는 자가 이를 승계한다.

범위		상속 O	상속 X
재산적 권리	물권	소유권, 점유권, 제한 물권, 유해부의금	농지취득시 제한(1만제곱미터) 부동산의 합유 제한(잔존합유자)
	채권	일신전속적인 권리를 제외한 모든 채권 채권자 대위권, 채권자 취소권 재산분할청구권 지적재산권 취소권, 해제권, 해지권 등 형성권	부양청구권 사망퇴직금(수령인의 고유재산) 생명보험금(수령인의 고유재산)
재산적 의무		채무 기타 재산적 의무 통상의 보증채무	일신전속성이 강한 채무, 신원보증, 계속적 보증
법적 지위		임차권, 주택임차권, 등기협력의무 자익권적 성격이 강한 사원권 소송상의 지위	위임계약 고용계약 대리인의 지위 공익권적 성격이 강한 사원권
제사용 재산		분묘에 속한 1정보이내의 금양임야와 600평 이내의 묘토인 농지, 족보와 제구의 소유권은 제사를 주재하는 자가 승계	

IV. 제사주재자

1. 제사주재자의 결정 방법

- 재사주재자는 우선적으로 망인의 공동상속인들 사이의 협의에 의해 정하되, 협의가 이루어지지 않는 경우에는 제사주재자의 지위를 유지할 수 없는 특별한 사정이 있지 않는 한 망인의 장남(장남이 이미 사망한 경우에는 장남의 아들, 즉 장손자)이 제사주재자가 되고, 공동상속인들 중 아들이 없는 경우

에는 망인의 장녀가 제사주재자가 된다.(대판 2008. 11. 20, 2007다27670 전원합의체)

2. 망인의 유체·유골의 승계권자 및 피상속인이 생전행위 또는 유언으로 자신의 유체·유골의 처분 방법을 정하거나 매장장소를 지정한 경우 그 효력

- 사람의 유체·유골은 매장·관리·제사·공양의 대상이 될 수 있는 유체물로서, 분묘에 안치되어 있는 선조의 유체·유골은 민법 제1008조의3 소정의 제사용 재산인 분묘와 함께 그 제사주재자에게 승계되고, 피상속인 자신의 유체·유골 역시 위 제사용 재산에 준하여 그 제사주재자에게 승계된다. (대판 2008. 11. 20, 2007다27670 전원합의체)
- 피상속인이 생전행위 또는 유언으로 자신의 유체·유골을 처분하거나 매장장소를 지정한 경우에, 선량한 풍속 기타 사회질서에 반하지 않는 이상 그 의사는 존중되어야 하고 이는 제사주재자로서도 마찬가지이지만, 피상속인의 의사를 존중해야 하는 의무는 도의적인 것에 그치고, 제사주재자가 무조건 이에 구속되어야 하는 법률적 의무까지 부담한다고 볼 수는 없다.(대판 2008. 11. 20, 2007다27670 전원합의체)

3. 제사주재자의 지위를 유지할 수 없는 특별한 사정의 의미

- 어떤 경우에 제사주재자의 지위를 유지할 수 없는 특별한 사정이 있다고 볼 것인지에 관하여는, 제사제도가 관습에 바탕을 둔 것이므로 관습을 고려하되, 여기에서의 관습은 과거의 관습이 아니라 사회의 변화에 따라 새롭게 형성되어 계속되고 있는 현재의 관습을 말하므로 우리 사회를 지배하는 기본적 이념이나 사회질서의 변화와 그에 따라 새롭게 형성되는 관습을 고려해야 할 것인바, 중대한 질병, 심한 낭비와 방탕한 생활, 장기간의 외국 거주, 생계가 곤란할 정도의 심각한 경제적 궁핍, 평소 부모를 학대하거나 심한 모욕 또는 위해를 가하는 행위, 선조의 분묘에 대한 수호·관리를 하지 않거

나 제사를 거부하는 행위, 합리적인 이유 없이 부모의 유지(유지) 내지 유훈(유훈)에 현저히 반하는 행위 등으로 인하여 정상적으로 제사를 주재할 의사나 능력이 없다고 인정되는 경우가 이에 해당하는 것으로 봄이 상당하다.(대판 2008. 11. 20, 2007다27670 전원합의체)

상속분

Ⅰ. 상속분의 의의

1. 개념

- 상속분이란 상속인이 수인인 경우 포괄적으로 승계되는 상속재산에 대하여 공동상속인이 각각 배당 받을 몫을 의미한다.
- 상속인이 단독인 경우 상속분은 피상속인의 권리의무의 전부이다.

2. 상속분의 종류

(1) 지정상속분

- 피상속인의 유언에 의하여 상속인에게 정하여진 상속분을 의미한다.
- 상속분의 지정은 유언으로는 가능하지만 생전행위로는 할 수 없다.
- 피상속인이 임의로 상속분을 정하더라도 상속인들의 유류분을 침해하지 못한다. 그러나 상속채권자를 보호하기 위해서 상속채무에 대해서는 부담할 비율을 유언으로 정할 수 없다.

(2) 법정상속분

- 피상속인이 공동상속인에 대하여 유언을 통하여 상속분을 지정하지 않은

경우 상속인은 민법에서 정한 대로 상속분을 받게 되는데 이를 법정상속분이라 한다.

II. 상속분의 결정

1. 균분의 원칙

- 동순위의 상속인이 수인인 경우에 그 상속분은 균분으로 한다고 하여 균분상속의 원칙을 따르고 있다.(제1009조 제1항) 따라서 성별, 혼인여부, 혼인중의 자인지 여부, 부계와 모계 등과는 무관하다.

2. 배우자의 상속분

- 배우자는 직계비속과 공동으로 상속하는 때에는 직계비속의 상속분의 5할을 가산하고, 직계존속과 공동으로 상속하는 때에는 직계존속의 상속분의 5할을 가산한다.(제1009조 제2항)
- 중혼인 배우자가 사망한 경우 배우자 양자 모두 상속권이 인정되고 이 경우 상속분은 각각 고유상속분에 5할을 가산하는 것이 타당하다는 견해가 있다. 판례는 배우자 1인의 상속분을 분할하여 2명의 배우자에게 상속분을 인정하고 있다.(제주지법관 1994. 5. 26, 92가합1595)

3. 대습상속인의 상속분

- 상속인의 사망 또는 결격된 자에 갈음하는 대습상속자의 상속분은 사망 또는 결격된 자의 상속분에 의한다.(제1010조 제1항)
- 대습상속인이 수인인 경우에는 피대습자의 상속분의 한도에서 균분의 원칙에 따라 상속분을 정하고, 이 경우에도 배우자에게는 5할을 가산한다.(제1010조 제2항)

III. 법정상속분의 수정

1. 특별수익자의 상속분

(1) 의의

- 수증재산이 자기의 상속분에 달하지 못한 때에 그 부족한 부분의 한도에서 상속분을 인정하도록 하고 있는데 이를 특별수익자의 상속분이라 한다.(제1008조)
- 피상속인으로부터 재산을 증여받거나 유증 받는 등의 특별수익을 얻은 공동상속인이 있는 경우 다른 공동상속인들과의 사이에 불공평이 발생하게 되는데 이런 문제점을 해결하기 위해서 그 수증재산을 상속분을 미리 받은 것으로 인정하여 구체적인 상속분을 산정할 때 참작하도록 하고 있다.

(2) 특별수익자

- 피상속인의 생전에 증여를 받은 상속인이나 유언을 통해 유증을 받은 상속인을 의미한다.
- 상속을 포기한 자는 다른 공동상속인의 유류분을 침해하지 않는 한 반환의무를 지지 않는다.
- 공동상속인의 직계비속, 배우자 또는 직계존속이 증여나 유증을 받은 경우에, 공동상속인이 반환의무를 부담하지 않는다.
- 피대습자가 피상속인으로부터 특별수익을 한 경우에 대습상속인은 반환의무를 진다.
- 법정상속인 아닌 포괄수유자는 피상속인으로부터 받은 유증재산을 반환할 필요는 없다.
- 공동상속인으로서 포괄유증을 받은 경우와 제2순위 이하의 자로서 포괄유증을 받은 후 선순위 상속인 전원의 상속포기 또는 결격으로 인하여 공동상속인으로 된 자는 특별수익을 반환할 의무가 있다.

(3) 특별수익의 범위

 1) 증여

- 어떠한 생전 증여가 특별수익에 해당하는지는 피상속인의 생전의 자산, 수입, 생활수준, 가정상황 등을 참작하고 공동상속인들 사이의 형평을 고려하여 당해 생전 증여가 장차 상속인으로 될 자에게 돌아갈 상속재산 중의 그의 몫의 일부를 미리 주는 것이라고 볼 수 있는지에 의하여 결정하여야 할 것이다.(대판 1998. 12. 8. 97므513·520, 97스12)
- 명문의 규정은 없다.
- 혼인을 위하여 받은 자금, 생계자금으로 받은 것, 주택건축자금 등이 있다.
- 상속분의 산정에서 증여 또는 유증을 참작하게 되는 것은 원칙적으로 상속인이 유증 또는 증여를 받은 경우에만 발생하고, 그 상속인의 직계비속, 배우자, 직계존속이 유증 또는 증여를 받은 경우에는 그 상속인이 반환의무를 지지 않는다고 할 것이나, 증여 또는 유증의 경위, 증여나 유증된 물건의 가치, 성질, 수증자와 관계된 상속인이 실제 받은 이익 등을 고려하여 실질적으로 피상속인으로부터 상속인에게 직접 증여된 것과 다르지 않다고 인정되는 경우에는 상속인의 직계비속, 배우자, 직계존속 등에게 이루어진 증여나 유증도 특별수익으로서 이를 고려할 수 있다고 함이 상당하다.(대결 2007.08.28. 자 2006스3)

 2) 유증

- 모든 유증은 그 목적을 불문하고 반환의 대상이 된다.

 3) 생명보험금·사망퇴직금

- 생명보험금청구권은 유증 내지 사인증여에 준하는 것으로 보아 특별수익에 포함하는 것으로 본다.
- 사망퇴직금도 그것을 공동상속인의 1인이 받았다면 유증에 해당하는 것으로 보아 특별수익분으로 본다.

(4) 특별수익의 평가

1) 평가시기

· 유증
  - 상속개시시로부터 이행되므로 유증목적물의 평가시기에 관한 문제는 없다.
· 생전증여
  - 증여시와 상속개시시에는 시간의 간격이 있으므로 어느 시점을 기준으로 평가하여야 하는지에 대해서 견해가 나뉘고 있다.
  - 상속재산의 평가는 상속개시시를 기준으로 하는 것이 타당하다는 견해가 다수설이다.
  - 판례는 상속개시시설을 취하면서도 대상분할의 경우에는 분할시를 기준으로 재산을 재평가하여 그 평가액으로 정산하여야 한다고 한다.(대결 1997. 3. 21, 96스62)

2) 평가방법

· 수증자의 행위에 의하여 증여물이 멸실되거나 변형된 경우에는 원상대로 존재한다고 의제하여 상속개시시의 시가로 평가한다.
· 금전도 상속개시시의 시가로 평가하는 것이 타당할 것이다.

(5) 특별수익자와 공동상속인간의 상속분

1) 상속분의 조정

· 특별수익자의 수증재산이 상속분에 미달하는 경우 그 부족한 부분의 한도에서 상속분이 있다.(제1008조)
· 특별수익이 자신의 상속분을 초과하더라도 다른 공동상속인의 유류분을 침해하지 않는 한 실제 반환할 필요는 없다.
· 상속채무 - 특별수익자와는 상관없이 공동상속인은 본래의 상속분에 따라

분담한다.

2) 구체적 상속분의 산정

• 공동상속인 중에 특별수익자가 있는 경우의 구체적인 상속분의 산정을 위하여는, 피상속인이 상속개시 당시에 가지고 있던 재산의 가액에 생전 증여의 가액을 가산한 후, 이 가액에 각 공동상속인별로 법정상속분율을 곱하여 산출된 상속분의 가액으로부터 특별수익자의 수증재산인 증여 또는 유증의 가액을 공제하는 계산방법에 의하여 할 것이고, 여기서 이러한 계산의 기초가 되는 "피상속인이 상속개시 당시에 가지고 있던 재산의 가액"은 상속재산 가운데 적극재산의 전액을 가리키는 것으로 보아야 옳다.(대판 1995. 3. 10, 94다16571)

♠ 부가 2억 4천만 원의 재산을 남기고 사망하였는데 상속개시 전에 장남에게 결혼자금으로 2억 1천만 원을 증여하였고, 차남에게 결혼자금으로 1억 1천만 원을 증여하였고, 배우자에게 4천만 원을 유증한 경우 최종적으로 상속받게 되는 상속금액은 얼마인가?

	법정상속분	유류분	특별수익	상속금액
배우자	2억 4천만 원	1억 2천만 원	4천만 원(유증)	2억 1천만 원
장남	1억 6천만 원	8천만 원	2억 1천만 원(증여)	0원
차남	1억 6천만 원	8천만 원	1억 1천만 원(증여)	3천만 원

2. 기여분

(1) 의의

• 공동상속인 중에서 피상속인을 특별히 부양하거나 피상속인의 재산의 유지 또는 증가에 특별히 기여한 자에 대하여 특별히 인정하는 상속분을 기여분이라 한다.(제1008조의2 제1항)

(2) 기여분 권리자의 범위

- 공동상속인에 한한다.
- 사실혼 배우자나 포괄적 수증자는 기여분 권리자가 될 수 없다.
- 대습상속인은 자신의 기여뿐만 아니라 피대습자의 기여도 주장할 수 있다.
- 공동상속인 중에서 피상속인을 특별히 부양하거나 재산의 유지 또는 증가에 관하여 특별히 기여한 자이다.
- 기여분 권리자는 수인일 수도 있고, 수인인 경우 각각의 기여분이 다를 수 있다.

(3) 기여의 내용과 정도

- 민법이 친족 사이의 부양에 관하여 그 당사자의 신분관계에 따라 달리 규정하고, 피상속인을 특별히 부양한 자를 기여분을 인정받을 수 있는 자에 포함시키는 제1008조의2 규정을 신설함과 아울러 재산상속인이 동시에 호주상속을 할 경우에 그 고유의 상속분의 5할을 가산하도록 한 규정(1990. 1. 13. 법률 제4199호로 개정되기 전의 제1009조 제1항 단서)을 삭제한 취지에 비추어 볼 때, 성년(成年)인 자(子)가 부양의무의 존부나 그 순위에 구애됨이 없이 스스로 장기간 그 부모와 동거하면서 생계유지의 수준을 넘는 부양자 자신과 같은 생활수준을 유지하는 부양을 한 경우에는 부양의 시기·방법 및 정도의 면에서 각기 특별한 부양이 된다고 보아 각 공동상속인 간의 공평을 도모한다는 측면에서 그 부모의 상속재산에 대하여 기여분을 인정함이 상당하다.(대판 1998. 12. 8, 97므513, 520, 97스12)
- 망인은 공무원으로 종사하면서 적으나마 월급을 받아 왔고, 교통사고를 당하여 치료를 받으면서 처로부터 간병을 받았다고 하더라도 이는 부부간의 부양의무 이행의 일환일 뿐, 망인의 상속재산 취득에 특별히 기여한 것으로 볼 수 없으며, 또한 처가 위 망인과는 별도로 쌀 소매업, 잡화상, 여관업 등의 사업을 하여 소득을 얻었다고 하더라도 이는 위 망인의 도움이 있었거나 망인과 공동으로 이를 경영한 것이고, 더욱이 처는 위 망인과의 혼인생활

중인 1976.경부터 1988.경까지 사이에 상속재산인 이 사건 부동산들보다 더 많은 부동산들을 취득하여 처 앞으로 소유권이전등기를 마친 점 등에 비추어 보면, 위 부동산의 취득과 유지에 있어 위 망인의 처로서 통상 기대되는 정도를 넘어 특별히 기여한 경우에 해당한다고는 볼 수 없다.(대결 1996. 7. 10. 자 95스30,31)

(4) 기여분의 결정방법

- 공동상속인의 협의로 정한다.
- 협의가 성립한 후에는 공동상속인 전원의 합의로 변경할 수 있다.
- 협의가 이루어지지 않았거나 협의를 할 수 없는 경우에는 가정법원은 기여자의 청구에 의하여 기여의 시기·방법 및 정도와 상속재산의 액 기타의 사정을 참작하여 기여분을 정한다.(제1008조의2 제2항)
- 당사자들은 심판 전에 조정절차에서 기여분에 관한 합의를 할 수 있다.
- 기여분은 상속재산분할의 전제문제로서의 성격을 갖는 것이므로 상속재산분할의 청구나 조정신청이 있는 경우에 한하여 기여분 결정청구를 할 수 있고, 다만 예외적으로 상속재산분할 후에라도 피인지자나 재판의 확정에 의하여 공동상속인이 된 자의 상속분에 상당한 가액의 지급청구가 있는 경우에는 기여분의 결정청구를 할 수 있다고 해석되며, 상속재산분할의 심판청구가 없음에도 단지 유류분반환청구가 있다는 사유만으로는 기여분결정청구가 허용된다고 볼 것은 아니다.(대결 1999. 8. 24, 99스28)

(5) 기여분이 있는 경우의 상속분의 산정

- 기여분이 인정되면 상속개시 당시의 피상속인의 재산가액에서 공동상속인의 협의로 정한 그 자의 기여분을 공제한 것을 상속재산으로 본다.
- 공동상속인은 상속재산 중에서 법정상속분을 상속한다.
- 기여상속인은 법정상속분에 기여분을 가산한 액을 상속분으로 한다.
- 기여분이 결정되기 전에는 유류분 반환청구소송에서 피고가 된 기여상속인

은 상속재산 중 자신의 기여분을 공제할 것을 항변으로 주장할 수 없다.(대판 1994. 10. 14, 94다8334)

(6) 기여분과 유류분 및 유언과의 관계

- 기여분은 공동상속인들 사이의 협의나 가정법원의 조정 또는 심판으로 정하여지는 것이므로 피상속인의 자유의사에 따른 유증과는 다르다.
- 기여분은 원래의 기여자에게 상속되어야 할 고유분이므로 유류분에 우선한다.
- 유증은 유류분반환청구권의 대상이 되므로 유증과의 관계에 있어서 유류분이 우선하지만, 유증은 기여분에 우선한다.

(7) 기여분의 양도·상속과 기여분의포기

1) 기여분의 양도·상속

- 기여분은 공동상속인의 협의나 가정법원의 심판에 의하여 결정된 후에는 양도 가능하고 상속도 가능하다.
- 기여분이 결정되기 전에는 상속은 가능하지만, 양도는 허용되지 않는다고 본다.
- 기여분은 내용이 불확실한 성질의 것이어서, 양도를 허용하게 되면 공동상속인간에 상속관계를 복잡하게 할 우려가 있기 때문이다.

2) 기여분의 포기

- 명문의 규정은 없다.
- 상속개시 후에 상속포기가 가능한 것처럼 기여분도 포기 가능하다는 견해가 있다. 따라서 상속개시 후 상속재산분할이 종료 전까지 언제든지 포기 가능하다.

Ⅳ. 상속분의 양도와 양수

1. 상속분의 양도

(1) 의의

- 공동상속인이 자기의 상속분을 제3자에게 양도하는 것을 의미한다.
- 상속분을 공동상속인뿐만 아니라 제3자에게 양도하는 것도 가능하다.
- 상속분의 양도란 상속재산분할 전에 적극재산과 소극재산을 모두 포함한 상속재산 전부에 관하여 공동상속인이 가지는 포괄적 상속분, 즉 상속인 지위의 양도를 의미하므로, 상속재산을 구성하는 개개의 물건 또는 권리에 대한 개개의 물권적 양도는 이에 해당하지 아니한다.(대판 2006. 3. 24, 2006다2179)

(2) 양도의 방식

- 특별한 방식을 필요로 하지 않는다.
- 서면이나 구두로 할 수도 있고 유상이어야 할 필요도 없다.
- 다른 공동상속인의 승낙 없이도 가능하다.
- 특정재산만 양도하는 것은 불가능하다.
- 상속이 개시된 후 상속재산 분할 전에는 언제든지 가능하다.

(3) 양도의 효과

1) 양도인의 지위

- 양도인은 자신의 상속분을 전부 양도한 때에 상속인의 지위에서 벗어나게 된다.

2) 양수인의 지위

- 양수인은 상속인의 지위를 승계하는 것이므로 상속재산관리는 물론 상속재

산의 분할에도 참여할 수 있게 된다. 따라서 다른 상속인이 상속을 포기한 때에는 양수인의 상속분은 증가한다.

2. 공동상속분의 양수

(1) 의의

- 공동상속인 중에 그 상속분을 제3자에게 양도한 자가 있을 때에는 다른 공동상속인은 그 가액과 비용을 상환하고 그 상속분을 양수하는 것을 공동상속분의 양수라고 한다.(제1011조)
- 이는 상속인 이외의 자에게 상속재산이 이전되지 못하도록 하고, 상속인이 아닌 제3자가 상속재산분할에 참여하지 못하도록 하여 필요없는 분란의 소지를 없애기 위한 제도이다.

(2) 요건

1) 공동상속인 중 1인이 상속권을 제3자에 대하여 양도하였을 것

- 특별한 방식을 요하지 않는다.
- 상속분을 양도받는 자는 공동상속인이나 포괄적 수증자 이외의 제3자인 경우이어야 한다.
- 다른 공동상속인 전원이 상속분의 양도를 승낙한 경우에는 양수권을 포기한 것으로 본다.

2) 상속분의 양도가 상속분할 전에 있을 것

- 상속재산 분할 후에 각 공동상속인은 할당받은 상속재산의 단독소유권을 행사할 수 있기 때문이다.

(3) 양수권의 행사

- 양수권은 형성권이므로 공동상속인의 일방적 의사표시로 이를 행사한다.

- 공동상속인 전원이 행사할 필요는 없다.
- 상속분을 양수할 경우에는 양도된 상속분의 가액과 양도비용을 상환하여야 한다.(제1011조 제1항)
- 상속재산의 양수권은 그 사유를 안 날로부터 3월 그 사유 있은 날로부터 1년 내에 행사하여야 한다.

(4) 양수의 효과

- 양수권의 행사로 제3자에게 양도된 상속분은 양도인 이외의 공동상속인 전원에게 그 상속분에 따라 귀속하게 된다. 이는 양도를 무효로 하는 것이 아니라, 환매에 상당하는 의미를 가진다.
- 공동상속인 중 1인의 상속인이 단독으로 행사하였다고 하더라도 공동상속인 전원에게 그 상속분에 따라 귀속하게 된다.
- 양수권 행사를 위한 상속분의 가액과 비용도 공동상속인이 공동으로 부담한다.

▌상속재산의 공동소유

Ⅰ. 공동상속재산

1. 공동상속

- 수인의 상속인이 공동상속하는 경우 각자의 상속분에 따라 상속하게 되는데, 이 때 상속재산이 분할되기 전에는 공동상속인은 상속재산을 공유한다.(제1006조)

2. 상속재산 공동소유의 성질

- 공동상속인이 상속재산을 공유로 한다고 할 때 공유의 의미가 무엇인지에 대한 견해가 나뉘고 있다.

(1) 합유설

- 상속분은 전체 상속재산에 관한 지분일 뿐이고 개개의 상속재산에 관한 지분이라고는 할 수 없다.
- 상속재산분할에는 소급효가 인정되고(제1015조 본문) 채권도 상속재산의 분할 대상이 되므로(제1017조) 이는 분할채권원칙과 모순된다.
- 일정한 증여 또는 유증을 상속재산 중에 포함시켜 상속분을 산정한다.(제1008조)

(2) 공유설(다수설)

- 상속재산의 분할의 소급효는 제3자의 권리를 해하지 못한다.(제1015조 단서)
- 조합재산에 있어서와 같은 지분처분금지규정이 없다.

(3) 판례

- 판례는 공유설을 취하고 있다.
- 부동산의 공유자는 그 공유물의 일부라 하더라도 협의없이 이를 배타적으로 사용 수익할 수는 없는 것이므로 원·피고와 소외인들의 공동상속재산인 이 사건 건물에 관한 피고의 배타적 사용은 공유지분 과반수의 결의에 의한 것이 아닌 한 부적법하다.(대판 1982. 12. 28, 81다454)
- 공동상속인들을 상대로 피상속인이 이행하여야 할 부동산소유권이전등기절차이행을 청구하는 소는 필요적공동소송이 아니다. 왜냐하면 이공동상속인들은 그 공동상속재산에 관하여 저마다의 지분권을 가지고 있는 것이요 이 각자의 지분권의 처분에 관하여 반드시 원고와의 사이에서 합일적으로 처리되어야 할 이유는 없기 때문이다.(대판 1964. 12. 29, 64다1054)
- 상속회복청구의 상대방이 되는 참칭상속인이라 함은 정당한 상속권이 없음에도 재산상속인임을 신뢰케 하는 외관을 갖추고 있는 자나 상속인이라고 참칭하여 상속재산의 전부 또는 일부를 점유하고 있는 자를 가리키는 것으로서, 상속재산인 부동산에 관하여 공동상속인 중 1인 명의로 소유권이전등기가 경료된 경우 그 등기가 상속을 원인으로 경료된 것이라면 등기명의인의 의사와 무관하게 경료된 것이라는 등의 특별한 사정이 없는 한 그 등기명의인은 재산상속인임을 신뢰케 하는 외관을 갖추고 있는 자로서 참칭상속인에 해당된다.(대판 1997. 1. 21, 96다4688)

Ⅱ. 채권・채무의 공동상속

1. 채권의 공동상속

(1) 불가분채권

- 상속재산을 분할할 때까지 공동상속인 전원에게 불가분적으로 귀속한다.
- 채권자인 공동상속인은 단독으로 하거나 공동으로 채권전부의 이행을 청구할 수 있다.
- 이 경우 공동상속인 모두를 위하여 하여야 한다.
- 따라서 수령한 급부는 각 공동상속인에게 상속분에 따라 나누어 지급하여야 한다.

(2) 가분채권

1) 분할설

- 가분채권 특히 금전채권이 상속재산 중에 있는 경우에는 상속재산을 분할할 때까지는 그 상속재산 전체는 잠정적으로 독립성을 가지고 상속인 전원에 속한다는 견해이다.

2) 불분할설

- 채권은 분할할 때까지 공동상속인의 불가분채권으로 해석하는 것이 타당하다는 견해이다.
- 채무자가 상속인 1인에게 그 상속분을 초과하여 변제하더라도 다른 공동상속인에게 이를 가지고 대항할 수 있다.

2. 채무의 공동상속

(1) 불가분채무

- 상속한 채무가 불가분채무이면 각 공동상속인에게 불가분적으로 귀속하기 때문에 공동상속인은 채무 전부에 대하여 이행의무를 진다.
- 수명이 공동으로 법률상 원인 없이 타인의 재산을 사용한 경우의 부당이득의 반환채무는 특별한 사정이 없는 한 불가분적 이득의 상환으로서 불가분채무라 할 것이고, 불가분채무는 각 채무자가 채무 전부를 이행할 의무가 있고, 1인의 채무이행으로 다른 채무자도 그 의무를 면하게 된다.(대판 1981. 8. 20, 80다2587)

(2) 가분채무

- 금전채무와 같이 급부의 내용이 가분인 채무가 공동상속된 경우, 이는 상속개시와 동시에 당연히 법정상속분에 따라 공동상속인에게 분할되이 귀속되는 것이므로, 상속재산 분할의 대상이 될 여지가 없다.(대판 1997. 6. 24, 97다8809)

(3) 연대채무

- 각 공동상속인은 본래의 채무와 동일한 연대채무를 부담한다.

상속재산의 분할

Ⅰ. 의의

- 상속재산의 분할이란 공동상속인이 포괄적으로 승계하여 공유하고 있던 피상속인의 권리와 의무에 대하여 상속분에 따라 이를 나누어 각자의 단독소유로 확정하기 위한 분배절차를 의미한다.

Ⅱ. 분할의 요건

1. 상속재산에 대한 공유관계가 존재할 것

- 분할의 대상이 되는 상속재산은 공동상속인들 간에 공유관계가 존재하는 재산이다. 따라서 유언으로 재단법인을 설립하는 경우 그 출연재산은 상속재산에 포함되지 않는다는 것이 판례의 태도이다.(대판 1984. 9. 11, 83누578)

2. 공동상속인이 확정되어 있을 것

- 단독상속인 경우에는 분할의 문제가 발생하지 않는다.
- 2인 이상의 상속인이 확정되어 있어야 한다.
- 상속인 중에서 부재자가 있는 경우에는 그 법정대리인이 분할절차에 참여

하여야 한다. 법정대리인이 공동상속인인 경우에는 특별대리인을 선임한다. 법정대리인이 없는 경우에는 부재자의 재산관리인을 선임하여야 한다.

3. 분할의 금지가 없을 것

- 피상속인은 유언으로 상속개시의 날로부터 5년을 초과하지 아니하는 기간 내의 분할을 금지할 수 있는데, 이러한 분할의 금지가 없어야 한다.(제1012조)
- 5년을 초과하는 기간동안 분할을 금지하는 유언이 있더라도 5년이 지나면 분할할 수 있다.
- 반드시 유언에 의한 경우에만 분할금지가 인정된다.
- 공동상속인 전원이 합의하여 상속재산의 전부 또는 일부 혹은 특정한 재산에 대하여 분할을 하지 않을 것을 내용으로 하는 계약도 유효하다. 다만 그 기간은 5년을 초과하지 못한다.

III. 분할청구권자

- 공동상속인은 상속재산에 대한 분할 청구권이 있다.
- 포괄적 유증을 받은 자도 상속재산의 분할을 청구할 수 있다.(제1078조)
- 상속분을 양도받은 제3자도 분할청구권이 있다.
- 상속인의 채권자도 상속인을 대위하여 분할청구를 할 수 있다.

IV. 분할의 방법

1. 유언에 의한 분할

- 피상속인은 유언으로 상속재산의 분할방법을 정하거나 이를 정할 것을 제3

자에게 위탁할 수 있다.(제1012조)
- 피상속인은 유언으로 상속재산의 분할방법을 정할 수는 있지만, 생전행위에 의한 분할방법의 지정은 그 효력이 없어 상속인들이 피상속인의 의사에 구속되지는 않는다.(대판 2001. 6. 29, 2001다28299)

2. 협의에 의한 분할

(1) 의의

- 유언으로 재산분할에 대한 지정을 하지 않았거나, 무효인 경우에는 공동상속인은 언제든지 협의에 의하여 상속재산을 분할할 수 있다.(제1013조 제1항)

(2) 협의의 방법

- 협의를 위해서는 공동상속인 전원이 참가하여야 하고 그들 전원의 동의가 있어야 유효하다.
- 태아
  - 정지조건설에 따르면 살아서 출생한 때 소급해서 상속능력이 인정되므로 상속재산분할의 협의에서 제외된다.
  - 해제조건설에 따르면 태아로 있는 동안에도 상속능력이 인정되므로 상속개시시에 상속재산의 분할에 참가할 수 있다.
- 공동상속재산분할협의는 행위의 객관적 성질상 상속인 상호간에 이해의 대립이 생길 우려가 있는 행위라고 할 것이므로 공동상속인인 친권자와 미성년인 수인의 자 사이에 상속재산분할협의를 하게 되는 경우에는 미성년자 각자마다 특별대리인을 선임하여 각 특별대리인이 각 미성년자인 자를 대리하여 상속재산분할의 협의를 하여야 한다.(대판 1993. 4. 13, 92다54524)
- 이미 이루어진 상속재산 분할협의의 전부 또는 일부를 전원의 합의에 의하여 해제한 다음 다시 새로운 분할협의를 할 수 있다. 이처럼 상속재산 분할협의가 합의해제되면, 그 협의에 따른 이행으로 변동이 생겼던 물권은 당연

히 그 분할협의가 없었던 원상태로 복귀하지만, 민법 제548조 제1항 단서의 규정상 이러한 합의해제를 가지고서는 그 해제 전의 분할협의로부터 생긴 법률효과를 기초로 하여 새로운 이해관계를 가지게 되고 등기·인도 등으로 완전한 권리를 취득한 제3자의 권리를 해하지 못한다.(대판 2004. 7. 8, 2002다73203)

(3) 상속재산분할의 대상

- 상속의 개시로 인하여 피상속인의 모든 재산은 분할의 대상이 된다.
- 채무도 분할의 대상이 되는지에 대해서는 이를 긍정하는 견해도 있으나 판례는 이를 부정한다.
- 금전채무와 같이 급부의 내용이 가분인 채무가 공동상속된 경우, 이는 상속개시와 동시에 당연히 법정상속분에 따라 공동상속인에게 분할되어 귀속되는 것이므로, 상속재산 분할의 대상이 될 여지가 없다.(대판 1997. 6. 24, 97다8809)
- 상속재산 분할의 대상이 될 수 없는 상속채무에 관하여 공동상속인들 사이에 분할의 협의가 있는 경우라면 이러한 협의는 민법 제1013조에서 말하는 상속재산의 협의분할에 해당하는 것은 아니지만, 위 분할의 협의에 따라 공동상속인 중의 1인이 법정상속분을 초과하여 채무를 부담하기로 하는 약정은 면책적 채무인수의 실질을 가진다고 할 것이어서, 채권자에 대한 관계에서 위 약정에 의하여 다른 공동상속인이 법정상속분에 따른 채무의 일부 또는 전부를 면하기 위해서는 민법 제454조의 규정에 따른 채권자의 승낙을 필요로 하고, 여기에 상속재산 분할의 소급효를 규정하고 있는 민법 제1015조가 적용될 여지는 전혀 없다.(대판 1997. 6. 24, 97다8809)
- 그 밖의 채무는 분할의 대상이 되지만, 채무의 분할은 실질적으로 면책적 채무인수에 해당하므로 상속채권자가 이를 승낙하여야 한다. 따라서 상속채권자의 동의 없이 행하여진 상속채무의 면책적 인수는 상속채권자에게 대항할 수 없다.

(4) 분할의 기준

- 분할의 기준은 없고 공동상속인 전원의 동의만 있으면 된다.
- 상속재산의 분할에 의하여 각 공동상속인에게 귀속되는 재산은 상속개시 당시에 이미 피상속인으로부터 직접 분할받은 자에게 승계되는 것이며 분할에 의하여 공동상속인 상호간에 상속분의 이전이 생기는 것은 아니므로 공동상속인 상호간에 상속재산에 관하여 민법 제1013조의 규정에 의한 협의분할이 이루어짐으로써 공동상속인 중 1인이 고유의 상속분을 초과하는 재산을 취득하게 되었더라도 이는 상속개시 당시에 피상속인으로부터 승계받은 것으로 보아야 한다.(대판 1989. 9. 12, 88다카5836)

(5) 협의분할과 채권자취소권

- 채무초과 상태에 있는 채무자가 상속재산의 분할협의를 하면서 상속재산에 관한 권리를 포기함으로써 결과적으로 일반 채권자에 대한 공동담보가 감소되었다 하더라도, 그 재산분할결과가 채무자의 구체적 상속분에 상당하는 정도에 미달하는 과소한 것이라고 인정되지 않는 한 사해행위로서 취소되어야 할 것은 아니고, 구체적 상속분에 상당하는 정도에 미달하는 과소한 경우에도 사해행위로서 취소되는 범위는 그 미달하는 부분에 한정하여야 한다.(대판 2001.02.09. 2000다51797)
- 상속재산의 협의분할이 사해행위임을 주장하는 경우에는 지정상속분이나 기여분, 특별수익 등의 존부 등 구체적 상속분이 법정상속분과 다르다는 사정은 채무자가 주장·입증하여야 할 것이다.(대판 2001.02.09. 2000다51797)

(6) 협의분할과 상속포기

- 상속재산분할협의에 이미 상속을 포기한 자가 참여하였다 하더라도 그 분할협의의 내용이 이미 포기한 상속지분을 다른 상속인에게 귀속시킨다는 것에 불과하여 나머지 상속인들 사이의 상속재산분할에 관한 실질적인 협의에 영향을 미치지 않은 경우라면 그 상속재산분할협의는 효력이 있다고

볼 수 있다.(대판 2007.09.06. 2007다30447)
- 상속의 포기는 상속이 개시된 때에 소급하여 그 효력이 있고(민법 제1042조), 포기자는 처음부터 상속인이 아니었던 것이 된다. 따라서 상속포기의 신고가 아직 행하여지지 아니하거나 법원에 의하여 아직 수리되지 아니하고 있는 동안에 포기자를 제외한 나머지 공동상속인들 사이에 이루어진 상속재산분할협의는 후에 상속포기의 신고가 적법하게 수리되어 상속포기의 효력이 발생하게 됨으로써 공동상속인의 자격을 가지는 사람들 전원이 행한 것이 되어 소급적으로 유효하게 된다.(대판 2011.06.09. 2011다29307)

3. 법원에 의한 분할

- 분할의 방법에 의하여 협의가 이루어지지 않는 경우에는 가정법원에 재산분할을 청구할 수 있다.
- 청구권자 - 공동상속인, 포괄적 수증자, 상속분의 양수인 등
- 상대방 - 다른 공동상속인 등
- 조정을 우선하여야 하고 조정절차에서 분할에 관한 합의도 가능하다.
- 조정이 이루어지지 않은 경우에는 심판에 의하고 현물로 분할하는 것이 원칙이다.
- 현물로 분할할 수 없거나 분할로 인하여 현저히 그 가액이 멸손될 염려가 있는 때에는 법원은 물건의 경매를 명할 수 있다.

V. 상속재산분할의 효과

1. 분할의 소급효

- 상속재산의 분할은 상속이 개시된 때에 소급하여 그 효력이 있다.(제1015조 본문)
- 현물분할의 경우에만 소급효가 인정되고, 상속재산에 갈음하는 대금을 받

는 경우에는 소급효가 인정되지 않는다. 다만 이로 인하여 제3자의 권리를 해하지 못한다.(제1015조 단서)
- 제3자란 상속인으로부터 상속재산의 지분을 양도받거나 담보로 제공받은 자 및 지분에 대하여 압류를 한 채권자에 한한다.
- 제3자가 권리를 보호받기 위해서는 권리변동의 효력발생요건과 대항요건을 갖추고 있어야 한다.
- 민법 제1015조에는 상속재산의 분할은 상속개시된 때에 소급하여 그 효력이 있다고 규정하고 있으므로, 공동상속인 상호간에 상속재산에 관하여 민법 제1013조의 규정에 의한 협의분할이 이루어짐으로써 공동상속인 중 일부가 고유의 상속분을 초과하는 재산을 취득하게 되었다고 하여도 이는 상속개시 당시에 소급하여 피상속인으로부터 승계받은 것으로 보아야 하고 다른 공동상속인으로부터 증여받은 것으로 볼 것이 아니다.(대판 1992.03.27. 91누7729)

2. 분할 후의 피인지자 등의 가액지급청구

- 상속개시후의 인지 또는 재판의 확정에 의하여 공동상속인이 된 자가 상속재산의 분할을 청구할 경우에 다른 공동상속인이 이미 분할 기타 처분을 한 때에는 그 상속분에 상당한 가액의 지급을 청구할 권리가 있다.(제1014조)
- 피인지자보다 후순위 상속인이 취득한 상속권은 민법 제860조 단서의 제3자의 취득한 권리에 포함시킬 수 없다.(대판 1974. 2. 26, 72다1739) 따라서 후순위 상속인인 표현상속인은 피인지자의 청구에 의하여 상속재산을 반환하여야 한다.
- 인지 이전에 공동상속인들에 의해 이미 분할되거나 처분된 상속재산은 민법 제860조 단서가 규정한 인지의 소급효 제한에 따라 이를 분할받은 공동상속인이나 공동상속인들의 처분행위에 의해 이를 양수한 자에게 그 소유권이 확정적으로 귀속되는 것이며, 상속재산의 소유권을 취득한 자는 민법

제102조에 따라 그 과실을 수취할 권능도 보유한다고 할 것이므로, 피인지자에 대한 인지 이전에 상속재산을 분할한 공동상속인이 그 분할받은 상속재산으로부터 발생한 과실을 취득하는 것은 피인지자에 대한 관계에서 부당이득이 된다고 할 수 없다.(대판 2007. 7. 26, 2006다83796)
- 상속개시 후의 인지 또는 재판의 확정에 의하여 공동상속인이 된 사람이 민법 제1014조에 따라 그 상속분에 상당한 가액의 지급을 소송으로 청구하는 경우 상속재산의 가액은 사실심 변론종결 당시의 시가를 기준으로 산정하여야 한다.(대판 2002.11.26. 2002므1398)

3. 공동상속인의 담보책임

(1) 공동상속인의 담보책임

- 공동상속인은 다른 공동상속인이 분할로 인하여 취득한 재산에 대하여 그 상속분에 응하여 매도인과 같은 담보책임이 있다.(제1016조)
- 따라서 하자있는 물건을 분할 받은 사람은 손해배상의 청구뿐만 아니라 분할계약의 전부 또는 일부의 해제권도 행사할 수 있다.(제570조, 제571조)
- 다만 이러한 담보책임에 대한 추급은 청구권자가 선의인 경우에는 사실을 안 날로부터, 악의인 경우에는 합의한 날로부터 1년 내에 행사하여야 한다. (제573조)
- 상속개시 후의 인지 또는 재판의 확정에 의하여 공동상속인이 된 사람이 민법 제1014조에 따라 그 상속분에 상당한 가액의 지급을 소송으로 청구하는 경우 상속재산의 가액은 사실심 변론종결 당시의 시가를 기준으로 산정하여야 한다.(대판 2002. 11. 26, 2002므1398)

(2) 상속채무자의 자력에 대한 담보책임

- 공동상속인은 다른 상속인이 분할로 인하여 취득한 채권에 대하여 분할당시의 채무자의 자력을 담보한다.(제1017조 제1항)

- 변제기에 달하지 아니한 채권이나 정지조건있는 채권에 대하여는 변제를 청구할 수 있는 때의 채무자의 자력을 담보한다.(제1017조 제2항)

(3) 무자력공동상속인의 담보책임의 분담

- 담보책임있는 공동상속인중에 반환의 자력이 없는 자가 있는 때에는 그 부담부분은 구상권자와 자력있는 다른 공동상속인이 그 상속분에 응하여 분담한다.(제1018조 본문)
- 그러나 구상권자의 과실로 인하여 반환을 받지 못한 때에는 다른 공동상속인에게 분담을 청구하지 못한다.(제1018조 단서)

상속재산의 분리

Ⅰ. 서설

1. 의의

- 상속이 개시된 후에 상속채권자나 유증받은 자 또는 상속인의 채권자의 청구에 의하여 상속재산과 상속인의 고유재산을 분리시키는 것을 말한다.
- 단순승인을 하게 되면 상속인의 고유재산과 상속재산이 혼합되는데 이로 인하여 피해를 입을 수 있는 권리자들의 이익을 보호하기 위한 제도이다.

2. 상속재산의 분리와 한정승인·포기와의 관계

- 한정승인이나 상속의 포기로 인하여 상속인의 고유재산과 상속재산이 혼합될 우려가 없으므로 재산분리의 필요성이 없다.
- 한정승인이 무효로 되거나 법정단순승인으로 인정되는 경우에는 재산을 분리할 필요가 있다.
- 한정승인의 고려기간 중에도 재산분리를 할 필요가 있다.

Ⅱ. 재산분리의 절차

1. 청구권자

- 상속채권자, 유증받은 자, 상속인의 채권자는 재산분리 청구를 할 수 있다. (제1045조)

(1) 상속채권자

- 일반채권, 우선변제권 있는 채권, 조건부 채권, 기한부 채권, 존속기간을 정하지 않은 불확정 채권 등을 가진 자도 포함한다.

(2) 상속인의 채권자

- 상속개시 당시의 채권자뿐만 아니라 상속개시 후에 새로 채권을 취득한 자도 포함된다.

(3) 포괄적 유증을 받은 자는

- 상속인과 동일하게 인정되기 때문에 분리청구를 할 수 없다.

(4) 상대방

- 상속인을 상대로 하고 상속인을 알 수 없는 경우에는 상속재산관리인이 상대방이 된다고 하는 견해가 있다.
- 이 사건은 라류 가사비송사건으로서 상대방이 없다는 견해가 있다.

2. 청구기간

- 상속재산 분리의 청구는 상속이 개시된 날로부터 3월 이내에 가정법원에 할 수 있다.(제1045조 제1항)

- 상속인이 상속의 승인이나 포기를 하지 아니한 동안은 상속개시로부터 3월이 경과한 후에도 재산의 분리를 청구할 수 있다.(제1045조 제2항)

3. 재산분리의 심판

(1) 재산분리의 심판

- 상속재산분리의 청구에 의하여 가정법원은 상속재산과 상속인의 고유재산의 상태 및 기타의 사정을 참작하여 필요하다고 인정되면 재산분리를 명하는 심판을 한다.

(2) 분리명령의 공고 및 최고

1) 분리명령의 공고와 채권의 최고

- 법원이 상속재산분리의 청구에 의하여 재산의 분리를 명한 때에는 그 청구자는 5일내에 일반상속채권자와 유증받은 자에 대하여 재산분리의 명령있는 사실과 일정한 기간내에 그 채권 또는 수증을 신고할 것을 공고하여야 한다.(제1046조 제1항)
- 공고에는 채권자가 기간내에 신고하지 아니하면 청산으로부터 제외될 것을 표시하여야 한다.(제1046조 제2항)
- 일간신문에 1회 이상 공고하여야 한다.(제1046조 제2항)
- 상속인은 알고 있는 상속채권자와 유증받은 자에 대하여는 각각 그 채권신고를 최고하여야 한다.(제1046조 제2항)

2) 공고기간 중의 변제의 거절

- 상속인은 채권신고를 위한 공고기간이 만료하기 전에는 상속채권자와 유증받은 자에 대하여 변제를 거절할 수 있다.(제1051조 제1항)

Ⅲ. 재산분리의 효과

1. 상속재산과 상속인의 고유재산의 분리

- 가정법원에 의한 상속재산 분리 명령으로 상속재산과 고유재산은 분리된다.
- 두 재산이 혼합되지 않은 경우에는 그 상태를 유지하여야 한다.
- 두 재산이 혼합된 경우에는 이를 다시 분리하여야 한다.
- 재산분리의 명령이 있는 때에는 피상속인에 대한 상속인의 재산상 권리의무는 소멸하지 아니한다.(제1050조)
- 상속채권자에 의한 재산분리 청구가 있는 경우에도 상속인은 한정승인이나 상속포기를 할 수 있다.

2. 재산의 관리

- 법원이 재산의 분리를 명한 때에는 상속재산의 관리에 관하여 필요한 처분을 명할 수 있다.(제1047조 제1항)
- 필요한 처분 - 재산관리인의 선임, 재산목록의 작성, 상속재산의 봉인, 파손되기 쉬운 물건의 환가 등을 의미한다.
- 법원이 재산관리인을 선임한 경우에는 부재자의 재산관리인에 관한 직무·권한·담보제공, 보수에 관한 규정(제24조 내지 제26조)이 준용된다.
- 상속인이 단순승인을 한 후에도 재산분리의 명령이 있는 때에는 상속재산에 대하여 자기의 고유재산과 동일한 주의로 관리하여야 한다.

3. 재산의 분리와 청산

(1) 상속재산으로부터의 변제

1) 상속채권자에 대한 변제

- 상속인 또는 상속재산관리인은 2월 이상의 공고나 최고를 한 후에 상속재산으로써 재산분리의 청구 또는 그 기간 내에 신고한 상속채권자 유증받은 자와 상속인이 알고 있는 상속채권자, 유증받은 자에 대하여 각 채권액 또는 수증액의 비율로 변제하여야 한다.(제1051조 제2항 본문)
- 그러나 우선권있는 채권자의 권리를 해하지 못한다.(제1051조 제2항 단서)
- 신고한 채권 중에 아직 변제기에 이르지 아니한 채권에 대하여도 변제를 하여야 한다.(제1051조 제3항)
- 조건 있는 채권이나 존속기간이 불확정한 채권은 법원이 선임한 감정인의 평가에 의하여 변제하여야 한다.(제1051조 제3항)
- 상속채권자나 수증자 등에 대한 변제를 하기 위하여 상속재산의 전부나 일부를 매각할 필요가 있는 때에는 민사집행법에 의하여 경매하여야 한다.(제1051조 제3항)

2) 수증자에 대한 변제

- 상속인은 상속채권자에 대한 변제를 하고 남은 재산이 있으면 유증을 받은 자에 대해 변제를 하게 된다.(제1051조 제3항)

(2) 부당변제로 인한 책임

- 한정승인자가 채권자에 대한 공고나 최고를 해태하거나 상속채권자들에 대한 변제방법을 위반하여 어느 상속채권자나 유증받은 자에게 변제함으로 인하여 다른 상속채권자나 유증받은 자에 대하여 변제할 수 없게 된 때에는 한정승인자는 그 손해를 배상하여야 한다.(제1051조 제3항)
- 이러한 경우에 변제받지 못한 상속채권자나 유증받은 자는 그 사정을 알고

변제를 받은 상속채권자나 유증받은 자에 대하여 구상권을 행사할 수 있다. (제1051조 제3항)
- 손해배상 및 구상의 청구권은 피해자나 그 법정대리인이 그 손해 및 가해자를 안 날로부터 3년, 불법행위를 한 날로부터 10년을 경과한 때까지 이를 행사하지 아니하면 시효로 인하여 소멸한다.(제1051조 제3항)

(3) 고유재산으로부터의 변제

- 재산분리를 하였다고 하더라도 상속채권자와 유증받은 자는 상속재산으로써 전액의 변제를 받을 수 없는 경우에 한하여 상속인의 고유재산으로부터 그 변제를 받을 수 있다.(제1052조 제1항)
- 상속인의 채권자는 그 상속인의 고유재산으로부터 **우선변제**를 받을 권리가 있다.(제1052조 제2항)

4. 재산분리의 대항요건

- 상속재산인 부동산에 관하여는 처분제한의 등기를 아니하면 제3자에게 대항하지 못한다.(제1049조) 다만 부동산등기법상 이와 관련된 절차적인 규정이 없어 문제가 되고 있다.

상속인의 부존재

Ⅰ. 상속인의 부존재

- 상속인의 존부가 분명하지 아니한 것을 의미한다.(제1053조)
- 상속인이 확정적으로 없는 경우를 포함한다.
  - 신원불명인 자의 사망으로 상속인을 알 수 없는 경우
  - 가족관계등록부상의 상속인이 없는 경우
  - 상속인 전원이 상속을 포기한 경우
  - 상속인 전원이 상속결격 사유가 있는 경우

Ⅱ. 상속인 없는 재산의 관리와 청산

1. 상속인 없는 재산의 관리

(1) 관리인의 선임

- 상속인의 존부가 분명하지 않은 경우에는 법원은 민법 제777조 규정에 의한 피상속인의 친족 기타 이해관계인 또는 검사의 청구에 의하여 상속재산관리인을 선임하고 지체없이 이를 공고하여야 한다.(제1053조 제1항)
- 상속인 수색을 위한 공고의 의미도 가진다.

(2) 상속재산관리인의 권리의무

- 선임된 상속재산 관리인은 부재자의 재산관리인과 같은 권리와 의무를 진다.(제1053조 제2항)
- 관리인은 상속채권자나 유증받은 자의 청구가 있으면 언제든지 상속재산의 목록을 제시하고 현황을 보고하여야 한다.(제1054조)
- 관리인의 임무는 그 상속인이 상속의 승인을 한 때에 종료한다.(제1055조 제1항)
- 상속인이 상속의 승인을 한 때에는 관리인은 지체없이 그 상속인에 대하여 관리의 계산을 하여야 한다.(제1055조 제2항)

2. 상속인 없는 재산의 청산

(1) 청산공고

- 상속재산 관리인의 선임에 대한 공고가 있은 날로부터 3월내에 상속인의 존부를 알 수 없는 경우에는 관리인은 지체없이 일반상속채권자와 유증받은 자에 대하여 일정한 기간내에 그 채권 또는 수증을 신고할 것을 공고하여야 한다.(제1056조 제1항)
- 그 기간은 2월 이상이어야 한다.(제1056조 제1항) 이는 상속인 수색공고로서의 역할을 겸한다.
- 일간신문에 1회 이상 공고하여야 한다.
- 채권자가 기간내에 신고하지 아니하면 청산으로부터 제외된다는 내용을 표시하여야 한다.(제1056조 제2항)
- 관리인이 채권자나 유증받은 자를 알고 있는 경우에는 채권신고를 최고하여야 한다.(제1056조 제2항)

(2) 상속채무의 변제

- 공고기간 중에는 변제를 거절할 수 있다.(제1056조 제2항)

- 신고기간이 만료되면 상속재산관리인은 상속채권자 및 수증자에 대하여 변제절차를 밟아야 한다.
- 상속채무에 대한 변제절차는 한정승인 후의 청산에 관한 규정을 준용한다. 따라서 신고한 상속채권자에 대해 우선 변제한다.
- 채권자에 대한 변제가 끝나고 남은 재산이 있으면 유증받은 자에게 변제한다.
- 유증에 대한 변제후 남은 재산이 있으면 신고하지 않은 채권자에게 변제한다.
- 공고나 청산과정에 과실 또는 법위반이 있으면 재산관리인이 손해배상책임을 지고, 그 사정을 알고 변제를 받은 상속채권자나 수증자에 대해 구상을 청구할 수도 있다.

(3) 상속인의 수색의 공고

- 상속재산관리인의 선임에 관한 공고와 일반상속채권자와 유증받은 자에 대한 공고 기간이 경과하여도 상속인의 존부를 알 수 없는 경우에는 법원은 관리인의 청구에 의하여 상속인이 있으면 일정한 기간 내에 그 권리를 주장할 것을 공고하여야 한다.(제1057조)
- 그 기간은 1년 이상이어야 한다.(제1057조)

III. 특별연고자에 대한 상속재산의 분여

1. 특별연고자 분여제도의 의의

- 상속인 수색공고 기간내에 상속권을 주장하는 자가 없는 때에 가정법원이 일정한 자의 청구에 의하여 상속재산의 전부 또는 일부를 분여하는 제도를 의미한다.
- 청구자는 - 피상속인과 생계를 같이 하고 있던 자, 피상속인의 요양간호를

한 자 기타 피상속인과 특별한 연고가 있던 자이다.
- 상속인이 없는 경우 상속재산이 국가에 귀속되기 전에 피상속인에게 사실상 일정한 기여를 한 자에 대한 보상을 인정하고자 하는 제도이다.

2. 재산분여의 요건

(1) 상속인이 없는 경우일 것

- 상속인이 없어야 하고, 상속재산관리인에 의하여 청산절차가 진행된 후에도 상속재산이 남아 있어야 한다.

(2) 청구인이 특별연고자일 것

- 피상속인과 생계를 같이하였던 자 - 특별한 혈연관계가 없어도 가능하다.
- 피상속인의 요양간호를 한 자 - 월급을 받고 간병한 자라도 열심히 한 경우에도 가능하다.
- 특별한 연고가 있던 자 - 미인지의 혼외자나 사실혼 배우자라 하더라도 특별한 연고관계가 없으면 분여청구를 할 수 없다.
- 특별연고관계는 피상속인의 사망시를 기준으로 한다. 따라서 합리적인 수준의 과거의 연고관계는 인정되나, 사망 후에 발생한 연고관계를 인정되지 않는다.
- 특별연고자는 법인이나 권리능력 없는 사단 등도 될 수 있다.

(3) 재산분여의 청구에 상당성이 있을 것

- 청구인은 상속인 수색을 위한 공고의 기간이 만료한 후 2월 이내에 가정법원에 재산분여청구를 하여야 한다.
- 법원은 청구인의 청구에 의하여 그의 청구가 상당하다고 인정되는 경우에 재산분여심판을 한다.

3. 재산분여의 효과

- 재산분여 청구가 인용되면 그 심판에 따라 청구인에게 청산 후 잔존하는 상속재산의 전부 또는 일부가 분여된다.
- 특별연고자는 상속인이 아니므로 상속채무 등의 의무는 승계되지 않는다.
- 특별연고자는 분여받은 재산을 원시취득한다.

Ⅳ. 상속재산의 국가귀속

1. 의의

- 상속인 수색공고 기간내에 상속권을 주장하는 자가 없고 특별분여자의 청구로 상속재산을 분여하고도 남은 재산이 있으면 그 상속재산은 국가에 귀속한다.(제1058조 제1항) 이 경우에 관리인은 즉시 관리의 계산을 하여야 한다.

2. 성질

- 국가는 상속인으로서 재산을 승계하는 것이 아니라 법률의 규정에 따라 원시취득하게 된다.
- 청산절차가 모두 종료하고 특별연고자에 대한 분여도 종료하였으나 남은 재산에 대하여 국가에 귀속되도록 한 것이므로 국가는 적극재산만을 취득한다.
- 특허권, 저작권, 디자인권, 실용신안권 등의 지식재산권은 권리자의 사망으로 소멸하기 때문에 국가에 귀속되지 않는다.

3. 다른 청구권의 소멸

- 상속재산으로 변제를 받지 못한 상속채권자나 유증을 받은 자가 있는 경우에는 국가에 대하여 그 변제를 청구하지 못한다.

Chapter 7. 상속법

유 언

유언 총설 ▮
유언의 방식 ▮
유언의 철회 ▮
유언의 효력 ▮
유증 ▮
유언의 집행 ▮

유언 총설

Ⅰ. 유언의 의의

1. 유언의 개념

- 유언자가 자신의 사망과 동시에 일정한 법률효과가 발생할 수 있도록 하는 특수한 의사표시로서 특정한 방식에 따라야 하는 상대방 없는 단독행위이다.

2. 유언의 법적 성질

(1) 요식행위

- 유언은 민법에서 정한 방식에 의하지 않은 경우에는 무효이다.(제1060조)
- 유언에 의한 문제는 유언자의 사망 후에 발생하기 때문에 분쟁을 가능한 한 확정적으로 해결하기 위해서는 엄격한 요식성이 요구된다.

(2) 상대방 없는 단독행위

- 상대방 없는 단독행위이므로 유증을 받은 자의 승낙은 물론 유증을 받을 자 등에 대한 의사표시를 요하지도 않는다.

(3) 직접행위

- 유언은 대리가 인정되지 않는다. 따라서 제한능력자도 대리 없이 유효한 유언을 할 수 있다.

(4) 사인행위

- 유언은 유언자의 사망으로 효력이 발생하는 사인행위이다.
- 유언자는 언제든지 유언을 철회할 수 있다.
- 유언자가 유증의 대상인 물건을 타인에게 양도한 경우에도 그 양도는 확정적으로 유효하다.
- 피상속인은 유언으로 상속재산의 분할방법을 정할 수는 있지만, 생전행위에 의한 분할방법의 지정은 그 효력이 없어 상속인들이 피상속인의 의사에 구속되지는 않는다.(대판 2001.06.29. 2001다28299)

3. 유언사항

- 유언사항은 법정하고 있기 때문에 법정되어 있지 않은 사항에 대한 유언은 무효이다.
- 유언사항 - 재단법인의 설립, 친생부인, 인지, 후견인의 지정, 상속재산분할방법의 지정 또는 위탁, 상속재산분할금지, 유언집행자의 지정 또는 위탁, 유증, 신탁 등이 있다.
- 피상속인이 생전행위 또는 유언으로 자신의 유체·유골을 처분하거나 매장장소를 지정한 경우에, 선량한 풍속 기타 사회질서에 반하지 않는 이상 그 의사는 존중되어야 하고 이는 제사주재자로서도 마찬가지이지만, 피상속인의 의사를 존중해야 하는 의무는 도의적인 것에 그치고, 제사주재자가 무조건 이에 구속되어야 하는 법률적 의무까지 부담한다고 볼 수는 없다.(대판 2008.11.20. 2007다27670 전원합의체)

II. 유언능력

1. 유언능력

- 만 17세 이상의 의사능력 있는 자는 유언능력이 인정된다.
- 만 17세에 달하지 못한 자의 유언은 무효이다.(제1061조)
- 만 17세 이상이기만 하면 제한능력자도 법정대리인의 동의 없이 유언과 유언의 철회가 가능하다.(제1062조)
- 만 17세 이상이라 하더라도 의사능력은 있어야 한다.
- 피성년후견인은 의사능력이 회복된 때에만 유언을 할 수 있다.(제1063조 제1항)
- 피성년후견인이 유언을 하기 위해서는 의사가 심신회복의 상태를 유언서에 부기하고 서명날인하여야 한다.(제1063조 제2항)

2. 수증능력

- 유언에 의한 증여를 받을 수 있는 능력으로 의사능력을 요구하지 않는다.
- 권리능력만 있으면 수증능력이 인정된다. 따라서 의사무능력자, 법인, 태아의 경우도 수증능력이 인정된다.
- 상속결격자는 수증능력이 인정되지 않는다.(제1064조)

3. 유언능력의 기준시점

- 유언능력은 유언성립시에만 있으면 되고 유언의 효력발생당시에는 요구되지 않는다.

유언의 방식

I. 유언방식의 엄격성

1. 유언법정주의

- 유언은 법정되어 있는 방식에 의하지 아니하면 효력이 없다.(제1060조)
- 그러나 민법 시행일 전의 관습에 의한 유언이 본법에 규정한 방식에 적합하지 아니한 경우에라도 유언자가 민법 시행일로부터 유언의 효력발생일까지 그 의사표시를 할 수 없는 상태에 있으면 그 효력이 상실되지 않는다.(부칙 제26조)
- 법정된 요건과 방식에 어긋한 유언은 그것이 유언자의 진정한 의사에 합치하더라도 무효라고 하지 않을 수 없다.(대판 2009. 5. 14, 2009다9768)

2. 유언의 증인자격

- 유언은 혼자서 하는 특성상 그 방식에는 한계가 있기 때문에 증인의 참여를 적극적으로 요구하고 있다. 이 경우 증인은 유언자의 진의와 방식을 증명할 수 있는 정도의 능력을 가지고 있어야 한다. 따라서 미성년자, 피성년후견인, 피한정후견인은 증인이 될 수 없다.
- 또한 유언에 의하여 수익을 받을 자와 그 배우자와 직계혈족은 유언의 직접적인 이해관계에 있는 자이므로 신뢰성이 없어 증인이 되지 못한다.

- 공정증서에 의한 유언의 경우 공증인법에 의한 결격자는 증인이 되지 못한다.

II. 자필증서에 의한 유언

1. 의의

- 유언자가 그 전문과 연월일, 주소, 성명을 자서하고 날인하여 하는 유언을 의미한다.(제1066조 제1항)

2. 요건

(1) 전문을 유언자 자신이 자서할 것

- 유언자가 반드시 전문을 직접 필기하여야 한다.
- 자필증서에 문자를 삽입하거나 삭제 또는 변경하는 경우에는 유언자가 이를 자서하고 날인하여야 한다.(제1066조 제2항)
- 전자복사기를 이용하여 작성한 복사본은 무효이다.(대판 1998. 6. 12, 97다38510)
- 자필증서에 의한 유언에 있어서 그 증서에 문자의 삽입, 삭제 또는 변경을 함에는 민법 제1066조 제2항의 규정에 따라 유언자가 이를 자서하고 날인하여야 하나, 자필증서 중 증서의 기재 자체에 의하더라도 명백한 오기를 정정한 것에 지나지 않는다면 설령 그 수정 방식이 위 법조항에 위배된다고 할지라도 유언자의 의사를 용이하게 확인할 수 있으므로 이러한 방식의 위배는 유언의 효력에 영향을 미치지 아니한다.(대판 1998. 6. 12, 97다38510)

(2) 연월일

- 연월일이 없는 유언은 무효이다.

- '누구의 생일' 등과 같이 일자를 알 수 있는 한 유효하다.
- 2개 이상의 연월일이 있는 경우에는 후의 일자를 기준으로 한다.

(3) 주소·성명

- 호나 자, 예명 등을 사용하여도 유효하다.
- 주소를 쓴 자리가 반드시 유언 전문 및 성명이 기재된 지편이어야 하는 것은 아니고 유언서의 일부로 볼 수 있는 이상 그 전문을 담은 봉투에 기재하더라도 무방하다.(대판 1998. 6. 12, 97다38510)

(4) 날인

- 날인은 인장대신에 무인에 의한 경우에도 유효하다.(대판 1998. 6. 12, 97다38510)
- 유언자의 날인이 없는 유언장은 자필증서에 의한 유언으로서 효력이 없다. (대판 2006. 9. 8, 2006다25103, 25110)

Ⅲ. 녹음에 의한 유언

1. 의의

- 유언자의 유언의 취지, 그 성명과 연월일에 대한 구술과 이에 참여한 증인의 유언의 정확함과 그 성명에 대한 구술을 녹음의 형태로 기록하는 유언의 방식을 의미한다.(제1067조)

2. 요건

- 유언자가 유언의 취지, 그 성명과 연월일에 대하여 구술하여야 한다.
- 증인은 유언의 정확함과 그 성명을 구술하여야 한다.

Ⅳ. 공정증서에 의한 유언

1. 의의

- 유언자가 증인 2인이 참여한 공증인의 면전에서 유언의 취지를 구수하고 공증인이 이를 필기낭독하여 유언자와 증인이 그 정확함을 승인한 후 각자 서명 또는 기명날인하는 방식의 유언을 의미한다.(제1068조)

2. 요건

(1) 유언자

- 유언자는 말로 그 내용을 진술하여 상대방이 알게 하여야 한다.
- 따라서 말을 할 수 없는 자는 공정증서의 유언을 할 수 없다.
- 공증인이 작성한 공정증시의 내용을 듣고 이를 확인함을 승인한 후 서명 또는 기명·날인 하여야 한다.
- 유언공정증서를 작성할 당시에 유언자가 반혼수상태였으며, 유언공정증서의 취지가 낭독된 후에도 그에 대하여 전혀 응답하는 말을 하지 아니한 채 고개만 끄덕였다면, 유언공정증서를 작성할 당시에 유언자에게는 의사능력이 없었으며 그 공정증서에 의한 유언은 유언자가 유언의 취지를 구수하고 이에 기하여 공정증서가 작성된 것으로 볼 수 없다.(대판 1996. 4. 23, 95다34514)
- 공정증서에 의한 유언은 유언자가 공증인의 면전에서 유언의 취지를 구수하여 작성되어야 하는 것이므로 뇌혈전증으로 병원에 입원치료 중인 유언자가 불완전한 의식상태와 언어장애 때문에 말을 못하고 고개만 끄덕거리면서 반응을 할 수 있을 뿐인 의학상 소위 가면성 정신상태하에서 공증인이 유언내용의 취지를 유언자에게 말하여 주고 "그렇소?"하고 물으면 유언자는 말은 하지 않고 고개만 끄덕거리면 공증인의 사무원이 그 내용을 필기하고 이를 공증인이 낭독하는 방법으로 유언서가 작성되었다면 이는 유언자

가 구수한 것이라고 할 수 없으므로 무효이다.(대판 1980. 12. 23, 80므18)

(2) 증인

- 증인은 반드시 2인이 참여하여야 하고 그렇지 않은 유언은 무효이다.
- 기명·날인 - 공증인이 작성한 공정증서의 내용을 듣고 이를 확인함을 승인한 후 서명 또는 기명·날인 하여야 한다.
- 유언장에 대하여 공증사무실에서 인증을 받았으나 그 유언장이 증인 2명의 참여가 없고 자서된 것도 아니라면 공정증서에 의한 유언이나 자필증서에 의한 유언으로서의 방식이 결여되어 있으므로 유언으로서의 효력을 발생할 수 없다.(대판 1994. 12. 22, 94다13695)

(3) 공증인

- 필기는 자필이 아니어도 무방하고 반드시 유언자의 면전에서 하지 않아도 된다.
- 낭독은 유언자와 증인의 면전에서 이루어져야 한다.

V. 비밀증서에 의한 유언

1. 의의

- 유언자가 필자의 성명을 기입한 증서를 엄봉날인하고 이를 2인 이상의 증인의 면전에 제공하여 자기의 유언서임을 표시한 후 그 봉서표면에 제출연월일을 기재하고 유언자와 증인이 각자서명 또는 기명날인하는 방식으로 하는 유언을 의미한다.(제1069조 제1항)
- 비밀증서에 의한 유언이 그 형식의 하자로 인하여 무효인 경우라도 자필증서에 의한 유언의 요건을 갖춘 경우에는 이를 자필증서에 의한 유언으로 본다.(제1071조)

2. 요건

(1) 유언자

- 유언서에 유언내용과 성명만 기재 하여도 무방하다. 따라서 연월일이나 주소를 쓸 필요도 없고, 날인하지 않아도 된다.
- 그 증서를 엄봉한 후 일자를 기재하고 서명 또는 기명날인 하여야 한다.
- 유언자가 피성년후견인인 경우 의사의 확인도 필요하다.

(2) 증인

- 유언자의 유언서가 들어있는 엄봉된 봉투에 일자를 기재하고 서명 또는 기명날인 하여야 한다.

(3) 확정일자

- 유언봉서는 그 표면에 기재된 날로부터 5일 내에 공증인 또는 법원서기에게 제출하여 그 봉인상에 확정일자인을 받아야 한다.

VI. 구수증서에 의한 유언

1. 의의

- 질병 기타 급박한 사유로 인하여 앞의 방식으로는 유언을 할 수 없는 경우에 유언자가 2인 이상의 증인의 참여로 그 1인에게 유언의 취지를 구수하고 그 구수를 받은 자가 이를 필기낭독하여 유언자와 증인이 그 정확함을 승인한 후 각자서명 또는 날인하는 방식으로 하는 유언을 의미한다.(제1070조 제1항)

2. 요건

(1) 유언자

- 유언자는 질병 기타 급박한 사유로 인하여 보통방식으로 유언을 할 수 없는 경우이어야 한다.
- 유언자가 직접 자신의 의사를 증인 1인에게 구수하여야 한다.
- 피성년후견인이 구수증서에 의한 유언을 하는 경우에도 의사능력이 회복되어 있어야 하지만, 급박한 상황이므로 의사의 확인은 요구되지 않는다.
- 증인이 필기한 유언서의 낭독을 듣고 유언의 정확함을 승인한 후 각자 서명 또는 기명·날인 하여야 한다.
- 구수증서에 의한 유언은 질병 기타 급박한 사유로 인하여 민법 제1066조 내지 제1069조 소정의 자필증서, 녹음, 공정증서 및 비밀증서의 방식에 의하여 할 수 없는 경우에 허용되는 것으로 규정하고 있는 이상, 유언자가 질병 기타 급박한 사유에 있는지 여부를 판단함에 있어서는 유언자의 진의를 존중하기 위하여 유언자의 주관적 입장을 고려할 필요가 있을지 모르지만, 자필증서, 녹음, 공정증서 및 비밀증서의 방식에 의한 유언이 객관적으로 가능한 경우까지 구수증서에 의한 유언을 허용하여야 하는 것은 아니다.(대판 1999. 9. 3, 98다17800)

(2) 증인

- 증인은 2인 이어야 한다.
- 증인 중 1인은 유언자의 구수를 필기하고 유언의 취지를 낭독하여야 한다.
- 증인은 그 정확함을 승인한 후 서명 또는 기명·날인하여야 한다.

(3) 가정법원의 검인

- 구수증서에 의한 유언은 그 증인 또는 이해관계인이 급박한 사유가 종료한 날로부터 7일 내에 법원에 그 검인을 신청하여야 한다.(제1070조 제2항)

유언의 철회

Ⅰ. 의의

- 일단 유효하게 성립한 유언을 유언자가 장래에 향하여 유언의 효력이 발생하지 않도록 하는 유언자의 단독행위를 의미한다.
- 대리인에 의한 철회는 인정되지 않는다.
- 동의를 필요로 하지 않는다.

Ⅱ. 임의철회

1. 유언철회자유의 원칙

- 유언자는 언제든지 유언 또는 생전행위로써 유언의 전부나 일부를 철회할 수 있다.(제1108조 제1항)
- 특별한 원인을 요하지 않는다.
- 생전행위로 인한 유언의 철회 의제는 타인이 유언자의 명의를 이용하여 임의로 처분행위를 하는 경우에는 인정되지 않는다.

2. 철회의 효과

- 철회전의 유언은 효력을 잃는다.
- 유언자는 그 유언을 철회할 권리를 포기하지 못한다.(제1108조 제2항)

III. 법정철회

1. 의의

- 법률의 규정에 따른 일정한 경우에는 유언이 철회된 것으로 간주하는데 이를 법정철회라고 한다.

2. 유언의 저촉

- 전후의 유언이 저촉되거나 유언후의 생전행위가 유언과 저촉되는 경우에는 그 저촉된 부분의 앞의 유언은 이를 철회한 것으로 본다.
- 망인이 유언증서를 작성한 후 재혼하였다거나, 유언증서에서 유증하기로 한 일부 재산을 처분한 사실이 있다고 하여 다른 재산에 관한 유언을 철회한 것으로 볼 수 없다.(대판 1998. 5. 29, 97다38503)

3. 유언증서의 파훼

- 유언자가 고의로 유언증서 또는 유증의 목적물을 파훼한 때에는 그 파훼한 부분에 관한 유언은 이를 철회한 것으로 본다.

유언의 효력

I. 유언의 효력발생시기

· 유언은 유언자가 사망한 때로부터 그 효력이 발생한다.(제1073조 제1항)

1. 별도의 조치가 필요한 경우

(1) 재단법인의 설립

· 유언으로 재단법인을 설립하는 경우 출연재산은 유언의 효력이 발생한 때로부터 법인에 귀속된 것으로 본다.(대판 1993. 9. 14, 93다8054)
· 재단법인의 설립시기는 설립등기시이다.

(2) 유언에 의한 친생부정

· 부 또는 처가 유언으로 부인의 의사를 표시한 때에는 유언집행자는 친생부인의 소를 제기할 수 있다.(제850조)
· 친생부인의 판결이 확정되면 자의 출생시에 소급하여 부자관계가 소멸한다.

(3) 유언인지

· 유언으로 혼인 외의 자를 인지한 경우에는 유언집행자는 가족관계의 등록 등에 관한 법률에 정한 바에 의하여 그 취임일로부터 1월 이내에 인지신고

를 하여야 한다.
- 인지의 효력은 혼인 외의 출생자의 출생시에 소급한다.(제860조)

2. 조건부 유언

- 유언에 정지조건이 있는 경우에는 그 조건이 유언자의 사망후에 성취한 때에는 그 조건성취한 때로부터 유언의 효력이 생긴다.(제1073조 제2항)
- 해제조건에 대해서는 규정이 없으나 유언은 유언자의 사망시에 그 효력이 발생하고, 해제조건이 성취되면 효력을 상실한다.
- 유언자가 조건성취의 효과를 성취 전에 소급시킬 의사를 표시한 경우 소급효가 인정된다.

3. 기한부 유언

- 유언에 기한이 붙은 경우에는 그 효력은 기한의 취지에 따른다.
- 시기부 유언의 경우 유언의 효력이 발생하더라도 실제 유언의 내용은 그 시기 이후에 실현될 수 있다.
- 종기부 유언이 있는 때에는 그 시기에 이르러 효력이 소멸한다.

4. 멸실된 유언의 입증

- 유언자가 유언을 철회한 것으로 볼 수 없는 이상, 이 사건 유언증서가 그 성립 후에 멸실되거나 분실되었다는 사유만으로 유언이 실효되는 것은 아니고 이해관계인은 유언증서의 내용을 입증하여 유언의 유효를 주장할 수 있다.(대판 1996. 9. 20. 96다21119)

Ⅱ. 유언의 무효와 취소

1. 유언의 무효

- 유언방식이 흠결된 유언
- 만 17세 미만자 또는 의사무능력자한 유언
- 선량한 풍속, 그 밖의 사회질서에 위반된 사항을 내용으로 하는 유언
- 강행법규에 위배되는 유언, 비진의표시에 의한 유언, 허위표시에 의한 유언
- 법정사항 이외의 사항을 내용으로 하는 유언
- 유언의 방식을 엄격하게 규정한 것은 유언자의 진의를 명확히 하고 그로 인한 법적 분쟁과 혼란을 예방하기 위한 것이므로, 법정된 요건과 방식에 어긋난 유언은 그것이 유언자의 진정한 의사에 합치하더라도 무효라고 하지 않을 수 없다.(대판 2006. 3. 9, 2005다57899)

2. 유언의 취소

- 중요한 부분의 착오로 유언한 경우, 사기·강박에 의해 유언한 경우
- 취소사유가 있는 경우에는 상속인이 취소권을 승계하여 행사한다.

유언의 취소	유언의 철회
일정한 취소원인이 있어야 함	특별한 원인을 필요로 하지 않음
유언자, 취소권이 있는 자 취소가능	유언자만 단독으로 할 수 있음
일부취소 불가	일부철회 가능

유증

Ⅰ. 의의

1. 유증의 개념

- 유증이란 - 유언으로 자신의 재산적 이익을 타인에게 무상으로 지급하는 단독행위를 의미한다.

유증	사인증여
재산의 무상양도	재산의 무상양도
유언자의 사망으로 효력 발생	증여자의 사망으로 효력 발생
단독행위	계약
사후행위	생전행위

- 민법 제562조는 사인증여에 관하여는 유증에 관한 규정을 준용하도록 규정하고 있지만, 유증의 방식에 관한 민법 제1065조 내지 제1072조는 그것이 단독행위임을 전제로 하는 것이어서 계약인 사인증여에는 적용되지 아니한다.(대판 1996. 4. 12, 94다37714,37721)
- 유류분반환청구의 목적인 증여나 유증이 병존하고 있는 경우에는 유류분권리자는 먼저 유증을 받은 자를 상대로 유류분침해액의 반환을 구하여야 하고, 그 이후에도 여전히 유류분침해액이 남아 있는 경우에 한하여 증여를 받은 자에 대하여 그 부족분을 청구할 수 있는 것이며, 사인증여의 경우에는

유증의 규정이 준용될 뿐만 아니라 그 실제적 기능도 유증과 달리 볼 필요가 없으므로 유증과 같이 보아야 할 것이다.(대판 2001.11.30. 2001다6947)

2. 유증의 종류

- 포괄적 유증 - 상속재산의 지분을 목적으로 하는 유증
- 특정적 유증 - 특정재산을 목적으로 하는 유증
- 단순유증 - 부관이나 부담이 없는 유증
- 조건부 유증 - 조건이 있는 유증
- 기한부 유증 - 기한이 있는 유증
- 부담 있는 유증 - 부담이 있는 유증

3. 수증자와 유증의무자

(1) 수증자

- 유증을 받을 자를 의미한다.
- 권리능력만 있으면 된다.
- 자연인뿐만 아니라 법인도 수증자가 될 수 있다.
- 태아는 유증에 관하여 이미 출생한 것으로 본다.
- 유언자의 사망시 즉 상속개시시에 생존하고 있어야 한다.
- 상속결격자는 수증자가 되지 못한다.

(2) 유증의무자

- 유증을 실행할 의무자를 의미하며 상속인이 유증의무자가 되는 것이 원칙이다.
- 유언집행자, 포괄적 수증자, 상속인 없는 재산의 관리인 등이 유증의무자가 되는 경우도 있다.

4. 유증의 효력

- 유증의 효력발생시기는 유언자가 사망한 때이다.
- 정지조건이 있는 유증은 유언자가 사망한 때가 아니라 그 조건이 성취된 때로부터 효력이 발생한다.(제1073조)
- 유언자가 사망하기 전에 수증자가 사망한 경우에는 그 효력이 발생하지 않는다.(제1089조 제1항)
- 정지조건이 있는 유증에서 수증자가 그 조건 성취 전에 사망한 경우에는 유증의 효력이 발생하지 않는다.(제1089조 제2항)

II. 포괄적 유증

1. 의의

- 유언을 통해서 타인에게 상속재산의 전부 또는 일정한 비율로 증여를 하는 경우를 의미한다.
- 포괄적 수증자는 상속인과 같이 적극재산과 소극재산을 그 비율에 따라 승계하게 된다.
- 포괄적 유증이란 적극재산은 물론 소극재산 즉 채무까지도 포괄하는 상속재산의 전부 또는 일부의 유증을 말하는 것이므로 포괄적 수증자는 재산상속인과 동일한 권리 의무가 있다.(대판 1980. 2. 26, 79다2078)
- 민법 제1078조가 포괄적 사인증여에 준용된다고 하는 것은 사인증여의 성질에 반하므로 준용되지 아니한다고 해석함이 상당하다(대판 1996. 4. 12, 94다37714) 따라서 포괄적 사인증여자는 상속인과 동일한 권리의무가 없다.

2. 효과

(1) 상속과의 공통점

- 포괄적 유증을 받은 자는 상속인과 동일한 권리의무가 있다.(제1078조)
- 포괄적 수증자는 상속재산을 포괄적으로 승계한다. 단, 일신전속적인 것은 제외된다.
- 상속인과 포괄적 수증자는 권리뿐 아니라 의무도 포괄적으로 승계한다는 점에서 공통점을 가진다. 따라서 포괄적 수증자는 상속인과 마찬가지로 원칙적으로 상속채무에 대하여 그 지분의 범위 내에서 책임을 지게 된다.(대판 1980. 2. 26, 79다2078)
- 무릇 포괄적 유증이란 적극재산은 물론, 소극재산 즉 채무까지도 포괄하는 상속재산의 전부 또는 일부의 유증을 말하는 것이고, 포괄적 수증자는 재산상속인과 동일한 권리 의무가 있는 것으로서(민법 제1078조), 따라서 어느 망인의 재산 전부(적극재산 및 소극재산)가 다른 사람에게 포괄석으로 유증이 된 경우에는 그 망인의 직계비속이라 하더라도 유류분 제도가 없는 한, 그가 상속한 상속재산(적극재산 및 소극재산)이 없는 것이므로 그 망인의 생전 채무를 변제할 의무가 없다.(대판 1980.02.26. 79다2078)
- 당연승계이므로 공시방법을 갖추지 않더라도 수증자에게 당연히 이전된다.
- 포괄적 수증자나 상속인이 수인인 경우에는 상속재산에 대한 공유관계가 발생한다. 따라서 유증의 승인·포기에 관한 규정이 아니라, 상속의 승인·포기에 관한 규정이 적용된다.
- 포괄적 유증의 경우에도 상속회복청구권 및 그 제척기간에 관한 규정이 준용된다.
- 포괄적 수증자는 상속재산의 분리를 청구할 수 없다.
- 포괄적 수증자가 태아인 경우 수증능력이 인정된다.

(2) 상속과의 차이점

포괄적 유증	상속
조건이나 부담을 붙일 수 있음	조건이나 부담을 붙일 수 없음
대습상속이 인정 안 됨	대습상속이 인정 됨
유류분권이 없음 (∴특정적 유증은 포괄적 유증을 우선함)	유류분권이 있음
상속인이나 다른 포괄적 수증자가 포기신고를 하더라도 포괄적 수증자의 수증분은 증가하지 않고 상속인에게 귀속함	상속인이나 다른 포괄적 수증자가 포기신고를 하면 상속분의 비율로 상속인에게 귀속함
법인도 수증가능	자연인만 상속가능
포괄적 수증자는 상속분의 양수권이 없음	상속인은 상속분의 양수권이 있음

Ⅲ. 특정적 유증

1. 의의

· 유언을 통해서 재산을 특정하여 증여하는 것을 의미한다.

2. 효과

(1) 유증이행청구권

1) 유증의 효력발생시기

· 특정적 유증에 있어서 수증자는 상속개시시에 수증분을 당연승계 하는 것이 아니라 목적물에 대한 이행청구권만 가진다. 따라서 수증자는 상속개시로 인하여 일단 상속인에게 귀속된 재산에 대하여 자신의 수증분을 주장하여 이행할 것을 청구할 수 있을 뿐이고, 실제목적물을 이전받은 때에 권리를 취득하게 된다.

· 포괄적 유증을 받은 자는 민법 제187조에 의하여 법률상 당연히 유증받은

부동산의 소유권을 취득하게 되나, 특정유증을 받은 자는 유증의무자에게 유증을 이행할 것을 청구할 수 있는 채권을 취득할 뿐이므로, 특정유증을 받은 자는 유증받은 부동산의 소유권자가 아니어서 직접 진정한 등기명의의 회복을 원인으로 한 소유권이전등기를 구할 수 없다.(대판 2003. 5. 27, 2000다73445)

2) 이행청구권에 따른 특칙

- 수증자는 유증의 이행을 청구할 수 있는 때로부터 그 목적물의 과실을 취득한다.(제1079조 본문)
- 그러나 유언자가 유언으로 다른 의사를 표시한 때에는 그 의사에 의한다.(제1079조 단서)
- 유증의무자가 유증자의 사망 후에 그 목적물의 과실을 취득하기 위하여 필요비를 지출한 때에는 그 과실의 가액의 한도에서 과실을 취득한 수증자에게 상환을 청구할 수 있다.(제1080조)
- 유증의무자가 유증자의 사망 후에 그 목적물에 대하여 비용을 지출한 때에는 그 가액의 증가가 현존한 경우에 한하여 소유자의 선택에 좇아 그 지출한 금액이나 증가액의 상환을 청구할 수 있다.(제1081조)

(2) 상속재산에 속하지 않는 권리의 유증

- 유언의 목적이 된 권리가 유언자의 사망당시에 상속재산에 속하지 아니한 때에는 유언은 그 효력이 없다.(제1087조 제1항 본문)
- 그러나 유언자가 자기의 사망당시에 그 목적물이 상속재산에 속하지 아니한 경우에도 유언의 효력이 있게 할 의사인 때에는 유증의무자는 그 권리를 취득하여 수증자에게 이전할 의무가 있다.(제1087조 제1항 단서)

(3) 권리소멸청구권의 부인

- 유증의 목적인 물건이나 권리가 유언자의 사망당시에 제3자의 권리의 목적

인 경우에는 수증자는 유증의무자에 대하여 그 제3자의 권리를 소멸시킬 것을 청구하지 못한다.(제1085조)
- 유언자가 유언으로 다른 의사를 표시한 때에는 그 의사에 의한다.(제1086조)

(4) 유증의무자의 담보책임

- 불특정물을 유증의 목적으로 한 경우에는 유증의무자는 그 목적물에 대하여 매도인과 같은 담보책임이 있다.(제1082조 제1항)
- 목적물에 하자가 있으면 유증의무자는 하자 없는 물건으로 인도하여야 한다.(제1082조 제2항)

(5) 유증의 물상대위성

- 유증자가 유증목적물의 멸실, 훼손 또는 점유의 침해로 인하여 제3자에게 손해배상을 청구할 권리가 있는 때에는 그 권리를 유증의 목적으로 한 것으로 본다.(제1083조)
- 유언자가 유언으로 다른 의사를 표시한 때에는 그 의사에 의한다.(제1086조)

(6) 채권유증의 물상대위성

- 채권을 유증의 목적으로 한 경우에 유언자가 그 변제를 받은 물건이 상속재산 중에 있는 때에는 그 물건을 유증의 목적으로 한 것으로 본다.(제1084조 제1항)
- 금전을 목적으로 하는 채권인 경우에는 그 변제받은 채권액에 상당한 금전이 상속재산 중에 없는 때에도 그 금액을 유증의 목적으로 한 것으로 본다.(제1084조 제2항)
- 유언자가 유언으로 다른 의사를 표시한 때에는 그 의사에 의한다.(제1086조)

3. 특정적 유증의 승인과 포기

(1) 승인·포기의 자유

- 유증을 받을 자는 유언자의 사망 후에 언제든지 유증을 승인 또는 포기할 수 있다.(제1074조 제1항)
- 승인이나 포기는 유언자가 사망한 때에 소급하여 그 효력이 있다.

(2) 유증의 승인·포기의 취소금지

- 유증의 승인이나 포기는 취소하지 못한다.(제1075조 제1항)
- 그러나 승인이나 포기가 사기나 강박에 의하여 이루어졌거나 무능력자가 단독으로 한 경우에는 취소할 수 있다.
- 취소권은 추인할 수 있는 날로부터 3월, 승인 또는 포기한 날로부터 1년 내에 행사하여야 한다.(제1075조 제2항)

(3) 수증자의 상속인의 승인·포기

- 수증자가 승인이나 포기를 하지 않고 사망한 경우에는 그 상속인은 상속분의 한도에서 승인이나 포기를 할 수 있다.(제1076조 본문)
- 그러나 유언자가 유언으로 다른 의사를 표시한 때에는 그 의사에 의한다.(제1076조 단서)

(4) 유증의무자의 최고권

- 유증의무자나 이해관계인은 상당한 기간을 정하여 그 기간내에 승인 또는 포기를 확답할 것을 수증자 또는 그 상속인에게 최고할 수 있다.(제1077조 제1항)
- 최고 기간내에 수증자 또는 상속인이 유증의무자에 대하여 최고에 대한 확답을 하지 아니한 때에는 유증을 승인한 것으로 본다.(제1077조 제2항)

Ⅳ. 부담 있는 유증

1. 의의

- 유언자가 본인 또는 제3자를 위하여 수증자에게 일정한 의무를 이행하는 것을 조건으로 하는 유증을 의미한다.
- 부담이 이행되지 않더라도 유증은 유효하고 법원에 유증취소청구의 사유가 될 뿐이다.
- 조건 있는 유증은 조건이 이루어졌을 때 비로소 유증의 효력이 발생한다는 점에서 차이가 있다.

2. 당사자

(1) 부담의 이행의무자

- 원칙적으로 수증자이다.
- 수증자의 상속인도 그 유증을 승인하는 경우에는 그 상속분의 범위 내에서 이행의 책임이 있다.

(2) 부담의 이행청구권자

- 상속인, 유언집행자, 부담의 이행청구권자로 지정된 자, 수익자이다.

3. 효력

- 부담 있는 유증을 받은 자는 유증의 목적의 가액을 초과하지 아니한 한도에서 부담한 의무를 이행할 책임이 있다.(제1088조 제1항)
- 유증의 목적의 가액이 한정승인 또는 재산분리로 인하여 감소한 때에는 수증자는 그 감소된 한도에서 부담할 의무를 면한다.(제1088조 제2항)

4. 취소

- 부담 있는 유증을 받은 자가 그 부담의무를 이행하지 아니한 때에는 상속인 또는 유언집행자는 상당한 기간을 정하여 이행할 것을 최고하고 그 기간내에 이행하지 아니한 때에는 법원에 유언의 취소를 청구할 수 있다.(제1111조 제1항)
- 그러나 제3자의 이익을 해하지 못한다.(제1111조 제2항)

유언의 집행

Ⅰ. 의의

- 유언의 효력이 발생한 후에 그 내용을 실현하는 행위나 절차를 유언의 집행이라 한다.
- 모든 유언이 집행절차를 거쳐야 하는 것은 아니다.
- 친생부인, 인지는 유언집행자의 집행이 필요하다.
- 특정적 유증, 포괄적 유증에 대해서는 상속인이 직접 집행할 수 있다.
- 후견인 지정, 유언집행자의 지정에 관한 유언 등은 집행이 필요하지 않다.

Ⅱ. 집행의 준비절차

1. 검인

- 유언의 증서나 녹음을 보관한 자 또는 이를 발견한 자는 유언자의 사망 후 지체 없이 법원에 제출하여 그 검인을 청구하여야 한다.(제1091조 제1항)
- 적법한 유언은 검인이나 개봉절차를 거치지 않더라도 유언자의 사망에 의하여 곧바로 효력이 생기는 것이므로 검인이나 개봉절차의 유무에 의하여 유언의 효력이 영향을 받는 것은 아니다.
- 공정증서나 구수증서에 의한 유언에 적용하지 않는다.(제1091조 제2항)

- 유언서의 검인은 유언의 방식에 관한 일체의 사실을 조사하여 유언서 자체의 상태를 확정하기 위한 것이지 유언의 효력을 판단하기 위한 것이 아니므로 검인청구가 된 유언서가 민법이 정한 방식에 따르지 아니한 것이라고 하더라도 그 청구를 각하할 것이 아니라 가사심판규칙 제101조에 의하여 조서를 작성하여야 한다.(대결 1980. 11. 19, 80스23)

2. 개봉

- 법원이 봉인된 유언증서를 개봉할 때에는 유언자의 상속인, 그 대리인 기타 이해관계인의 참여가 있어야 한다.(제1092조)
- 유언증서의 개봉절차는 봉인된 유언증서의 검인에는 반드시 개봉이 필요하므로 그에 관한 절차를 규정한 데에 지나지 아니하므로, 적법한 유언은 이러한 검인이나 개봉절차를 거치지 않더라도 유언자의 사망에 의하여 곧바로 그 효력이 생기는 것이며, 검인이나 개봉절차의 유무에 의하여 유언의 효력이 영향을 받지 아니한다.(대판 1998. 6. 12, 97다38510)

III. 유언집행자

1. 유언집행자의 결정

(1) 지정유언집행자

- 지정유언집행자란 유언자가 유언으로 유언의 집행을 지정한 자이고 그 지정을 제3자에게 위탁할 수 있다.(제1093조)
- 유언집행자는 1인에 한하지 않는다.
- 유언집행자의 지정을 위탁받은 제3자는 그 위탁 있음을 안 후 지체 없이 유언집행자를 지정하여 상속인에게 통지하여야 하며 그 위탁을 사퇴할 때에는 이를 상속인에게 통지하여야 한다.(제1094조 제1항)

- 상속인 기타 이해관계인은 상당한 기간을 정하여 기간 내에 유언집행자를 지정할 것을 위탁받은 자에게 최고할 수 있다.(제1094조 제2항) 그 기간내에 지정의 통지를 받지 못한 때에는 상속인이 유언집행자가 된다.(제1094조 제2항)
- 상속인 기타 이해관계인은 상당한 기간을 정하여 그 기간 내에 승낙여부를 확답할 것을 지정에 의한 유언집행자에게 최고할 수 있고, 그 기간 내에 최고에 대한 확답을 받지 못한 때에는 유언집행자가 그 취임을 승낙한 것으로 본다.(제1097조 제3항)

(2) 법정유언집행자

- 지정유언집행자가 없는 경우에는 상속인이 유언집행자가 된다.(제1095조)

(3) 선임유언집행자

- 유언집행자가 없거나, 사망·결격, 기타 사유로 인하여 없게 된 때에는 법원은 이해관계인의 청구에 의하여 유언집행자를 선임하여야 한다.(제1096조 제1항)
- 법원이 유언집행자를 선임한 경우에는 그 임무에 관하여 필요한 처분을 명할 수 있다.(제1096조 제2항)
- 법원의 유언집행자 선임은 유언집행자가 전혀 없게 된 경우뿐만 아니라 유언집행자의 사망, 사임, 해임 등의 사유로 공동유언집행자에게 결원이 생긴 경우와 나아가 결원이 없어도 법원이 유언집행자의 추가선임이 필요하다고 판단한 경우에 이를 할 수 있다.(대결1995. 12. 4, 95스32)
- 상속인 기타 이해관계인은 상당한 기간을 정하여 그 기간 내에 승낙여부를 확답할 것을 선임에 의한 유언집행자에게 최고할 수 있고, 그 기간 내에 최고에 대한 확답을 받지 못한 때에는 유언집행자가 그 취임을 승낙한 것으로 본다.(제1097조 제3항)

2. 유언집행자의 결격

- 제한능력자와 파산선고를 받은 자는 유언집행자가 되지 못한다.(제1098조)
- 따라서 결격자를 유언집행자로 선임한 지정한 경우 그 지정은 무효이고, 법원도 결격자를 선임하지 못한다.
- 선임된 후 결격사유가 발생한 때에도 유언집행자로서의 지위를 잃는 것으로 보아야 한다.
- 공정증서에 의한 유언에 있어서는 2인 이상의 증인이 참여하여야 하는데, 유언에 참여할 수 없는 증인결격자의 하나로 민법 제1072조 제1항 제3호가 규정하고 있는 '유언에 의하여 이익을 받을 자'라 함은 유언자의 상속인으로 될 자 또는 유증을 받게 될 수증자 등을 말하는 것이므로, 유언집행자는 증인결격자에 해당한다고 볼 수 없다.(대판 1999. 11. 26, 97다12848)

3. 유언집행자의 지위

- 지정 또는 선임에 의한 유언집행자는 상속인의 대리인으로 본다.(제1103조 제1항)

4. 유언집행자의 권리의무

- 선량한 관리자의 주의로써 위임사무를 처리하여야 한다.
- 상속인이 승낙이나 부득이한 사유 없이 제3자로 하여금 자기에 갈음하여 사무를 처리하게 하지 못한다.
- 사무의 처리로 인하여 받은 금전 기타의 물건 및 그 수취한 과실을 상속인에게 인도하여야 하고, 상속인을 위하여 자기의 명의로 취득한 권리는 상속인에게 이전하여야 한다.
- 만약 상속인에게 인도할 금전 또는 상속인의 이익을 위하여 사용할 금전을 자기를 위하여 소비한 때에는 소비한 날 이후의 이자를 지급하여야 하며

그 외의 손해가 있으면 배상하여야 한다.
- 상속인의 청구가 있으면 유언집행사무의 처리상황을 보고하고 임무가 종료한 때에는 지체 없이 그 전말을 보고하여야 한다.

Ⅳ. 유언집행자의 임무와 보수

1. 유언집행자의 임무

- 유언집행자가 그 취임을 승낙한 때에는 지체 없이 그 임무를 이행하여야 한다.(제1099조)
- 재산목록작성 - 유언이 재산에 관한 것인 때에는 지정 또는 선임에 의한 유언집행자는 지체 없이 그 재산목록을 작성하여 상속인에게 교부하여야 한다.(제1100조 제1항)
- 상속인의 청구가 있는 때에는 재산목록 작성시에 상속인을 참여하게 하여야 한다.(제1099조 제2항)

2. 유언집행자의 보수 및 비용

- 유언자가 유언으로 그 집행자의 보수를 정하지 아니한 경우에는 법원은 상속재산의 상황 기타 사정을 참작하여 지정 또는 선임에 의한 유언집행자의 보수를 정할 수 있다.(제1104조 제1항)
- 유언의 집행에 관한 비용은 상속재산 중에서 이를 지급한다.(제1107조)
- 유언집행사무의 처리에 비용을 요하는 경우에는 상속인은 유언집행자의 청구에 의하여 이를 선급하여야 한다.(제687조)
- 유언집행자가 보수를 받을 경우에는 위임사무를 완료한 후가 아니면 이를 청구하지 못한다. 그러나 기간으로 보수를 정한 때에는 그 기간이 경과한 후에 이를 청구할 수 있다.(제1104조 제2항)
- 유언집행자가 위임사무를 처리하는 중에 유언집행자의 책임없는 사유로 인

하여 위임이 종료된 때에는 수임인은 이미 처리한 사무의 비율에 따른 보수를 청구할 수 있다.(제1104조 제2항)

V. 유언집행자의 사퇴

· 지정 또는 선임에 의한 유언집행자는 정당한 사유가 있는 때에 법원의 허가를 얻어 그 임무를 사퇴할 수 있다.(제1105조)

VI. 유언집행자의 해임

· 지정 또는 선임에 의한 유언집행자에게 그 임무를 해태가거나 적당하지 아니한 사유가 있는 때에는 법원은 상속인 기타 이해관계인의 청구에 의하여 유언집행자를 해임할 수 있다.(제1106조)

Chapter 8. 상속법

유류분

유류분

Ⅰ. 유류분권

1. 의의

- 상속의 개시로 일정 범위의 상속인은 그 법정상속분의 일정 비율에 따라 피상속인의 일정 재산을 확보할 수 있는 지위를 의미한다.
- 유류분권을 가지는 자는 이를 행사할 수도 있고 하지 않을 수도 있다.
- 유류분권은 상속 개시 후에 그 행사가 가능하다. 따라서 상속개시 전에 피상속인이 하였던 증여나 유증에 대하여 유류분권을 행사할 수 있다.
- 또한 상속 개시 전에 장래의 반환청구를 보전하기 위한 조치를 취할 수도 없다. 즉 증여 부동산에 가등기를 할 수는 없다.

2. 유류분의 포기

- 상속개시 전에는 기대권에 불과하기 때문에 포기는 인정되지 않는다.
- 상속개시 후의 포기에 대해서 규정은 없으나 포기의 자유를 인정하여야 한다는 견해가 있다.
- 유류분을 포함한 상속의 포기는 상속이 개시된 후 일정한 기간 내에만 가능하고 가정법원에 신고하는 등 일정한 절차와 방식에 따라야만 그 효력이 있으므로, 상속개시 전에 이루어진 상속포기약정은 그와 같은 절차와 방식

에 따르지 아니한 것으로 그 효력이 없다.(대판 1994. 10. 14, 94다8334)

II. 유류분의 범위

1. 유류분권리자

- 피상속인의 직계비속·배우자·직계존속·형제·자매는 유류분권자이다.
- 태아는 상속에 관하여 이미 출생한 것으로 인정되므로 유류분권자이다.
- 대습상속인도 피대습자의 상속분의 범위 내에서 유류분권자가 된다.

2. 유류분

- 피상속인의 직계비속·배우자는 그 법정상속분의 1/2
- 피상속인의 직계존속·형제자매는 그 법정상속분의 1/3

3. 유류분의 산정

- 유류분은 피상속인의 상속개시시에 있어서 가진 재산의 가액에 증여재산의 가액을 가산하고 채무의 전액을 공제하여 이를 산정한다.(제1113조)
- 유류분액을 산정함에 있어서 반환의무자가 증여받은 재산의 시가는 상속개시 당시를 기준으로 산정하여야하고(대판 1996. 2. 9, 95다17885) 당해 반환의무자에 대하여 반환하여야 할 재산의 범위를 확정한 다음 그 원물반환이 불가능하여 가액반환을 명하는 경우에는 그 가액은 사실심 변론종결시를 기준으로 산정하여야 한다.(대판 2005. 6. 23, 2004다1887)

(1) 상속개시 당시의 상속재산

- 적극재산을 의미한다.
- 분묘에 속한 1정보 이내의 금양임야와 600평 이내의 묘토인 농지, 족보와 제구의 소유권은 상속재산에 포함되지 않는다. 제사주재자에게 승계된다.
- 조건부의 권리 또는 존속기간이 불확정한 권리는 가정법원이 선임한 감정인이 감정인의 평가에 의하여 그 가격을 정한다.(제1113조 제3항)

(2) 증여재산

- 증여는 상속개시전의 1년간에 행한 것에 한하여 유류분의 산정 규정에 의하여 그 가액을 산정한다.
- 1년이란 이행기가 아니라 증여계약체결시를 기준으로 한다.
- 민법상의 증여나 법인설립을 위한 출연행위 등도 증여에 포함된다.
- 당사자 쌍방이 유류분 권리자에게 손해를 가할 것을 알고 증여를 한 때에는 1년 전에 한 것도 그 가액을 산정한다. 따라서 유증자나 유증을 받은 자가 선의인 경우에는 그 가액이 가산되지 않는다.
- 공동상속인 중에 피상속인으로부터 재산의 생전 증여에 의하여 특별수익을 한 자가 있는 경우에는 민법 제1114조의 규정은 그 적용이 배제되고, 따라서 그 증여는 상속개시 1년 이전의 것인지 여부, 당사자 쌍방이 손해를 가할 것을 알고서 하였는지 여부에 관계없이 유류분 산정을 위한 기초 재산에 산입된다.(대판 1996. 2. 9, 95다17885)
- 유류분 산정의 기초가 되는 재산의 범위에 관한 민법 제1113조 제1항에서의 '증여재산'이란 상속개시 전에 이미 증여계약이 이행되어 소유권이 수증자에게 이전된 재산을 가리키는 것이고, 아직 증여계약이 이행되지 아니하여 소유권이 피상속인에게 남아있는 상태로 상속이 개시된 재산은 당연히 '피상속인의 상속개시시에 있어서 가진 재산'에 포함되는 것이므로, 수증자가 공동상속인이든 제3자이든 가리지 아니하고 모두 유류분 산정의 기초가 되는 재산을 구성한다.(대판 1996. 8. 20, 96다13682)

- 민법 제1008조는 공동상속인 중에 피상속인으로부터 재산의 증여 또는 유증을 받은 특별수익자가 있는 경우 공동상속인들 사이의 공평을 기하기 위하여 수증재산을 상속분의 선급으로 다루어 구체적인 상속분을 산정함에 있어 이를 참작하도록 하려는 데 취지가 있는 것인바, 대습상속인이 대습원인의 발생 이전에 피상속인으로부터 증여를 받은 경우 이는 상속인의 지위에서 받은 것이 아니므로 상속분의 선급으로 볼 수 없다. 그렇지 않고 이를 상속분의 선급으로 보게 되면, 피대습인이 사망하기 전에 피상속인이 먼저 사망하여 상속이 이루어진 경우에는 특별수익에 해당하지 아니하던 것이 피대습인이 피상속인보다 먼저 사망하였다는 우연한 사정으로 인하여 특별수익으로 되는 불합리한 결과가 발생한다. 따라서 대습상속인의 위와 같은 수익은 특별수익에 해당하지 않는다.(대판 2014.05.29. 2012다31802)

(3) 공제되어야 할 채무

- 사법상, 공법상 모든 채무는 공제된다.
- 상속세나 소송비용, 유언 등의 검인신청비용, 상속재산목록작성비용 등은 상속인이 부담하게 되는 채무로 반환의 대상이 되므로 공제할 필요가 없다.
- 금전채무와 같이 급부의 내용이 가분인 채무가 공동상속된 경우, 이는 상속개시와 동시에 당연히 공동상속인들에게 법정상속분에 따라 상속된 것으로 봄이 타당하므로, 법정상속분 상당의 금전채무는 유류분권리자의 유류분 부족액을 산정할 때 고려하여야 할 것이나, 공동상속인 중 1인이 자신의 법정상속분 상당의 상속채무 분담액을 초과하여 유류분권리자의 상속채무 분담액까지 변제한 경우에는 유류분권리자를 상대로 별도로 구상권을 행사하여 지급받거나 상계를 하는 등의 방법으로 만족을 얻는 것은 별론으로 하고, 그러한 사정을 유류분권리자의 유류분 부족액 산정 시 고려할 것은 아니다. (대판 2013.03.14. 2010다42624)

Ⅲ. 유류분반환청구권

1. 의의

- 피상속인의 증여나 유증으로 인하여 유류분권자의 유류분에 부족이 발생한 경우 부족한 한도에서 그 재산의 반환을 청구할 수 있는데 이를 유류분반환청구권이라 한다.(제1115조 제1항)

2. 성질

- 유류분권의 성질에 대해서는 형성권이라는 견해와 청구권이라는 견해가 나뉘고 있는데 형성권설이 다수설이다.

(1) 청구권설

- 아직 이행하지 않은 증여나 유증에 있어서는 이행의무의 소멸을 청구하고 이행을 거절할 수 있다.
- 유류분에 부족한 만큼의 재산의 인도나 반환을 청구할 수 있다.
- 물권변동에 관하여 형식주의를 취하는 우리민법체계에 부합한다.
- 청구권으로 보아야 현물반환을 할 것인가 가액반환을 할 것인가를 선택할 수 있고, 더욱이 반환할 목적물이 수개인 경우 반환의무자에게 선택권을 줌으로써 무엇을 반환할 것인가를 간명하게 처리할 수 있다.

(2) 형성권설

- 유증 또는 증여가 아직 이루어지지 않았을 때에는 반환청구권자는 이행의 의무를 면한다.
- 반환청구권의 행사로 유증 또는 증여계약은 실효하고 유증권리자는 물권적 청구권에 기하여 목적물 반환을 청구할 수 있다.

- 유류분권리자는 목적재산의 인도를 물권적 청구권 또는 부당이득반환청구권에 의하여 구할 수 있다.
- 유류분권리자는 수증자가 파산한 경우 환취권을 행사할 수 있고, 수증자의 일반채권자가 수증목적물에 대하여 강제집행을 한 경우에 제3자이의의 소를 제기할 수 있다.

3. 반환청구권의 행사

(1) 당사자

1) 반환청구권자

- 유류분반환청구권은 유류분권리자이다.
- 유류분반환청구권은 행사상 일신전속성을 가지므로, 유류분권리자에게 그 권리행사의 확정적 의사가 있다고 인정되는 경우가 아니라면 채권자 대위권의 목적이 될 수 없다.(대판 2010. 5. 27. 2009다93992)
- 그러나 재산권으로서 유류분반환청구권이 귀속상의 일신전속권은 아니므로, 유류분권리자의 권리행사가 있은 후에는 상속 또는 양도될 수 있다.

2) 상대방

- 직접 이익을 받은 자로서 증여를 받은 자·유증을 받은 자 및 그의 포괄승계인, 공동상속인이다.
- 특별승계인과 제삼자는 반환의무자가 될 수 없다.
- 판례는 형성권설의 입장에서 유류분반환청구권의 행사에 의하여 반환되어야 할 유증 또는 증여의 목적이 된 재산이 타인에게 양도된 경우 그 양수인이 양도 당시 유류분권리자를 해함을 안 때에는 양수인에 대하여도 그 재산의 반환을 청구할 수 있다고 보아야 한다.(대판 2002. 4.26, 2000다8878)
- 유류분 권리자가 유류분반환청구를 함에 있어 증여 또는 유증을 받은 다른 공동상속인이 수인일 때에는 민법이 정한 유류분 제도의 목적과 민법 제

1115조 제2항의 취지에 비추어 다른 공동상속인들 중 각자 증여받은 재산 등의 가액이 자기 고유의 유류분액을 초과하는 상속인만을 상대로 하여 그 유류분액을 초과한 금액의 비율에 따라서 반환청구를 할 수 있다고 하여야 하고, 공동상속인과 공동상속인이 아닌 제3자가 있는 경우에는 그 제3자에게는 유류분이라는 것이 없으므로 공동상속인은 자기 고유의 유류분액을 초과한 금액을 기준으로 하여, 제3자는 그 수증가액을 기준으로 하여 각 그 금액의 비율에 따라 반환청구를 할 수 있다고 하여야 한다.(대판 1996. 2. 9, 95다17885)

(2) 행사방법

- 유류분반환청구권의 행사는 재판상 또는 재판 외에서 상대방에 대한 의사표시의 방법으로 할 수 있고, 이 경우 그 의사표시는 침해를 받은 유증 또는 증여행위를 지정하여 이에 대한 반환청구의 의사를 표시하면 그것으로 족하며, 그로 인하여 생긴 목적물의 이전등기청구권이나 인도청구권 등을 행사하는 것과는 달리 그 목적물을 구체적으로 특정하여야 하는 것은 아니고, 민법 제1117조에 정한 소멸시효의 진행도 그 의사표시로 중단된다.(대판 2002. 4. 26, 2000다8878)

4. 공동상속인 상호간의 유류분반환청구

(1) 상속분지정에 의한 유류분침해

- 피상속인의 유언에 의하여 공동상속인 중 1인의 상속분을 과대 또는 과소하게 지정함으로써 유류분이 침해를 받는 경우이다.
- 유류분을 침해한 한도 내에서 상속분의 지정이 실효하게 된다.
- 자기의 고유의 유류분액을 초과하여 증여를 받은 상속인들을 상대로 초과한 금액의 비율로 반환청구를 할 수 있을 것이다.

(2) 반환청구의 범위

- 다른 공동상속인의 유류분침해를 생기게 한 유증이나 증여는 그것을 받은 상속인의 유류분액을 넘은 한도 내에서 반환청구의 대상이 된다.

(3) 반환청구권행사의 효과

- 반환청구에 의하여 상대방 상속인이 유류분액 이상으로 취득하게 된 원인이 된 유증이나 증여가 유류분을 침해한 한도 내에서 유증이나 증여는 그 효력을 잃는다.
- 수증자는 수증받은 재산에서 발생한 과실에 대해서는 반환의무가 없으나 반환청구권 이후에 발생한 과실에 대해서는 반환의무가 있다.
- 수증자가 증여받은 물건을 제3자에게 양도한 경우 제3자 보호를 위하여 그 가액을 청구할 수 있을 뿐이다.
- 반환청구를 받은 수증자가 무자력인 경우 유류분권리자가 부담하게 하여 다른 수증자의 부담을 증가시키지 않도록 하고 있다.

5. 기여분과 유류분의 관계

- 기여분은 상속개시 당시 피상속인의 재산가액에서 유증의 가액을 공제한 액을 넘지 않는 범위 내에서 결정하도록 되어 있고,(제1008조의2 제3항) 기여분이 유류분에 기한 반환청구의 대상으로 되지 않는다.(제1115조) 따라서 유증은 기여분에 우선하고, 유류분은 유증에 우선한다.
- 기여분은 유류분에 영향을 미치지 않는다. 즉, 유류분의 산정에 기여분은 공제되지 않는다. 따라서 다른 공동상속인의 유류분액을 침해하는 기여분이 정해지더라도 유효하다고 해석된다.

6. 반환청구권의 소멸

(1) 소멸시효

- 반환의 청구권은 유류분 권리자가 상속의 개시와 반환하여야 할 증여 또는 유증을 한 사실을 안 때로부터 1년 내에 하지 아니하면 시효에 의하여 소멸한다.(제1117조)
- 상속이 개시한 때로부터 10년이 경과하면 시효에 의하여 소멸한다.(제1117조)
- 민법 제1117조의 규정내용 및 형식에 비추어 볼 때 같은 법조 전단의 1년의 기간은 물론 같은 법조 후단의 10년의 기간도 그 성질은 소멸시효기간이다. (대판 1993. 4. 13, 92다3595)
- 학설은 10년의 기간을 제척기간으로 본다.

(2) 소멸시효의 기산점

- 피상속인의 생전에 유언의 존재를 알고 있었던 유류분권리자가 재판과정에서 여러 가지 이유를 들어 유서가 무효라고 주장하였으나 그 주장들이 한결같이 사실상 또는 법률상의 근거 없이 피상속인의 유언을 부인하려는 구실로밖에 보이지 아니하는 한편 유류분권리자가 유언이 무효임을 확신하였다는 특별한 사정을 엿볼 수 없는 경우, 피상속인이 사망한 다음날부터 유류분권리자의 유류분반환청구권의 단기소멸시효가 진행된다.(대판 1998. 6. 12, 97다38510)

VI. 유류분의 반환

1. 반환방법

(1) 원물반환

- 우리민법은 유류분의 반환방법에 관하여 별도의 규정을 두지 않고 있으나, 증여 또는 유증대상 재산 그 자체를 반환하는 것이 통상적인 반환방법이라고 할 것이므로, 유류분 권리자가 원물반환의 방법에 의하여 유류분 반환을 청구하고 그와 같은 원물반환이 가능하다면 달리 특별한 사정이 없는 이상 법원은 유류분 권리자가 청구하는 방법에 따라 원물반환을 명하여야 한다.(대판 2006. 5. 26, 2005다71949)
- 유류분으로 반환하여야 할 대상이 주식인 경우, 반환의무자가 피상속인으로부터 증여받은 주권 그 자체를 보유하고 있지 않다고 하더라도 그 대체물인 주식을 제3자로부터 취득하여 반환할 수 없다는 등의 특별한 사정이 없는 한 원물반환의무의 이행이 불가능한 것은 아니라고 한다.(대판 2005.06.23. 2004다51887)

(2) 가액반환

- 반환의무자는 통상적으로 증여 또는 유증대상 재산 그 자체를 반환하면 될 것이나 원물반환이 불가능한 경우에는 그 가액은 사실심 변론종결시를 기준으로 산정한다.(대판 2005. 6. 23, 2004다51887)
- 가액반환을 명하는 경우에는 그 가액은 사실심 변론종결시를 기준으로 산정한다.(대판 2005. 6. 23, 2004다51887)
- 유류분권리자의 가액반환청구에 대하여 반환의무자가 원물반환을 주장하며 가액반환에 반대하는 의사를 표시한 경우에는 반환의무자의 의사에 반하여 원물반환이 가능한 재산에 대하여 가액반환을 명할 수 없다.(대판 2013.03.14. 2010다42624)

(3) 유류분 반환범위

- 유류분 반환범위는 상속개시 당시 피상속인의 순재산과 문제된 증여재산을 합한 재산을 평가하여 그 재산액에 유류분청구권자의 유류분비율을 곱하여 얻은 유류분액을 기준으로 하는 것인바, 이와 같이 유류분액을 산정함에 있어 반환의무자가 증여받은 재산의 시가는 상속개시 당시를 기준으로 산정하여야 하고, 당해 반환의무자에 대하여 반환하여야 할 재산의 범위를 확정한 다음 그 원물반환이 불가능하여 가액반환을 명하는 경우에는 그 가액은 사실심 변론종결시를 기준으로 산정하여야 한다.(대판 2005. 6. 23, 2004다51887)

- 유류분으로 반환하여야 할 대상이 주식인 경우, 반환의무자가 피상속인으로부터 증여받은 주권 그 자체를 보유하고 있지 않다고 하더라도 그 대체물인 주식을 제3자로부터 취득하여 반환할 수 있는 등의 특별한 사정이 없는 한 원물반환의무의 이행이 불가능한 것은 아니다.(대판 2005. 6. 23, 2004다51887)

- 유류분권리자가 반환의무자를 상대로 유류분반환청구권을 행사하는 경우 그의 유류분을 침해하는 증여 또는 유증은 소급적으로 효력을 상실하므로, 반환의무자는 유류분권리자의 유류분을 침해하는 범위 내에서 그와 같이 실효된 증여 또는 유증의 목적물을 사용·수익할 권리를 상실하게 되고, 유류분권리자의 목적물에 대한 사용·수익권은 상속개시의 시점에 소급하여 반환의무자에 의하여 침해당한 것이 된다. 그러나 민법 제201조 제1항은 "선의의 점유자는 점유물의 과실을 취득한다."고 규정하고 있고, 점유자는 민법 제197조에 의하여 선의로 점유한 것으로 추정되므로, 반환의무자가 악의의 점유자라는 사정이 증명되지 않는 한 반환의무자는 목적물에 대하여 과실수취권이 있다고 할 것이어서 유류분권리자에게 목적물의 사용이익 중 유류분권리자에게 귀속되었어야 할 부분을 부당이득으로 반환할 의무가 없다. 다만 민법 제197조 제2항은 "선의의 점유자라도 본권에 관한 소에 패소한 때에는 그 소가 제기된 때로부터 악의의 점유자로 본다."고 규정하고 있고,

민법 제201조 제2항은 "악의의 점유자는 수취한 과실을 반환하여야 하며 소비하였거나 과실로 인하여 훼손 또는 수취하지 못한 경우에는 그 과실의 대가를 보상하여야 한다."고 규정하고 있으므로, 반환의무자가 악의의 점유자라는 점이 증명된 경우에는 악의의 점유자로 인정된 시점부터, 그렇지 않다고 하더라도 본권에 관한 소에서 종국판결에 의하여 패소로 확정된 경우에는 소가 제기된 때로부터 악의의 점유자로 의제되어 각 그때부터 유류분권리자에게 목적물의 사용이익 중 유류분권리자에게 귀속되었어야 할 부분을 부당이득으로 반환할 의무가 있다.(대판 2013. 3. 14, 2010다42624,42631)

(4) 지체책임

- 유류분반환청구권의 행사로 인하여 생기는 원물반환의무 또는 가액반환의무는 이행기한의 정함이 없는 채무이므로, 반환의무자는 그 의무에 대한 이행청구를 받은 때에 비로소 지체책임을 진다.(대판 2013. 3. 14, 2010다42624,42631)

상속재산분할청구	유류분반환청구
가정법원 전속관할(마류)	민사법원
직권주의, 조정전치주의	당사자주의
상속재산을 대상으로 함	상속재산에서 이탈한 재산을 대상으로 함
필수적공동소송에 해당	필수적공동소송에 해당하지 않음
처분권주의가 적용되지 않음	처분권주의가 적용됨

사항색인

ㄱ

가사비송사건	18
가사소송사건	16
가족법과 가사소송법	16
가족법과 민법총칙	7
가족법의 특질	3
강제인지	153
고려기간	294
고유재산	66
공동상속분의 양수	334
공유재산	67
공정증서에 의한 유언	369
구수증서에 의한 유언	371
근친혼	47, 56
기여분	329

ㄴ

| 녹음에 의한 유언 | 368 |

ㄷ

단순승인	299
대리모출생자	169
대습상속	273
동거	36
동거의무	62

| 동성혼 | 48 |
| 동시사망 | 276 |

ㅁ

면접교섭권	103
면접교섭청구권	104
미성년후견	227

ㅂ

방계혈족	24
법정단순승인	299
법정혈족	24
부담 있는 유증	386
부를 정하는 소	140
부부별산제	66
부부재산계약	65
부양	252
부양의무	63
비밀증서에 의한 유언	370

ㅅ

사실상 이혼	79
사실상 혼인관계 존부 확인청구	129
사실혼	35, 123
상속개시	266

상속결격	277	유언의 철회	373
상속분	324	유언의 효력	375
상속분의 양도	333	유언집행자	389
상속순위	270	유증	378
상속의 개시	266	유책주의	81
상속의 승인과 포기	292	이해상반행위	209
상속의 일반효과	315	이혼의 효과	81, 99
상속의 포기	311	인지	149
상속인	269	인공수정자	167
상속인과 상속순위	269	인척	25
상속인의 부존재	355	일상가사	67
상속재산의 공동소유	336	일상가사대리권	67
상속재산의 분리	349	일신전속성	5
상속재산의 분할	340	임의인지	149
상속제도의 근거	263	임의후견	248
상속포기	311	입양	170
상속회복청구권	280	입양의 무효	179
생활비용	67	입양의 무효와 취소	179
성년의제	64	입양의 취소	181
성년후견	238		

ㅇ

		ㅈ	
		자연혈족	23
약혼	35	자의 성과 본	30
양육비부담 조서	77	자필증서에 의한 유언	367
유류분	397	재산관리권	205
유언 총설	363	재산분할 청구권	108
유언의 방식	366	재판상 파양	187
유언의 집행	388	정조의무	64

정혼	35	특정후견	246
제사주재자	321		
준정	161	**ㅍ**	
중혼	56	파양	185
지정상속분	324	파탄주의	82
직계혈족	23	포괄적 유증	380

ㅊ

		ㅎ	
참칭상속인	284	한정승인	303
친권	196	한정후견	243
친권의 일부 제한	216	혈족	23
친권의 일부상실	214	협의상 파양	185
친권의 일시 정지	215	협의이혼	73
친생부인의 소	142	협조의무	63
친생부인의 허가 청구	146	혼인	44
친생자	135	혼인 무효	51
친생자관계존부확인의 소	163	혼인 외의 자	138
친생추정	136	혼인 취소	55
친양자	190	혼인신고	48
친족	23	혼인의 무효와 취소	51
친족관계의 변동	27	혼인의 성립	44
		혼인의 해소	71
ㅌ		혼인의 효과	61
특별수익자	326	혼인적령	46
특별연고자 분여제도	357	후견	224
특유재산	66	후견계약	248
특정적 유증	382		

| 저자 소개 |

부경대학교 대학원 법학박사

부경대학교 법학과 강사
부산대학교 법학과 강사
경성대학교 법학과 강사
제주대학교 법학전문대학원 강사
한국해양대학교 해양경찰학과 강사

부경대학교 Post Doc.
부산대학교 Post Doc.

부산대학교 법학연구소 전임연구원

부경대학교 법학연구소 전임연구교수 (현재)

주제별 가족법강의

지은이 / 최현숙 **발행** / 2018. 8. 20
펴낸이 / 조형근
펴낸곳 / 도서출판 동방문화사

주 소 / 서울시 서초구 방배로 16길 13 지층
전 화 / 02)3473-7294   **팩 스** / (02)587-7294
메 일 / 34737294@hanmail.net   **등 록** / 서울 제22-1433호

저자와의
합의
인지생략

파본은 바꿔 드립니다.   본서의 무단복제행위를 금합니다.
정 가 / 25,000원   ISBN 979-11-86456-77-4 93360